MISSÃO ECONOMIA

Mariana Mazzucato

MISSÃO ECONOMIA

Um guia inovador para mudar o capitalismo

TRADUÇÃO
Afonso Celso da Cunha Serra

PORTFOLIO
PENGUIN

A Portfolio-Penguin é uma divisão da Editora Schwarcz S.A.

PORTFOLIO and the pictorial representation of the javelin thrower are trademarks of Penguin Group (USA) Inc. and are used under license. PENGUIN is a trademark of Penguin Books Limited and is used under license.

Grafia atualizada segundo o Acordo Ortográfico da Língua Portuguesa de 1990, que entrou em vigor no Brasil em 2009.

TÍTULO ORIGINAL Mission Economy: A Moonshot Guide to Changing Capitalism
CAPA Thiago Lacaz
REVISÃO TÉCNICA Norberto Martins
PREPARAÇÃO Diogo Henriques
ÍNDICE REMISSIVO Luciano Marchiori
REVISÃO Renata Lopes Del Nero e Marise Leal

Dados Internacionais de Catalogação na Publicação (CIP)
(Câmara Brasileira do Livro, SP, Brasil)

Mazzucato, Mariana
Missão economia : Um guia inovador para mudar o capitalismo / Mariana Mazzucato ; tradução Afonso Celso da Cunha Serra. — 1ª ed. — São Paulo : Portfolio-Penguin, 2022.

Título original: Mission Economy : A Moonshot Guide to Changing Capitalism.
ISBN 978-85-8285-240-8

1. Capital de risco 2. Capitalismo 3. Desenvolvimento sustentável - Finanças 4. Economia 5. Inovações tecnológicas - Finanças I. Título.

22-103191 CDD-330.15

Índice para catálogo sistemático:
1. Capitalismo : Economia 330.15

Maria Alice Ferreira — Bibliotecária — CRB-8/7964

[2022]

EDITORA SCHWARCZ S.A.
Rua Bandeira Paulista, 702, cj. 32
04532-002 — São Paulo — SP
Telefone (11) 3707-3500
www.portfolio-penguin.com.br
atendimentoaoleitor@portfoliopenguin.com.br

A todos que dedicam a vida a infundir
propósito público e bem comum no
cerne da criação de valor

SUMÁRIO

PREFÁCIO

ENQUANTO ESCREVO ESTE LIVRO, estamos vivendo a pandemia de covid-19, que impõe enormes desafios a todos os membros das sociedades do mundo. Derrotar a pandemia requer um altíssimo investimento em bens e serviços materiais e sociais — desde a corrida para vacinar a população mundial, equipamentos de proteção individual (EPI) e métodos apropriados de ensino on-line para crianças que não estão frequentando escolas presencialmente até novas ideias sobre redes de proteção social. Também requer níveis de colaboração entre países, cidadãos, governos e setor privado — de um tipo que nunca se viu. Basicamente, é o teste decisivo da capacidade do Estado e da eficácia da governança, em níveis nacional e internacional.

Governos de todo o mundo estão enfrentando esse desafio de diversas maneiras e com diferentes graus de sucesso. A governança é fundamental para a adaptação exitosa.[1] As respostas dos países são distintas na quantidade e na qualidade das ações adotadas. Muitos governos têm comprometido somas colossais de recursos, acreditando ser vital fazer "tudo o que for preciso". No entanto, se tem algo que aprendemos com a crise financeira de 2008 é que injetar trilhões de dólares com uma estrutura frágil surtirá pouco efeito na economia. Não queremos arriscar que isso ocorra de novo.

Podemos produzir EPIS suficientes para os profissionais de linha de frente? Ventiladores suficientes para os pacientes em unidades de tratamento intensivo? Implementar vacinas para construir a imunidade global? Seremos capazes de proteger as pessoas que perderam o emprego, para que preservem o direito básico a uma renda mínima, a alimentos, abrigo e educação?

As respostas a todas essas questões dependem da organização de nossa economia — mais do que apenas da quantidade de dinheiro despendida para a solução desses problemas. Elas variarão conforme as estruturas concretas e os tipos de parceria entre os setores público e privado. Outro fator determinante é a capacidade de imaginar um mundo diferente. A definição do crescimento que almejamos e dos meios necessários para promovê-lo revelará uma nova direção para a economia. E é de novos rumos que precisamos.

A resposta eficaz do Vietnã à pandemia nos fornece um exemplo interessante. Embora o país ainda seja considerado "emergente", em termos de desenvolvimento, o governo conseguiu com muita presteza fomentar a criação e a produção de kits de teste de baixo custo. Esse resultado foi possível porque o Vietnã foi capaz de mobilizar diferentes partes da sociedade (academia, exército, setor privado, sociedade civil) em torno de um objetivo comum e explorar de forma estratégica as atividades de pesquisa e desenvolvimento (P&D) em saúde para promover soluções inovadoras, usando inclusive os gastos públicos para aumentar os investimentos do setor privado.[2] A colaboração público-privada eficaz propiciou a rápida comercialização dos kits, que foram então exportados para a Europa e outros lugares, assim como distribuídos em todo o país. O governo também conseguiu galvanizar artistas famosos, usar as mídias sociais com criatividade e até produzir selos para promover mudanças de comportamento.[3] Na Índia, a história de sucesso do estado de Kerala (em contraste com a irregular resposta nacional) também resultou de investimentos de longo prazo em saúde (inclusive os protocolos implantados depois do surto do vírus Nipah em 2018-9, um patógeno zoonótico, como o sars-CoV-2) e de um modelo de parceria público-privada exitosa entre serviços médicos estatais e provedores privados.[4] Impulsionado pelo alto nível de confiança dos cidadãos, construída ao longo de anos, o aparato governamental, complementado por grupos de autoajuda, foi rápido em alocar medidas restritivas rigorosas, ao mesmo tempo que protegia os mais vulneráveis, inclusive trabalhadores migrantes.[5]

Em muitas outras partes do mundo, porém, o quadro tem sido muito menos auspicioso. No momento em que este livro vai para a gráfica, os problemas que estão sendo enfrentados pelos Estados Unidos e pelo Reino Unido são a consequência de quarenta anos de enfraquecimento da capacidade de governar e gerir — agravados pela ideologia de que o governo precisa ficar na retaguarda e entrar em cena apenas para corrigir problemas à medida que eles surgem. O credo da gestão pública que menospreza a eficácia do governo e que promove privatizações fomentou um excesso de terceirização de competências do setor público para o setor privado e em foco implacável, mas equivocado, em medidas estáticas de eficiência,[6] deixando o governo com menos escolhas e até preso a panaceias tecnológicas irrealistas, como inteligência artificial ou "cidades inteligentes". Também acarretou redução de investimentos em capacidades públicas, perda de memória institucional e aumento da dependência de empresas de consultoria, que se beneficiaram de bilhões em contratos públicos.

No Reino Unido, o governo terceirizou 9,2 bilhões de libras em serviços de saúde, apenas em 2018.[7] Mais de 84% dos leitos em lares de idosos estão em entidades privadas, financiadas por fundos de investimento que aplicam recursos em companhias fechadas (*private equity*, sem ações negociadas em bolsas de valores) cujo objetivo final é lucro, não cuidado. E essa terceirização se conjugou com cortes nos investimentos públicos. O valor total das dotações para saúde pública no Reino Unido — que capacita as autoridades locais a prestar assistência médica e serviços profiláticos vitais — vem declinando em termos reais, de 4 bilhões de libras em 2015-6 para 3,2 bilhões em 2020-1, uma redução de quase 900 milhões de libras.[8] Os cortes anuais nas dotações só foram interrompidos em 2020, quando a covid-19 já estava causando estragos, mas elas continuaram 22% mais baixas, em termos reais per capita, do que em 2015-6.[9] Nessa época, os cortes já tinham provocado danos substanciais às capacidades de saúde pública e comprometido a eficácia da resposta ao vírus.[10]

E o mantra sobre aumento da eficiência não passa disso — balela. No Reino Unido, quando a empresa de consultoria internacional Deloitte foi paga para gerenciar testes de covid-19, os testes se extraviaram. Isso foi um lembrete do gigantesco fracasso da G4S, outra empresa privada que angariou contratos públicos para prestar serviços de segurança durante os Jogos Olímpicos de Londres, em 2012, o que levou à convocação dos militares para salvar o dia. Do mesmo modo, a Serco, uma empresa privada que consistentemente vence licitações, foi multada pelo uso fraudulento de identificação eletrônica em prisioneiros.[11] E ainda auferiu um contrato de 45,8 milhões de libras, para testagem e rastreamento, apenas um ano depois de ter sido multada em mais de 1 milhão de libras por falhas, inclusive a transgressão de regras de proteção de dados (em que acidentalmente revelou endereços de e-mails de estagiários). O alto custo e as falhas no sistema de testagem e rastreamento terceirizado no Reino Unido foram revelados pelo Comitê de Contas Públicas da Câmara dos Comuns.[12]

O governo federal dos Estados Unidos enfrentou dificuldades semelhantes. Em 2007, elaborou um plano para induzir o desenvolvimento de ventiladores portáteis de baixo custo, a serem mobilizados em casos de emergência. No começo de 2020, nada menos que treze anos depois, nenhum ventilador tinha sido entregue, basicamente por conta de sua dependência da terceirização. A crise de covid-19 agravou ainda mais as consequências dessa falta de capacidade. Com efeito, a administração do presidente Barack Obama já havia enfrentado problemas de TI embaraçosos, em 2010, ao tentar lançar a reforma da assistência médica, a Lei de Proteção e Cuidado Acessível ao Paciente — conhecida popularmente como Obamacare. Muita gente não conseguia acessar o site HealthCare.gov ou completar sua inscrição no seguro. Deflagrou-se, então, uma onda de desabono e desconfiança, que foi explorada pelos adversários. Dispusesse o governo dos Estados Unidos de maior capacidade tecnológica, é provável que a administração tivesse enfrentado menos dificuldades e execração política. E, contudo, não surpreendentemente, a Serco, vituperada no Reino Unido por seus reiterados fracassos, fechou contratos com o governo dos Estados Unidos para gerenciar os pedidos de seguro-saúde no Obamacare: 1,2 bilhão de dólares em 2013 e mais 900 milhões em 2018.[13]

A terceirização em si não é um problema, desde que o governo se mantenha capaz, a postos para os riscos e atento ao futuro; e desde que as "parcerias" básicas com o setor privado sejam realmente concebidas para atender ao interesse público. A ironia é que o excesso de terceirização tenha comprometido a capacidade do governo de estruturar contratos. Em março de 2020, repercutindo as dificuldades do governo dos Estados Unidos, o governo do Reino Unido não conseguiu garantir o número de ventiladores que considerava necessário.[14]

Uma lição importante é que, em crises, a intervenção do governo só é eficaz se o Estado realmente tiver a capacidade necessária para agir. Longe de encolher-se no papel de atuar, na melhor das hipóteses, como interventor em falhas de mercado, ou, na pior delas, como indutor da terceirização, o governo deve investir no reforço de seu poder em áreas críticas, como capacidade produtiva, capacidades de contratação, parcerias público-privadas que genuinamente sirvam ao interesse público e conhecimentos especializados no domínio da informática e dos dados (salvaguardando ao mesmo tempo a privacidade e a segurança). Sem isso, ele não pode nem mesmo conceber termos de referência robustos para as empresas que lhe prestam serviços, que podem facilmente capturar a agenda.[15]

Este livro sustenta que perdemos o rumo e não podemos cometer os mesmos erros. O mundo se defronta com uma profusão de diferentes desafios — dos concernentes à saúde até os relacionados ao clima, inclusive os referentes à tecnologia digital para resguardar a privacidade. Com efeito, em 2015, 193 países assinaram o compromisso de alcançar dezessete ambiciosos objetivos de desenvolvimento sustentável (ODS) das Nações Unidas, até 2030 — abrangendo problemas que variam desde pobreza até poluição oceânica. Para focá-los, precisamos adotar uma abordagem muito diferente nas parcerias público-privadas em comparação com as que adotamos hoje. Com esse propósito, precisamos repensar em grande escala os propósitos do governo e as capacidades e competências necessárias para a boa execução de suas atribuições. Porém, mais importante, a realização desses objetivos depende do tipo de capitalismo que queremos construir, como governar os relacionamentos entre o setor público e o setor privado, e como estruturar regras, relacionamentos e investimentos, para que as pessoas possam prosperar e os limites planetários sejam respeitados. Como argumentaremos, trata-se de criar uma economia baseada em soluções, concentrada nos objetivos mais ambiciosos — os que realmente importam para as pessoas e para o planeta. Não estamos invocando o conceito de "grande missão" como um projeto de estimação estanque. Trata-se, na verdade, de transformar o governo de dentro para fora, de fortalecer os seus sistemas — de saúde, educação, transporte e meio ambiente — e de dar uma direção nova à economia.

Para voltar ao rumo certo, precisamos nos perguntar, mais uma vez, que papel o governo deve desempenhar na economia, e, em consequência, que instrumentos, estruturas e capacidades são necessários — tanto nas organizações públicas quanto para fomentar colaborações entre entidades públicas e privadas que trabalham juntas, em intensa simbiose, compartilhando riscos e recompensas — para solucionar os problemas mais prementes de nossa época. Nesse sentido, a questão é reformular o capitalismo.

Os desafios são urgentes. A vida das pessoas e a saúde do planeta dependem disso.

Parte 1: Missão em terra firme

Os obstáculos para a próxima grande missão

1
Missão e propósito

EM SETEMBRO DE 1962, no famoso discurso na Universidade Rice, o presidente John F. Kennedy anunciou que o governo dos Estados Unidos empreenderia a "mais arriscada, perigosa e mais notável aventura em que a humanidade já havia embarcado": levar um homem à Lua e trazê-lo de volta à Terra em segurança. E enunciou a ambição de fazê-lo "antes do fim da década".[1] Os Estados Unidos enviaram dois homens (sim, no começo eram apenas homens) à Lua sete anos mais tarde, em 20 de julho de 1969.

Quando Kennedy falou, os Estados Unidos ainda estavam atrás da URSS em tecnologia espacial. Em 1957, a URSS surpreendera o mundo ao lançar o Sputnik, o primeiro satélite artificial a orbitar a Terra. Já em abril de 1961, Iúri Gagarin se tornara o primeiro humano a entrar em órbita terrestre na cápsula *Vostok 1*. A Guerra Fria era intensa e era grande o receio de que a União Soviética conquistasse vantagem tecnológica e militar ameaçadora em relação aos Estados Unidos e ao Ocidente. Com base em estimativas da CIA e do Pentágono, Kennedy alegara em sua campanha eleitoral de 1960 que havia uma defasagem de mísseis entre os Estados Unidos e a União Soviética;[2] depois que se elegeu presidente, porém, revelou-se que na verdade os Estados Unidos possuíam mais mísseis balísticos intercontinentais do que a União Soviética. A premência de superar os russos, portanto, estimulara um dos feitos mais inovadores da história humana.

O programa Apollo custou na época ao governo americano 28 bilhões de dólares, ou 283 bilhões, em valores de 2020.[3] Correspondeu a 4% do orçamento americano e envolveu mais de 400 mil trabalhadores na Agência Nacional de Aeronáutica e Espaço (Nasa), em universidades e em empreiteiras. Dinheiro, porém, não era a questão: o importante era alcançar o objetivo. Com efeito, Kennedy não se acanhava em falar sobre as despesas, afirmando ostensivamente em um discurso que "tudo isso custa muito dinheiro". De fato, o orçamento espacial, argumentou o presidente, estava aumentando a cada ano, e, em 1962, já era de mais ou menos 5,4 bilhões de dólares por ano: uma "soma estonteante, embora um pouco menos do que pagamos por cigarros e charutos todos os anos". E todo esse esforço resultaria necessariamente em sucesso? Não, Kennedy deixou claro que o desfecho era totalmente incerto: "Sei que isso é, até certo ponto, um ato de fé e visão, pois não sabemos que benefícios auferiremos".

Que contraste com a maneira como hoje ouvimos sobre os *custos* de nossos serviços públicos — e suas consequências sobre os déficits e a dívida —, e não sobre a ambição ou os resultados grandiosos que se tenta alcançar. O pressuposto é que se gastamos mais em uma área temos de gastar menos em outra. Nada poderia estar mais longe da abordagem adotada na exploração espacial, quando toda a energia e atenção se concentravam no resultado — um pouso bem-sucedido na Lua — e nos investimentos e inovações necessários para alcançá-lo.

Kennedy anteviu que a ambiciosa missão resultaria em "transbordamentos" capazes de afetar a vida na Terra — inovações tecnológicas e organizacionais que talvez nunca tivessem sido imaginadas no começo. Com efeito, a tecnologia necessária para armazenar e processar dados e resultados em tempo real no pequeno computador do módulo lunar foi o que estimulou muitas das inovações do que hoje denominamos software.[4] E também daí emergiram novos métodos gerenciais que decompõem problemas grandes e complexos em pacotes menores. Mais tarde, a Boeing copiou esse modelo para construir o 747, a primeira grande aeronave do mundo propelida a jato.

Este livro nos encoraja a aplicar o mesmo nível de ousadia e experimentação aos maiores problemas do nosso tempo — de desafios em saúde, como pandemias, a desafios ambientais, como o aquecimento global, e a desafios educacionais, como o abismo de oportunidades e realizações entre os estudantes, provocado em parte pelo acesso desigual à tecnologia digital. Esses são problemas "perversos" que exigem inovações não só tecnológicas, mas também sociais, organizacionais e políticas. Eles são enormes, complexos e resistentes a soluções simples. Devemos resolvê-los — não só acomodá-los — por meio de políticas públicas focadas em *resultados*. E isso significa conseguir que os setores público e privado realmente colaborem no investimento em soluções, descortinando uma visão de longo prazo e governando o processo de modo a assegurar sua execução em conformidade com o interesse público.

O pouso na Lua foi um exercício intenso em solução de problemas, com o setor público no assento do motorista, em estreita interação com as empresas — pequenas, médias e grandes — em centenas de situações específicas. Façanha de tal monta exigiu colaboração entre o governo e muitos setores diferentes, de computação e eletricidade a nutrição e materiais. O governo usou seu poder de compra para desenvolver contratos de aquisição sucintos, claros e extremamente ambiciosos. Quando o setor privado falhava numa entrega, a Nasa devolvia o desafio e não pagava até a solução final. Quando tudo dava certo, as empresas podiam crescer servindo aos novos mercados abertos pelas compras governamentais, e aumentar de escala com uma estratégia com senso de propósito.

O que integrava esses esforços e lhes ditava o rumo era serem parte de uma missão — uma missão liderada pelo governo e executada por muitos agentes. Hoje, uma abordagem "orientada por missões" — parcerias entre os setores público e privado almejando solucionar importantes problemas sociais — é desesperadamente necessária. Imaginem, por exemplo, adotar políticas de aquisições do setor público para estimular tanta inovação quanto possível — social, organizacional e tecnológica — a fim de resolver problemas tão diversos quanto crimes com faca em cidades ou solidão de idosos em casa.

É claro que as lições do pouso na Lua não podem ser simplesmente copiadas e coladas em qualquer desafio. Mas elas sem dúvida enfatizam a necessidade de ressuscitar um senso de ambição e visão em nossas formulações de políticas do dia a dia. E o processo não pode se limitar a declarações ousadas. Temos de acreditar no setor público e investir em suas capacidades centrais, inclusive na habilidade de interagir com outros criadores de valor na sociedade, e conceber contratos que atuem conforme o interesse público. Precisamos criar interfaces mais eficazes com inovações transversais a toda a sociedade; repensar como se desenham as políticas públicas; reconsiderar como se gerenciam os regimes de propriedade intelectual; e utilizar P&D para distribuir conhecimento entre a academia, o governo, as empresas e a sociedade civil. Isso significa restaurar o interesse público nas políticas, para que elas tenham como objetivo gerar benefícios tangíveis para os cidadãos e adotar metas que importem para as pessoas — movidas por fatores de interesse público, não pelo lucro.[5] Também implica imbuir propósito no cerne da governança corporativa e levar em conta as necessidades de todas as partes interessadas, inclusive trabalhadores e instituições comunitárias, em vez de apenas acionistas (proprietários de ações da empresa).

Nesse contexto, pensar uma "grande missão" envolve definir metas não só ambiciosas, mas também inspiradoras, capazes de catalisar inovações ao longo de múltiplos setores e atores da economia. Trata-se de imaginar um futuro melhor e de organizar investimentos públicos e privados para alcançar o futuro. Esse processo, no fim das contas, foi o que levou e trouxe o homem de volta da Lua.

Mas cuidado com a armadilha.

A sabedoria convencional continua a retratar o governo como uma geringonça burocrática desajeitada, incapaz de inovar: na melhor das hipóteses, seu papel é corrigir, regular, redistribuir; compete ao governo orientar os mercados quando eles perdem o rumo. De acordo com essa visão, os servidores públicos não são tão criativos e ousados quanto os empreendedores do Vale do Silício, e o governo deve simplesmente equalizar as condições de competição e sair do caminho — deixando que os tomadores de decisões de risco joguem a partida.

A tese deste livro é que não podemos progredir na solução dos principais problemas da economia enquanto não superarmos essa miopia. O pensamento pautado por missões, tal como proponho aqui, pode nos ajudar a reestruturar o capitalismo contemporâneo. A escala da reinvenção exige uma nova narrativa e um novo vocabulário para a nossa economia política, adotando a ideia de propósito público para orientar a atividade política e empresarial.[6] Esse enfoque exige ambição — garantir que os contratos, as relações e as mensagens resultem em uma sociedade mais sustentável e justa — e demanda um processo que seja tão inclusivo quanto possível, envolvendo vários agentes criadores de valor. O propósito público deve situar-se no centro de como se cria riqueza coletivamente, para promover um alinhamento mais forte entre criação e distribuição de valor. E esse segundo componente deve envolver não só a *re*distribuição (ex post), mas também a *pré*-distribuição (ex ante): um modo mais simbiótico para que os agentes econômicos se relacionem, colaborem e compartilhem.

É essencial ligar as micropropriedades do sistema — tais como a governança das organizações — aos macropadrões do tipo de crescimento almejado. Ao repensar como as relações entre o setor público e o setor privado podem ser mais bem governadas em torno dos interesses públicos, podemos gerar crescimento mais equânime e resiliente, com novas capacidades e oportunidades espalhadas por toda a economia. Como ponto de partida, porém, isso implica substituir o clichê insosso "parceria" por métricas mais claras do que seja um ecossistema simbiótico e mutualista; ou seja, um contexto em que riscos e recompensas sejam divididos com mais igualdade. Em nosso tempo, infelizmente, a relação costuma ser parasitária: o financiamento da saúde pública é distorcido a ponto de medicamentos desenvolvidos com subsídios do governo serem caros demais para as pessoas comuns.

Denomino "abordagem orientada por missões" essa nova maneira aqui proposta de fazer as coisas. Ela implica escolher rumos para a economia e então enquadrar os problemas a serem resolvidos para chegar ao cerne de como concebemos nosso sistema econômico; desenhar as políticas que catalisam investimentos, inovações e cooperações entre os vários atores na economia, engajando empresas e cidadãos; perguntar que tipo de mercados queremos, em vez de que problemas no mercado precisam ser corrigidos; usar instrumentos como empréstimos, subsídios e aquisições para induzir as soluções mais inovadoras no enfrentamento de problemas específicos, sejam eles retirar plásticos dos oceanos ou reduzir o abismo digital. A questão errada é "Qual é a disponibilidade de dinheiro e o que fazer com ele?". A questão correta é "O que precisa ser feito e como estruturar os orçamentos para alcançar esses objetivos?".

É uma tarefa gigantesca. Vivemos numa era de crise do capitalismo em que uma ideologia equivocada sobre o papel do governo se infiltrou em nossas expectativas do que podemos fazer — e, assim, do que outros agentes podem fazer, em parceria com o governo. As épocas de crise, porém, oferecem as melhores oportunidades para reimaginar o tipo de sociedade que queremos construir, e as capacidades e competências de que precisamos para alcançar o objetivo.

Mas a que este livro se propõe: a repensar o governo ou o capitalismo? A resposta é ambos. Transformar o capitalismo significa mudar a maneira como o governo é estruturado e como as empresas são dirigidas — e como as organizações públicas e privadas interagem. Orientar as estruturas de governança das organizações, e as relações entre as organizações, com base numa noção de "propósito" é a chave de uma abordagem orientada por missões.

Com efeito, há muito anos, buscam-se modos de governança corporativa mais "imbuídos de propósito", que se desloquem do capitalismo dos acionistas para o capitalismo de stakeholders. Em janeiro de 2018, Larry Fink, CEO da BlackRock, escreveu uma carta para os CEOs das empresas da Fortune 500 intitulada "Senso de propósito". Nela, ele argumentou:

> Sem senso de propósito, nenhuma empresa, pública ou privada, pode realizar todo o seu potencial. Em última instância, a organização perderá a licença para operar, concedida pelos principais stakeholders; sucumbirá às pressões do curto prazo para distribuir lucros e, no processo, sacrificará investimentos em desenvolvimento dos empregados, em inovação e em despesas de capital necessárias para o crescimento no longo prazo.[7]

Um ano e meio depois, em agosto de 2019, a mesma mensagem repercutiu no Business Roundtable, clube dos 180 CEOs mais poderosos do mundo, incluindo os da Apple, da Accenture e do JPMorgan Chase. Num anexo, seus membros argumentaram que, para promover uma forma mais funcional de capitalismo, os lucros teriam de ser distribuídos de maneira mais ampla a todos os stakeholders, inclusive trabalhadores e comunidades — os principais interessados.[8]

O problema é que, não obstante essa busca por mudança, muito pouco *está* mudando. E assim tem sido não só porque a mudança necessária deve envolver o próprio âmago dos modelos de negócios e das cadeias de valor, em vez de ser tratada como algo secundário; mas também porque o senso renovado de propósito deve ocupar o centro das interações entre as organizações da economia, não se limitando às empresas em si. Promove-se a mudança reimaginando *como* diferentes entidades e agentes da economia, juntos, criam valor. Sim, este livro trata efetivamente de mudanças muito necessárias em nossas instituições públicas. Como, porém, a atividade governamental — investimentos diretos, subsídios indiretos, tributos e regulações — está no centro de quase todas as interações, repensar o governo significa repensar o capitalismo.

Embora este livro seja destinado a teóricos e a praticantes, ele é, em especial, um guia de como podemos "fazer" um capitalismo diferente. Ele sustenta que devemos mudar as organizações, as estruturas de governança e o desenho das alavancas práticas da política econômica — as ferramentas de que precisamos para construir uma economia guiada por propósitos.

2
Capitalismo em crise

MESMO ANTES DA ECLOSÃO DA PANDEMIA DE COVID-19, em 2020, o capitalismo estava em crise. Ele não tinha — nem tem — respostas para uma série de problemas, talvez acima de tudo para a mudança climática. Desde o aquecimento global até a perda de biodiversidade, a atividade humana está erodindo as condições necessárias para a estabilidade social e ambiental.[1] Mesmo sob os atuais compromissos das políticas de mitigação, as temperaturas da superfície terrestre estão em vias de aumentar mais de 3°C em relação à época pré-industrial — variação amplamente aceita como capaz de gerar consequências catastróficas.[2] A extinção de espécies aumentou de cem a mil vezes, em relação à média histórica, levando alguns cientistas a anunciarem que estamos testemunhando o sexto evento de extinção em massa.[3]

Em vez de seguir uma trajetória de crescimento sustentável, o capitalismo construiu economias que inflaram bolhas especulativas, enriqueceram os já excessivamente ricos no 1% do topo e estavam destruindo o planeta. Em muitas economias capitalistas ocidentais e de estilo ocidentalizado, os rendimentos reais dos indivíduos, com raras exceções, mal subiram em mais de uma década — em alguns casos, como o dos Estados Unidos, em várias décadas —, exacerbando desigualdades entre grupos e regiões, não obstante os altos níveis de emprego.[4] A dinâmica da desigualdade explica por que a razão lucros/ salários atingiu picos sem igual. Entre 1995 e 2013, os salários reais medianos nos países da Organização para a Cooperação e Desenvolvimento Econômico (OCDE) cresceram a uma taxa média anual de 0,8%, enquanto a produtividade do trabalho aumentou em 1,5% no mesmo intervalo.[5] No período 1979-2018, os salários reais para o 50º e o 10º percentis da distribuição de renda estagnaram: a variação real acumulada durante todo o período foi de 6,1% para o 50º percentil e de 1,6% para o 10º percentil, em comparação com 37,6% para o 90º percentil. Nos países ricos, a relação entre riqueza e renda aumentou de 200-300%, em 1970, para 400-600%, em 2010.[6]

Essas economias, depois de 2008, também se viciaram na droga da flexibilização quantitativa (QE, na sigla em inglês) — injeção maciça de liquidez no sistema pelos bancos centrais —, embora o crescimento econômico e o aumento da produtividade continuassem débeis.[7] O endividamento das famílias retornou aos níveis dos primeiros anos deste século. Em 2018, a dívida privada em relação ao PIB chegou a 150%, nos Estados Unidos; 170%, no Reino Unido; 200%, na França; e 207%, na China — níveis muito superiores aos da virada do século.[8]

E grande parte das empresas foi assolada por uma perigosa combinação de baixos níveis de investimentos, uma administração focada em resultados de curto prazo e altas para acionistas e executivos.[9] Nas economias avançadas, os investimentos das empresas mal retornaram aos níveis de 2008.[10] No Reino Unido, na década de 1980, a remuneração típica de um CEO era vinte vezes mais alta do que a do trabalhador médio. Em 2016, o salário médio de um CEO de empresas do FTSE 100 — o Financial Times Stock Exchange 100 Index, representativo das cem maiores empresas listadas na Bolsa de Valores de Londres, em capitalização de mercado — era 129 vezes maior que o dos empregados.[11] Desde 1980, os índices de pagamento de dividendos se mantiveram constantes, a despeito da rentabilidade. As recompras de ações aumentaram de importância, superando continuamente a emissão de ações na década passada. Nos Estados Unidos, o total de pagamentos a acionistas chegou a quase 1 trilhão de dólares, retornando aos picos pré-crise de 2008, com um aumento da razão entre esses pagamentos e o fluxo de caixa interno das empresas para cerca de 60%, em 2015, em comparação com 10% na década de 1970.[12]

Dificuldades semelhantes também estão ocorrendo em sociedades autoritárias, sob o capitalismo de Estado. Hoje, a China, a principal economia autoritária, continua assoberbada por indústrias estatais ineficientes e altamente endividadas, um sistema bancário com enormes empréstimos "zumbis", população envelhecida, além da árdua tarefa de aliviar a economia da dependência excessiva em relação às exportações e, ao mesmo tempo, ampliar o consumo interno. Para ser justo, o país está progredindo, inclusive com a ampliação da economia verde, em que está investindo mais de 1,7 trilhão de dólares, como parte de seu plano quinquenal. O modelo de planejamento central, porém, dificilmente será capaz de empreender as ousadas reformas na colaboração pública e privada preconizada por este livro.

A crise da covid-19 também revelou como o capitalismo liberal é frágil. As pessoas que trabalham na economia dos "bicos" (*gig economy*), sem emprego formal, como autônomos ou microempreendedores, em condições precárias, não têm segurança. Altos níveis de endividamento empresarial — em parte contraído para pagar dividendos, recomprar as próprias ações e, indiretamente, impulsionar a remuneração dos executivos — contribuíram para a instabilidade de muitas empresas. A estratégia de recorrer a cadeias de fornecimento globais para cortar custos e reduzir o poder de negociação dos próprios trabalhadores se revelou um calcanhar de Aquiles, quando a pandemia rompeu os fluxos de produção internacionais e acirrou a competição, mesmo por itens básicos, como álcool e máscaras. Alguns governos, em especial o britânico e o americano, terceirizaram suas capacidades para o setor privado e para empresas de consultoria a tal ponto que não foram capazes de gerenciar a crise adequadamente. Daí resultaram erros grosseiros, quando os governos enfrentaram carência de EPIS básicos e deixaram de realizar testes suficientes na população.[13] O cúmulo da ironia foi que governos há muito adeptos da austeridade descambaram abruptamente para gastos públicos desmedidos, tomando emprestado e gerando déficits em escala que em outros tempos teriam provocado apoplexia ideológica, à medida que se empenhavam em fazer "o que fosse necessário" para manter vivas as economias nacionais. Atingido pelos golpes simultâneos do colapso da produção e do colapso da demanda — resultantes em grande parte do esforço dos governos para combater o vírus —, o modelo Thatcher-Reagan de economia e de sociedade caiu por terra, e a economia global está emergindo de uma depressão historicamente severa (no Reino Unido o PIB caiu 10% em 2020, a maior queda já registrada).[14]

A prostração econômica global, especialmente desastrosa para os países em desenvolvimento e para os indivíduos menos afortunados nos países desenvolvidos, exacerbou as tensões sociais e políticas que se intensificavam havia décadas. Para muita gente, bem além das piores expectativas, a sensação é de desalento e precariedade, seja porque estão endividadas, seja porque suas poupanças não cobrem um mês de aluguel.[15] Mesmo nos Estados Unidos, a maior economia do mundo, cuja classe trabalhadora já foi sinônimo de prosperidade, um relatório revelou que quase três em cada dez adultos teriam de tomar dinheiro emprestado ou vender alguma coisa para cobrir uma despesa inesperada de quatrocentos dólares.[16]

O equilíbrio de poder se deslocou dos trabalhadores para os empregadores — por exemplo, a relação entre um motorista e a Uber, como corporação multinacional, foi concebida, deliberadamente, para transferir o risco da empresa para o trabalhador — e, junto com outras práticas de corte de custos que reduziram o poder de negociação da força de trabalho, foi um dos motivos para o índice de lucros sobre salários ter alcançado uma alta recorde na última década.[17] Há também os que vivem de trabalhos intermitentes, em que a prestação de serviços não é contínua. Mesmo quando têm trabalho regular, muitas pessoas ainda dependem de programas sociais para fechar as contas.[18] Entretanto, foi desses trabalhadores mal pagos e desprezados — catadores, carteiros, faxineiros, cuidadores, motoristas de ônibus — que a sociedade mais passou a depender durante a crise da covid-19, e não dos executivos de empresas, nem dos financistas, nem dos residentes em paraísos fiscais.

As rixas políticas se ampliaram: nacionalismo e internacionalismo, democracia e autocracia, governos eficientes e ineficientes. Um sentimento profundo de injustiça, impotência e desconfiança em relação às elites — sobretudo as elites empresariais e políticas — corroeu a fé nas instituições democráticas. O multilateralismo global erigido a duras penas após a Segunda Guerra e os amplos valores liberais que ele encarna sofrem pressões sem precedentes. A salvação nacional tripudiou sobre a cooperação internacional, para deleite dos brutamontes, demagogos e dos regimes autoritários, que marcham no compasso do populismo e exploram um clima de medo. Agravando todo esse contexto, os governos seguem procrastinando no que diz respeito a enfrentar de maneira adequada a questão climática. Podemos ser melhores; todavia, para tanto, precisamos compreender plenamente, de maneira clara e objetiva, como nos metemos nessa confusão.

Para captar a verdadeira dimensão desse desafio, é importante compreendermos que as questões aqui descritas são consequência de forças mais profundas que, em conjunto, engendraram uma forma disfuncional de capitalismo. Há pelo menos quatro fontes principais do problema: 1) o curto-prazismo do setor financeiro, 2) a "financeirização" dos negócios, 3) a questão climática, e 4) governos morosos ou ausentes. Em cada caso, a maneira como as organizações se estruturam e a forma como se relacionam entre si são parte do problema. Portanto, a reestruturação deve ser parte da solução.

O setor financeiro se autofinancia: fire

O primeiro problema é que o setor financeiro, em grande medida, financia-se a si mesmo. Boa parte dos recursos financeiros se concentra em finanças, seguro e imóveis, em vez de em usos produtivos. O acrônimo para esse termo em inglês é FIRE (*finance, insurance and real state*) — bastante apropriado, uma vez que esse FOGO está queimando os pilares que sustentam o crescimento econômico de longo prazo. Nos Estados Unidos e no Reino Unido, apenas cerca de um quinto dos recursos financeiros é destinado à economia produtiva (como empresas inovadoras e construção de infraestrutura). E, no Reino Unido, somente 10% de todos os empréstimos bancários ajudam empresas não financeiras; o resto financia imóveis e ativos financeiros.[19] Em 1970, o financiamento imobiliário constituía cerca de 35% de todos os empréstimos bancários nas economias avançadas; em 2007, essa cifra subiu para cerca de 60%.[20] Assim, a atual estrutura do setor financeiro alimenta um sistema movido pelo endividamento e a formação de bolhas especulativas que, quando estouram, levam os bancos e afins a implorarem por socorro financeiro do governo. Algumas dessas instituições são consideradas "grandes demais para quebrar", como os bancos na crise financeira de 2008-9; se quebrassem, todo o sistema desmoronaria com eles. Assim, os bancos foram resgatados: os lucros do setor financeiro são privados; as perdas são públicas. Socorrer os bancos envolveu um "risco moral", porque, ao serem considerados importantes demais para falir, os bancos sobreviviam com garantia implícita do governo, o que os induzia a assumir riscos excessivos sem se responsabilizar integralmente pelas consequências, caso suas apostas dessem errado.

As empresas focam em resultados trimestrais

O segundo problema é que as empresas em si se "financeirizaram". Nas últimas décadas, o setor financeiro geralmente cresceu mais rápido que a economia, e, nos setores não financeiros, as atividades financeiras e as atitudes a elas associadas passaram a dominar as empresas. Uma fatia cada vez maior dos lucros corporativos tem sido usada para impulsionar os ganhos de curto prazo com a valorização das ações, em vez de propiciar investimentos de longo prazo em áreas como equipamentos de capital, P&D e treinamento de pessoal: pouco se desenvolvem as habilidades, os salários se mantêm baixos e muitos empregos são inseguros ou do tipo "McJobs", mal pagos, pouco qualificados, sem perspectivas de crescimento.[21] Na verdade, uma das razões para o alto nível de endividamento privado nos Estados Unidos e no Reino Unido — norteada por uma forma de capitalismo que visa à maximização dos retornos para os acionistas, não para todos os stakeholders — é que muitos trabalhadores precisam contrair dívidas para manter seu padrão de vida, mas não ganham o suficiente para reduzi-la ou pagá-la.[22] Infelizmente, no entanto, o problema vai ainda mais longe na Escandinávia, onde a desregulamentação do setor financeiro acarretou o aumento do endividamento privado (também devido ao consumo financiado por empréstimos garantidos por imóveis) e o excesso de investimentos no setor financeiro.[23]

Ao comprar suas próprias ações, as empresas podem aumentar artificialmente o preço das ações e a remuneração dos executivos que as recebem como parte de seus honorários. Somente no decênio findo em 2019, as recompras totais de ações por empresas da Fortune 500 — a lista anual das quinhentas maiores empresas dos Estados Unidos, compilada pela revista *Fortune*, com base em sua receita — foi superior a 4 trilhões de dólares, com muitas empresas gastando mais de 100% de seu lucro líquido numa combinação de operações de recompra de ações e pagamentos de dividendos, dilapidando, assim, suas reservas de capital. No mesmo período, seis das maiores companhias aéreas dos Estados Unidos gastaram em média 96% de seu fluxo de caixa livre com recompras de ações — a fabricante de aeronaves Boeing gastou 74% de seu caixa com recompras de ações —, o que não impediu que solicitassem ajuda ao governo federal quando eclodiu a crise da covid-19.[24]

A desculpa geralmente apresentada pelas empresas para agir assim é a falta de "oportunidades para investimentos". No entanto, dado que as empresas que mais recompram ações atuam em setores em que as oportunidades de investimento são notórias — farmacêutico e de energia —, o argumento é pouco convincente. Será que não há mesmo oportunidades para inovação em antibióticos ou em tratamentos para doenças tropicais, que afetam principalmente pessoas pobres em países em desenvolvimento, para não mencionar vacinas? (Essa questão tornou-se ainda mais pertinente com a chegada da covid-19.) Será que não há mesmo oportunidades para os fabricantes de aeronaves investirem em energia renovável e em outras tecnologias verdes? O principal culpado é uma forma de governança corporativa obcecada com a "maximização do valor para os acionistas" — basicamente, a maximização do preço das ações. Até Jack Welch, o falecido CEO da General Electric, uma das maiores empresas dos Estados Unidos, no fim da vida, chamou a preconização dos acionistas de "a ideia mais idiota do mundo". E explicou:

> Valor para os acionistas é resultado, não estratégia. [...] Sua base principal são os empregados, os clientes e os produtos. Os gestores e investidores não devem estabelecer o aumento do preço das ações como objetivo abrangente. [...] O lucro no curto prazo deve aliar-se ao aumento do valor da empresa no longo prazo.[25]

Na prática, a maximização do valor para os acionistas com frequência envolve sobrecarregar as empresas com dívidas — um modelo supostamente eficiente que alavanca a base de capital da empresa, com o risco de expô-la de maneira perigosa a mudanças inesperadas nos acontecimentos, como uma pandemia ou uma reversão dos mercados. Em 2017, por exemplo, os Estados Unidos sofreram uma grave recessão no varejo. A tradicional varejista Toys "R" Us entrou em liquidação. Ela fora adquirida em 2005 por duas empresas de *private equity*, a Bain Capital e a Kohlberg Kravis Roberts, e por uma empresa imobiliária, a Vornado Realty Trust. Para adquirir a Toys "R" Us, as compradoras seguiram a prática tradicional de *private equity*, sobrecarregando-a com dívidas, para aumentar o retorno posterior.[26] Com efeito, o endividamento da empresa disparou logo depois da aquisição do controle, de 1,86 bilhão de dólares para quase 5 bilhões. Em 2007, o pagamento de juros sobre a dívida chegava a 97% do lucro operacional. A recessão do varejo nos anos seguintes foi grave, mas o alto endividamento que lhe fora impingido comprometeu sua capacidade de se ajustar e agravou sua vulnerabilidade à desaceleração.[27] A excessiva financeirização das empresas e a busca implacável de valor para os acionistas deixou muitas outras grandes empresas suscetíveis a acusações semelhantes de risco moral: estruturas financeiras engenhosas beneficiam os proprietários mais que a outros stakeholders, como trabalhadores, fornecedores e clientes — para não mencionar as comunidades mais amplas em que as empresas operam.

O planeta está aquecendo

E em terceiro lugar está um problema que tornará os demais pequenos, se não for resolvido com urgência: a questão das alterações climáticas, que mudarão drasticamente a vida para os humanos, animais e plantas em nosso planeta. O relatório do Painel Intergovernamental sobre Mudanças Climáticas, de 2019, sustenta que temos apenas dez anos até que o desarranjo climático se torne irreversível.[28] A covid-19 nos conscientizou ainda mais da fragilidade de nosso meio ambiente e de um sistema econômico que depende dele. A questão climática, em grande medida, é resultado de quatro outros problemas que perpassam as finanças e os negócios: os combustíveis fósseis ainda dominam nossas fontes de energia, as indústrias são muito intensivas em carbono, o setor financeiro alimentou a economia movida a combustíveis fósseis e o governo fomenta essa disfuncionalidade — em 2019, por incrível que pareça, os subsídios a empresas de combustíveis fósseis eram estimados em 20 bilhões de dólares por ano, nos Estados Unidos, e em nada menos que 55 bilhões de euros por ano na União Europeia (UE).[29] Dos financiamentos para a recuperação das economias afligidas pela covid-19 destinados a empresas do setor de energia pelos governos do G20, 56% foram concedidos a projetos de combustíveis fósseis, o equivalente a 151 bilhões de dólares (119 bilhões de libras).[30] E quando se trata da extinção em massa de animais e plantas — outra grande crise ambiental correlata —, ainda menos está sendo feito.

Os governos estão apenas fazendo remendos, em vez de liderar

Os governos só serão capazes de resolver esses problemas se os enfrentarem de maneira proativa. E isso nos leva ao quarto problema: os governos aderiram à ideologia de que a sua função é simplesmente corrigir problemas, em vez de realizar objetivos ousados. A teoria econômica convencional não vê os atores públicos como criadores e estruturadores, nem considera que os mercados servem a propósitos a serem estruturados. Antes, a ideologia canônica assume que o capitalismo atua por meio de um "mecanismo de mercado", norteado pela tendência natural dos indivíduos de perseguir seus interesses próprios, cada qual maximizando seu objetivo: os consumidores maximizam sua utilidade, os trabalhadores maximizam suas preferências entre lazer e trabalho, e as empresas maximizam seus lucros. A história prossegue para dizer que quando os mercados resultantes dessas decisões individuais não produzem resultados "eficientes", o governo deve intervir — corrigindo externalidades positivas (como pesquisa básica) ou negativas (como poluição).

Este livro argumentará que os mercados não são resultado de decisões individuais, mas da maneira como se governa cada agente criador de valor — inclusive o governo em si. Nesse sentido, os mercados estão "imersos" em regras, normas e contratos que afetam comportamentos organizacionais, interações e desenhos institucionais.[31] O governo, portanto, não pode se limitar a corrigir mercados reativamente, mas "coestruturá-los" para que entreguem os resultados necessários para a sociedade. Os governos podem e devem orientar os rumos da economia, servir como "investidor de primeira instância" e assumir riscos; podem e devem estruturar os mercados para atender a um propósito.

Até certo ponto, o governo já está agindo assim; só que o está fazendo de maneira aleatória e fragmentada. E a questão não é normativa — até a desregulamentação fornece uma direção escolhida pelo governo. A questão é como conceber ferramentas que ajudem explicitamente a seguir um rumo com um propósito. Muitas ações governamentais permitem o funcionamento dos mercados, ou os criam e/ou estruturam por meio de investimentos em áreas como educação, pesquisa e infraestrutura física; geração de demanda por meio de compras públicas; códigos legais; e políticas antitruste. Nesse sentido, os mercados estão enraizados nas instituições e normas e são cocriados por diferentes agentes nos setores público e privado, assim como pelas organizações da sociedade civil, como sindicatos. A ideologia predominante, porém, nega esse papel (por exemplo, os bancos não gostam de ser lembrados de que operam com uma garantia implícita do governo) ou argumenta que o governo não deve agir dessa maneira.

Em consequência, os governos se empenham em corrigir as coisas quando elas não funcionam, em vez de melhorar a vida cotidiana dos cidadãos de maneira criativa. Com efeito, aprimoramento e imaginação se destacam pela ausência, morosidade ou rigidez. O presidente Obama estava certo quando afirmou, em janeiro de 2012, que os atuais métodos de governo são inadequados para o século XXI, porque as mais recentes inovações importantes em governo, por exemplo a forma como os departamentos são estruturados, ocorreram na era da TV em preto e branco.[32] Obama queria dinamizar o governo federal para apoiar a economia americana de maneira mais adequada, numa época de competição global.

Parte do que impede os servidores públicos de inovarem é o medo de fazer alguma coisa além de remendos no sistema, quando ele começa a funcionar mal. Ronald Reagan sintetizou essa situação em uma frase famosa: "As oito palavras mais aterrorizantes da língua inglesa são: 'Sou do governo e estou aqui para ajudar'".[33] Reagan repercutiu o sentimento explicitado no modelo de Estado "vigia noturno" do século XIX, sem compreender que ele expressa uma profecia autorrealizável, segundo a qual o governo faz muito pouco, tarde demais. Está sempre reagindo, fazendo gambiarras em um sistema engasgado, como alguém que recauchuta um pneu careca em vez de substituí-lo por um novo, desperdiçando lentamente sua capacidade de ser um criador ativo de valor. E os remendos têm sido grandes, desde socorrer bancos a investir onde o setor privado se recusa a pôr dinheiro. Mesmo os "bens públicos", como as despesas para reduzir a poluição atmosférica ou os investimentos em novos conhecimentos, são enquadrados como correções do mercado, em vez de serem encarados como verdadeiros objetivos. O problema não é "governo grande" ou "governo pequeno". A questão é o *tipo* de governo: o que faz e como.

Nenhuma das dificuldades que estamos sofrendo são inevitáveis. Elas são as consequências de nossas escolhas para governar o sistema. Não há nada nas estrelas que obrigue o setor financeiro a não investir na economia real, ou a investir somente com objetivos de lucro no curto prazo. Nós o recompensamos por agir assim — por exemplo, reduzindo a tributação sobre ganhos de capital, permitindo que os pagamentos de juros sobre as dívidas sejam compensados na tributação de pessoas jurídicas, admitindo que os bancos de investimento e os bancos de varejo operem dentro do mesmo grupo empresarial, e aceitando a desregulamentação generalizada.[34] Não há nada inevitável que induza um setor empresarial por demais financeirizado a focar excessivamente no curto prazo. Não há nada compulsório que leve o setor público a sempre atuar no modo reativo. E tampouco é inevitável o aquecimento contínuo do planeta, tornando-o cada vez mais hostil a humanos, animais e vegetais. Essas são as escolhas que fizemos coletivamente. Não exigimos que o setor privado trabalhe de outra maneira — nem como condição para acessar investimentos públicos fundamentais, de importância crítica para a geração de lucros, como os 40 bilhões de dólares por ano de financiamentos públicos para as inovações em saúde nos Estados Unidos. O setor público tem demonstrado muito pouca consideração pelas inquietações dos eleitores em temas como poluição atmosférica, sistemas públicos de saúde robustos, regulamentação das empresas e higidez de saúde do planeta.

A pressão por mudanças radicais é, portanto, esmagadora. Para impulsionar essas mudanças, porém, precisamos examinar os problemas por meio de lentes específicas — empenhando-nos em repensar o governo para estimular melhorias que permeiem toda a economia. Por quê? A razão é simples: só o governo é capaz de conduzir a transformação na escala necessária — reformular a maneira como as organizações econômicas são governadas, como seus relacionamentos são estruturados e como os agentes econômicos e a sociedade civil interagem uns com os outros.

Com efeito, repensar a governança corporativa também deve ser prioridade na agenda. Temos de deslocar o foco das empresas, que hoje se concentra na maximização do valor para os acionistas, de modo que se disperse entre uma vasta gama de stakeholders. Hoje, a responsabilidade social das empresas é restrita demais para promover essa transformação. Para começar, as empresas precisam de clareza sobre o valor que está sendo criado e de uma nova maneira de trabalhar ao longo de toda a cadeia de valor, a fim de produzi-lo. É preciso revitalizar o senso de propósito de governo e empresas, a forma como trabalham em conjunto. Por exemplo, é possível estruturar a atividade governamental de maneira a recompensar tipos de comportamento empresarial favorável à consecução dos objetivos de sustentabilidade. Esses objetivos não podem ser alcançados com simples mudanças na governança das empresas, por meio de métricas como ESG (governança ambiental, social e corporativa). Também é necessário revitalizar as interações entre empresas e governos. Se, por exemplo, o acesso das empresas a subsídios públicos depender do cumprimento de metas sociais e ambientais, teremos infundido "propósito" nos contratos e inter-relações.

Missão economia é sobre como o governo precisa se transformar de dentro para fora a fim de alcançar resultados ambiciosos, e sobre a necessidade de reformular suas interações com outros atores. Os instrumentos típicos usados hoje, como tributação, política fiscal e política monetária, estão à deriva. Carecemos de direcionamento sistêmico para a "desfinanceirização" ou a sustentabilidade. Tampouco empreendemos qualquer tentativa de mudar a estrutura de custos relativos, por meio do sistema tributário e de outras ferramentas, de modo a orientar os investimentos para a eliminação de desperdícios, a redução do consumo de materiais e de energia e a despoluição. Por que, via tributação, não oneramos pesadamente os "males" ambientais mas desoneramos persuasivamente os "verdes"? Por que os ganhos de capital são menos tributados do que os rendimentos do trabalho? Por que não há benefícios claros de investir no longo prazo em vez de no curto prazo? Por que não fazemos nada para desestimular operações de alta frequência nas bolsas de valores, de legalidade questionável, e práticas danosas de recompra excessiva de ações?[35] Por que nem tentamos reformar o Estado de bem-estar social para compatibilizá-lo com as novas condições criadas pelas tecnologias digitais? Não temos direções claras; a menos que a liberdade absoluta dos mercados seja em si uma "diretriz". No entanto, quando uma diretriz adequada é aplicada sistematicamente a toda a gama de políticas públicas, suscitando sinergias em comportamentos de inovação e investimentos que permeiam toda a economia, o governo precisa fazer muito mais. Ele precisa se transformar em uma organização inovadora, com capacidades e competências para energizar e catalisar a economia, imbuindo-a de um senso de propósito.

O primeiro passo é entender melhor por que os governos ficaram tão emperrados. É impossível melhorar as políticas públicas sem primeiro compreender os mitos subjacentes às más políticas públicas e identificar as ideias necessárias para avançar.

3
Má teoria, má prática: Cinco mitos que impedem o progresso

DESDE A DÉCADA DE 1980, os servidores públicos se impregnaram de certa mentalidade de aversão ao risco, com medo de fazer qualquer coisa, além de facilitar o funcionamento do setor privado. Supõe-se que assumir riscos não faz parte do seu trabalho. De fato, frequentemente, ouvimos que o governo não sabe investir e nunca deveria usar seus recursos para direcionar a mudança, muito menos ousar "escolher vencedores". Embora os governos de muitos países tenham gasto espantosas quantias para manter vivas suas economias durante a crise financeira, e, mais recentemente, durante a pandemia, a economia neoliberal que assumiu o poder na era Thatcher-Reagan continua a exercer forte influência sobre a mentalidade convencional, que ainda retrata os governos como máquinas burocráticas desengonçadas que suprimem o ímpeto animal do setor privado, criador de riqueza — por mais que este seja repetidamente atendido em seus pedidos de socorro, crise após crise. Essas teorias problemáticas sobre governos inspiram práticas questionáveis, que, por várias razões, atravancam o avanço de uma abordagem guiada por missões. De fato, elas deixam os governos na posição problemática de arrumar a bagunça — seja através de socorro financeiro ou de políticas redistributivas —, em vez de estruturar a economia para criar riqueza de maneira diferente, de modo que, em primeiro lugar, as sociedades sejam mais resilientes, inclusivas e sustentáveis.

Essa ligação entre teoria e prática é exatamente o que o grande economista John Maynard Keynes queria transmitir, ao afirmar:

> Os homens práticos, que se consideram altamente imunes a influências intelectuais, em geral são escravos de algum economista defunto. Loucos investidos de autoridade, que ouvem vozes no ar, estão destilando seu delírio de algum escriba acadêmico, de uns poucos anos atrás.[1]

A seguir, desmascaro cinco dos mitos mais comuns sobre governos e elucido por que eles constituem entraves a uma abordagem orientada por missões com o propósito de mudar o capitalismo.

Mito 1: as empresas criam valor e assumem riscos; os governos apenas reduzem riscos e facilitam

Um pressuposto fundamental na percepção comum — mas também profundamente arraigado na teoria econômica — é que só as empresas criam valor. O trabalho do governo é definir as regras do jogo, regular, redistribuir e corrigir as falhas de mercado. Mesmo os bancos centrais são vistos pela teoria convencional como meros "emprestadores de última instância", apesar de terem evitado que todo o sistema financeiro entrasse em colapso após a crise financeira de 2008.

O resultado é que, em muitas áreas, as instituições públicas perderam a confiança para agir. Se o setor público não é visto como criador de valor, nesse caso ele não precisa investir nas próprias capacidades, inclusive em gestão estratégica, ciência da tomada de decisão e procedimento organizacional — embora até as universidades (nem sempre consideradas modelos de eficiência) lecionem esses temas a gestores. Com efeito, em vez de encontrar maneiras para trabalhar ativamente com as empresas na solução de problemas públicos, o setor público, muitas vezes, acaba privatizando empreendimentos e terceirizando contratos públicos, na esperança de economizar dinheiro público e na crença não raro equivocada de que o setor privado é mais eficiente, quando, na verdade, seu objetivo é o lucro. Longe de atingir seus objetivos, essa ideologia de privatização e terceirização levou a altos custos, maus serviços, captura de contratos governamentais por um pequeno número de empresas e contratos que, não raro, deixam os contribuintes com os riscos que, supunha-se, haviam sido transferidos para as empresas privadas, como veremos a seguir, no Mito 4, e que implicam socializar os riscos e privatizar as recompensas.

O outro lado dessa moeda ideológica é a crença de que somente as empresas criam valor. Aqui, os empreendedores que assumem riscos, norteados pela motivação do lucro, merecem um lugar especial na sociedade, porque somente eles, no fim das contas, geram as receitas tributárias de que o governo depende, impulsionam a inovação e criam empregos. A verdade, porém, não é assim tão simples. A maneira como as empresas privadas criam valor tem sido analisada extensivamente no campo da microeconomia e na literatura de negócios. Não há dúvida de que as empresas criam valor e precisam gerar lucros, e para isso devem ter liberdade. A questão é compreender *como* se desenvolve esse processo. A economia trata da "função de produção". Explica como se cria valor dentro da empresa (a teoria microeconômica do valor) combinando capital (tangível, como maquinaria, e intangível, como conhecimento) com trabalho e tecnologia.[2] Nos estudos sobre negócios, compreende-se o valor como criação das empresas, pela reunião de expertise gerencial, pensamento estratégico e divisão dinâmica do trabalho (que muda com as circunstâncias) entre os trabalhadores.[3]

Tudo isso ignora o forte papel do governo na criação de valor, com a tomada de riscos no processo. Em *O Estado empreendedor*, argumentei que o próprio Vale do Silício é resultado desses investimentos altamente incertos pelo Estado, mais disposto a se arriscar nos primeiros estágios de desenvolvimento de tecnologias de alto risco, das quais o setor privado geralmente se afasta.[4] Esse é o caso dos investimentos que levaram à invenção da World Wide Web, contexto em que a Darpa, a Agência de Projetos de Pesquisa Avançada em Defesa, do Departamento de Defesa dos Estados Unidos, e também a Organização Europeia para a Pesquisa Nuclear desempenharam papel fundamental. De fato, não só a internet, mas também quase todas as outras tecnologias que tornam inteligentes nossos produtos — como o GPS (financiado pela Marinha dos Estados Unidos), a Siri, assistente inteligente da Apple (também financiada pela Darpa), e a tela sensível ao toque (financiada de início pela CIA) — foram apoiadas por agentes públicos. Esse também é o caso dos investimentos iniciais de alto risco feitos na indústria farmacêutica por agentes públicos como o Instituto Nacional de Saúde — sem os quais praticamente nenhum medicamento revolucionário, de grande sucesso, teria sido desenvolvido. E a indústria de energia renovável tem sido muito ajudada por investimentos patrocinados por bancos públicos, como o Banco Europeu de Investimento ou o Kreditanstalt für Wiederaufbau (KfW), na Alemanha, situações em que os financiadores privados geralmente são muito avessos ao risco e focados em retornos em curto prazo.[5] No lado da demanda, somente organizações como o Programa de Pesquisa para Inovação em Pequenas Empresas, do Departamento de Comércio dos Estados Unidos, se dispuseram a criar mercados para empresas de pequeno e médio porte (PMES), desenvolvendo políticas de compras públicas focadas em ajudá-las a fornecer bens e serviços por meio de orçamentos departamentais (cerca de 3% do orçamento).

No âmbito global, as ações de órgãos públicos, transpassando toda a cadeia de inovação, também têm sido cruciais, possibilitando o surgimento de potências inovadoras: em Taiwan, o Instituto de Pesquisa em Tecnologia Industrial; em Israel, o Ministério da Ciência; no Japão, o Ministério do Comércio Internacional e da Indústria; e em Singapura, a Agência para Ciência, Tecnologia e Pesquisa.[6] A Coreia do Sul, em especial, tem alcançado grande sucesso no desenvolvimento de produtos eletrônicos. O país entrou na indústria de semicondutores na década de 1970 ao atrair empresas americanas em busca de instalações de montagem baratas, e passou a década seguinte implementando amplas medidas de política industrial, que incluíam o apoio a grupos empresariais capazes de fabricar e exportar em massa produtos eletrônicos de consumo. Daí resultou o lançamento da primeira memória dinâmica de acesso aleatório comercial, em 1984.[7]

Em todos esses casos, sem investimentos públicos ambiciosos, o setor privado não se disporia a investir em áreas em que os financiamentos necessários eram vultuosos, de longo prazo e altamente incertos. Só depois de o risco ter sido absorvido pelo setor público as empresas privadas aproveitaram as novas oportunidades criadas pela inovação. Assim, as evidências empíricas pintam um quadro muito diferente da teoria, baseada em pressupostos altamente duvidosos.

Mito 2: o propósito do governo é corrigir as falhas de mercado

Ao ignorar a possibilidade de o governo contribuir para a criação de valor, a teoria econômica também assume que as políticas governamentais não podem criar mercados, apenas corrigir suas falhas. Os mercados podem falhar em consequência de assimetrias informacionais (como quando os compradores e vendedores não dispõem das mesmas informações), externalidades positivas (como financiamento de bens públicos, pesquisa básica, ou saúde pública) ou negativas (como poluição). No último caso, os governos precisam intervir com políticas como taxar o carbono — "fazer o poluidor pagar". Além disso, o governo pode redistribuir valor, ou riqueza, por meio da tributação. Em macroeconomia (o estudo da economia no agregado), a teoria da tributação é fundamental para compreender a redistribuição do valor e focar a ação pública em aumentar a eficiência dos sistemas existentes, em vez de transformá-los.

A teoria das falhas de mercado (TFM) — a ideia de que as políticas públicas podem na melhor das hipóteses corrigir as falhas de mercado — originou-se da "economia do bem-estar social" neoclássica, o estudo de como as decisões econômicas produzem o bem-estar da sociedade, em geral. O ponto de partida da TFM é o chamado "primeiro teorema fundamental da economia do bem-estar social".[8] O teorema enuncia que os mercados são os mais eficientes alocadores de recursos, sob três condições específicas: primeiro, que haja um conjunto completo de mercados, de modo que todos os bens e serviços ofertados e demandados sejam comercializados a preços conhecidos do público; segundo, que todos os consumidores e produtores se comportem de maneira competitiva; terceiro, que exista equilíbrio (as forças de mudança em direções opostas se equilibram — por exemplo, a demanda por bananas é igual à oferta de bananas, a dado preço). Sob essas três condições, a alocação de recursos pelos mercados é ótima, da maneira descrita pelo economista Vilfredo Pareto: nenhuma outra alocação deixará um consumidor ou produtor em melhores condições sem deixar alguém em piores condições. O governo, portanto, não desempenha nenhum papel na criação de valor.

De acordo com a TFM, a violação de qualquer uma das três condições acarreta ineficiência na alocação de recursos pelos mercados, isto é, falhas de mercado. Se os mercados não têm a eficiência no sentido de Pareto, todos podem ser aperfeiçoados por políticas públicas que corrijam suas falhas. A TFM sugere que os governos intervêm quando os mercados falham, por força de externalidades positivas, externalidades negativas e assimetrias de informação. Às vezes, os governos podem intervir para atender aos interesses de toda a comunidade: por exemplo, promover vacinação em massa para controlar a paralisia infantil ou oferecer educação gratuita para todos. Esse bem público é uma externalidade positiva. No entanto, de acordo com a TFM, para justificar essa ação o governo deve oferecer o que o setor privado não quer ou não pode oferecer. No caso de externalidades negativas, deve conceber mecanismos de mercado para internalizar os custos externos.

Além de tudo isso, nas décadas de 1960 e 1970, surgiu uma nova teoria nas economias avançadas que questiona qualquer intervenção do governo para corrigir o mercado e sustenta que o papel do governo é ainda mais limitado: a falha de governo é ainda mais perigosa do que a falha de mercado. É a chamada "teoria da escolha pública", que tenta aplicar a economia do bem-estar social neoclássica à tomada de decisões políticas. A teoria da escolha pública considera como as ações dos agentes (eleitores, burocratas e políticos) envolvidos em políticas públicas poderiam ser consideradas sob uma perspectiva de eficiência econômica. Ela assume que os agentes, inclusive governamentais, são movidos por interesses próprios, da mesma maneira que a teoria neoclássica supõe que os atores do mercado privado sejam movidos por interesses próprios.[9] Enquanto nos mercados a competição e a busca pelo lucro tendem a impor escolhas eficientes, nos processos de decisão coletiva em política e administração pública, de acordo com a teoria da escolha pública, inexiste a mesma disciplina. Considera-se, assim, que a formulação de políticas públicas está sujeita à captura por grupos de interesse, em particular os mais capazes de influenciar os formuladores, por deterem poder ou dinheiro. A captura pode envolver nepotismo, compadrio, corrupção, rentismo (obter lucros excessivos oriundos de monopólios), má alocação de recursos (com o apoio a empresas enfermas ou "escolhendo perdedores") ou competição desleal ou injusta com iniciativas privadas (*crowding out*, ou o efeito deslocamento dos investimentos privados). Argumenta-se que a captura por interesses especiais é ainda mais provável, uma vez que a ação coletiva dos eleitores tende a ser fraca. Os eleitores racionais têm poucas razões para se interessar por decisões políticas, uma vez que a maioria delas impacta muito pouco a vida dos indivíduos. Em administração pública, a falta de pressões competitivas leva a comportamentos corporativistas, pelos quais os departamentos e agências cuidam da própria sobrevivência, em vez de olharem para o "bem comum".

Assim, a intervenção governamental nem sempre acarretará resultado mais eficiente, mesmo quando a falha de mercado for notória. Antes, também pode haver "falha de governo". Por exemplo, decisões que visem a melhorar o bem-estar social podem tornar as coisas ainda piores do que sob as falhas de mercado.[10] Por essa abordagem, a falha de mercado é condição necessária, mas não suficiente, para a intervenção governamental; ela é suficiente apenas se os ganhos resultantes da intervenção superarem as perdas oriundas da falha de governo.[11] Sob essa perspectiva, há um *trade-off*, uma escolha mutuamente excludente entre dois resultados ineficientes — um gerado pelo livre mercado (falha de mercado) e o outro pela intervenção governamental (falha de governo). Alguns economistas sugerem que a solução consiste na correção das falhas, como no caso de informações imperfeitas.[12] Outros, sobretudo os defensores da escolha pública, recomendam que se deixe a alocação de recursos por conta dos mercados (que podem ser capazes de corrigir suas falhas por si próprios), ou que se crie uma disciplina de mercado dentro dos órgãos públicos.[13]

No entanto, assim como a TFM é um construto teórico, o mesmo pode ser dito de seu alter ego, a teoria da escolha pública. O axioma básico da escolha pública é que os burocratas e os políticos se comportam como atores do livre mercado: racionalmente, procuram maximizar sua "utilidade". Burocratas e políticos voltados para os próprios interesses são efetivamente empreendedores que competem pelo controle de um monopólio, o Estado.[14] Porém, um tanto como no caso da TFM, não se ofereceu nenhuma evidência *empírica* para sustentar essa ideia. Apenas se assumiu que considerações sociais, constitucionais e éticas nunca motivaram os burocratas e os políticos. E também se supôs que os setores público e privado eram concorrentes e que um lado ou outro poderia sair perdendo.

Por isso é que o governo, se ousar fazer alguma coisa ambiciosa, corre o risco de ser acusado de repelir (*crowd-out*) os investimentos privados. Supõe-se que os investimentos do governo em um setor, como na indústria aeronáutica, com o Airbus, empresa aeroespacial europeia, tendem a roubar do setor privado oportunidades lucrativas. Essa acusação, porém, presume uma visão estática das possibilidades de investimento — que há apenas certo número de possibilidades, em dado momento —, assim como a ideia de que os setores público e privado são concorrentes, em vez de parceiros. À espreita, no fundo, encontra-se a convicção familiar de que somente o setor privado cria valor e que — por extensão — os investimentos do governo podem destruí-lo.

Na realidade, toda a ideia de os governos repelirem o setor privado costuma ser falsa. Os investimentos do governo, em regra, exercem o efeito oposto. Quando estruturados de maneira estratégica, eles podem atrair (*crowd-in*) investimentos privados, estimulando financiamentos que, do contrário, talvez não ocorressem, e expandindo a produção nacional, que beneficia igualmente os investidores públicos e privados. Os investimentos públicos na Apollo inspiraram rápidos avanços na computação e na tecnologia digital, através de contratos com o setor privado. Participações relativamente pequenas do governo na Airbus ajudaram a construir a maior empresa aeronáutica do mundo, com operações e fornecedores em toda a Europa. A história dos avanços tecnológicos mostra que os investimentos públicos, em especial quando feitos nos primeiros estágios do processo de inovação, mitigam grandes incertezas e riscos de longo prazo, que os investidores privados talvez relutem em aceitar. Com efeito, os investimentos públicos nos estágios iniciais de projetos de alto risco, em áreas como nanotecnologia, biotecnologia e tecnologia verde, foram críticos à posterior proliferação de pequenas start-ups, algumas das quais aumentaram de tamanho subsequentemente. Uma teoria alternativa, portanto, deve basear-se na estruturação e cocriação do mercado, conceito a que retornaremos no capítulo 6.

Mito 3: os governos precisam atuar como empresas

A convicção de que os governos devem simplesmente administrar, sem correr riscos, é profunda. Ouvimos que o governo não deve ir além de equalizar as condições de competição na economia (como prevenir monopólios), manter a lei e a ordem e regular onde necessário (por exemplo, em questões de segurança alimentar). A suposição é que o setor público não só deve emular as disciplinas do setor privado, mas também transferir para o setor privado fatias significativas de atividades tradicionalmente mantidas no domínio público, como transporte e saúde, a fim de evitar o tipo de falhas que os teóricos da escolha pública acreditam ter identificado, por exemplo, burocracias infladas, gerindo de maneira ineficiente serviços como laboratórios de saúde pública ou sufocando a competição mediante o controle dos preços da eletricidade.

Nas faculdades de administração, principalmente nos Estados Unidos, a teoria da escolha pública influenciou o desenvolvimento da Nova Gestão Pública, que ganhou impulso na década de 1980. Várias eram as estratégias importantes na lista da Nova Administração. Uma era introduzir algo equivalente ao propósito de lucro no setor público, para melhorar o desempenho — por exemplo, metas de eficiência. Um exemplo desse tipo de ideia foi a legislação do Reino Unido, nos anos 1990, que criou um mercado interno para o Serviço Nacional de Saúde (NHS, na sigla em inglês), no qual o governo se tornou comprador, em vez de provedor de serviços de saúde, e os fornecedores externos podiam dar lances contra os do NHS.

Outra estratégia foi subcontratar, franquear ou privatizar serviços governamentais. O propósito aqui é lidar com o dilema da agência: os cidadãos (os principais) não podem responsabilizar os funcionários do setor público (seus agentes) como os acionistas fazem com os gestores de uma empresa — ao menos em teoria. A principal sanção dos cidadãos numa sociedade democrática é o voto, que é intermitente, pode exercer somente um efeito indireto sobre os burocratas e é um mau substituto para a disciplina da busca por lucro. Como o impacto do voto e a responsabilização daí decorrente são tidos como mais fracos no setor público do que no setor privado, o setor público tenderia a ser menos eficiente. E ainda há a ideia — que será um tema importante deste livro — de que o governo deve limitar-se a esforços técnicos para compensar as falhas de mercado e para aumentar a eficiência do setor público, adotando a disciplina do mercado.[15]

As políticas da Nova Gestão Pública (NGP) foram amplamente implementadas nas economias avançadas nas décadas de 1980 e 1990, em especial no Reino Unido, na Nova Zelândia e na Austrália.[16] Em meados dos anos 1990, todavia, cresciam as preocupações sobre a eficácia da NGP. Desregulamentação, valor para os acionistas e novas práticas governamentais, como a criação de agências apartadas e a terceirização, nem sempre funcionavam bem, como a teoria sugeria. Por exemplo, a desregulamentação encorajava comportamentos arriscados, como no caso dos bancos; o valor para os acionistas enriquecia executivos, em detrimento dos investimentos no longo prazo; e a terceirização comprometia o controle público sobre a qualidade dos serviços e produtos.

Tentar gerir instituições públicas como se fossem empresas acarretou consequências graves. Os pacientes de hospitais descobriram que são "clientes"; os alunos e passageiros constataram que são "consumidores". Introduziram-se métricas estáticas de eficiência nos exercícios de avaliação. Aí se incluem cálculos de otimização dos retornos e análises custo/ benefício (ACB), em face da preocupação com a eficiência alocativa ou distributiva, que equipara a produção econômica para satisfazer as preferências do consumidor à combinação mais eficiente de recursos.

A ACB consiste em fazer o melhor uso de recursos fixos, em determinado momento, com base nos preços de mercado vigentes. No entanto, projetos ambiciosos, como desembarcar uma tripulação na Lua ou construir o Estado de bem-estar social, envolviam incertezas fundamentais e ciclos de feedback — isto é, reações e contrarreações — em muitos setores diferentes. Os ciclos de feedback ocorrem quando a produção de um sistema reforça o sistema (feedback positivo) ou o prejudica (feedback negativo). Incertezas fundamentais e ciclos de feedback são difíceis de capturar com métricas estáticas, como a ACB. Um exemplo é a enorme dificuldade do governo do Reino Unido em desenvolver estimativas confiáveis do custo da eletricidade eólica *offshore* com antecedência tão curta quanto seis meses, que dirá 25 anos, que seria o horizonte de planejamento típico para empreendimentos de geração de energia desse tipo. Em geral, as estimativas de custo tendem a ser altas demais, o que é uma falha grave, quando se consideram a certeza da mudança climática e a necessidade premente de descarbonizar tanto quanto possível a produção de energia.

Mito 4: a terceirização poupa dinheiro dos contribuintes e reduz riscos

A partir da década de 1970, a principal ideia da Nova Gestão Pública — de que as tentativas do governo de melhorar as coisas para as pessoas podiam de fato piorá-las — arrebatou políticos, empresários e os próprios burocratas, primeiro nos Estados Unidos e depois em outros lugares. Muitos cidadãos, na condição de consumidores ou usuários, passaram a ver o governo como ineficiente e as empresas estatais como exemplos típicos das deficiências do governo. O impulso era tentar tornar o setor público tão "eficiente" quanto o setor privado. Em consequência, a NGP desenvolveu propostas para a) privatizar empresas públicas; b) descentralizar ou fatiar grandes organizações públicas; e c) introduzir métricas como remuneração por desempenho. Uma maneira de reduzir o risco de o governo "trazer prejuízos" foi terceirizar e privatizar serviços públicos. Em teoria, terceirizar e privatizar atenuariam o problema do principal-agente na relação entre governos e cidadãos, economizaria dinheiro e melhoraria os serviços. A prática mostrou-se muito diferente.

A teoria exerceu forte influência, sobretudo no Reino Unido, durante o período que se iniciou no primeiro governo conservador da primeira-ministra Margaret Thatcher e foi até as décadas de 1990 e 2000, na fase New Labour do Partido Trabalhista britânico. Em termos práticos, tinha três eixos principais: privatização, parcerias público-privadas e terceirização. Paradoxalmente, o que se apresentou como estratégia orientada para o mercado foi acompanhado pela centralização da máquina estatal, mediante, por exemplo, o enfraquecimento dos poderes dos governos locais em relação às políticas de habitação. Muitas empresas estatais, nas áreas de gás, eletricidade, água, ferrovias, telecomunicações e outras, foram privatizadas — às vezes com resultados perversos. Ironicamente, enquanto se extinguiam as indústrias domésticas nacionalizadas, parecia aceitável que as indústrias *estrangeiras* nacionalizadas assumissem a gestão dos mesmos empreendimentos: hoje, a Électricité de France (EDF) fornece gás e eletricidade no Reino Unido; a MTR, sob controle majoritário do governo de Hong Kong, onde opera o metrô, é parte de um consórcio que administra a Crossrail, a enorme ferrovia subterrânea de Londres; a Abellio, subsidiária integral da operadora da ferrovia nacional holandesa, é responsável por serviços de ônibus e trens em todo o Reino Unido.

Entre 1980 e 1996, o Reino Unido respondeu por 40% do valor de todos os ativos privatizados em toda a OCDE.[17] Encorajados por instituições multilaterais, como o Banco Mundial e o Fundo Monetário Internacional (o "Consenso de Washington"), os países em desenvolvimento também privatizaram suas empresas estatais. Ao mesmo tempo, a iniciativa de financiamento privado (IFP), favorecida pelo New Labour, procurou estabelecer parcerias do governo com empresas privadas para construir e gerir ativos públicos como hospitais, escolas, prisões e instalações de defesa.

A Nova Gestão Pública, naturalmente, defendeu a redução do tamanho dos governos e a gestão convencional das finanças públicas, inclusive, em algumas versões da teoria, orçamento equilibrado. O governo não devia gastar mais do que arrecadava em dado período orçamentário, evitando tomar emprestados recursos que aumentassem a dívida pública e, preferencialmente, reduzindo a dívida nacional. Essa foi a ideologia básica do thatcherismo, embora nem sempre sua prática. Depois de dezoito anos fora do governo, o New Labour estava apreensivo para não assustar os fiscalistas e correr o risco de ser acusado de irresponsabilidade financeira. Em vez de se endividar às taxas mais baixas a que o governo tinha acesso, para melhorar hospitais, escolas, estradas e assim por diante, o New Labour seguiu a IFP, de modo que empresas privadas financiassem esses empreendimentos, sendo ressarcidas pelo governo nos anos seguintes.

No total, mais de setecentos projetos foram financiados através de IFPs, no Reino Unido, a partir de 1998, envolvendo um valor superior a 60 bilhões de libras. De acordo com os esquemas de pagamento vigentes, o custo total acumulado para o erário será de quase 310 bilhões de libras, em 2047-8 — mais do que cinco vezes a despesa de capital inicial. O Escritório Nacional de Auditoria do Reino Unido estima que o custo de uma IFP seja, em geral, cerca de 40% maior que o de um projeto idêntico financiado pelo endividamento público.[18]

Muitos serviços públicos também foram terceirizados. Embora as IFPs tratassem em grande medida da construção e operação de infraestrutura, a terceirização envolvia sobretudo a transferência da gestão de serviços para o setor privado, principalmente no ramo da TI. Burocratas das finanças, do departamento de trânsito, do NHS e autoridades locais concederam enormes contratos de TI a fornecedores externos. Serviços públicos como coleta de lixo, refeições escolares, manutenção predial, prisões e até ambulâncias foram transferidos para fornecedores privados, geralmente por autoridades locais: no auge, em 2012-3, o valor dos contratos de terceirização outorgados chegou a 708 milhões de libras.[19]

Desde então, contudo, esse valor caiu drasticamente. A tendência é semelhante na terceirização de serviços de TI pelo governo central. As organizações públicas estão constatando cada vez mais que a terceirização não prestou serviços com a qualidade e a credibilidade esperada e frequentemente não foi boa contrapartida para o dinheiro gasto. Em 2011, por exemplo, o governo do Reino Unido desistiu de um sistema de TI para registro de pacientes no NHS, depois de investir nele mais de 10 bilhões de libras. As causas do fracasso são complexas, mas, uma década após o início do projeto, em 2002, o fornecedor ainda não tinha entregado o software. Um membro do Comitê de Contas Públicas da Câmara dos Comuns que relatou a saga descreveu-a como "um dos piores e mais onerosos fiascos contratuais na história do setor público".[20] Em 2016, o departamento de trânsito encerrou duas décadas de terceirização de seus serviços de TI, reassumiu-os e treinou a equipe, que desenvolveu um novo aplicativo em apenas sete semanas.

O colapso espetacular, em 2018, da Carillion, um dos maiores fornecedores de serviços terceirizados ao governo do Reino Unido, mostrou como este havia ficado exposto às falhas do setor privado, e também salientou o erro da teoria da Nova Gestão Pública, para a qual as falhas do setor público tendiam a ser mais sérias do que as do setor privado. Foi um dos maiores fiascos com que o Serviço de Insolvências já tinha lidado. A Carillion colapsara sob o peso de uma montanha de dívidas, no valor de 7 bilhões de libras, em comparação com suas vendas anuais de 5,2 bilhões. De acordo com um relatório do Institute for Government, um *think tank* britânico, mais de 2 mil pessoas (de uma força de trabalho de 18 mil) se tornaram redundantes, e 30 mil fornecedores, subempreiteiros e credores de curto prazo tinham 2 bilhões de libras a receber — o que mostra como é difícil para o governo responsabilizar os empreiteiros privados, quando as cadeias de fornecimento são tão longas.[21] Outras 75 mil pessoas que atuavam na cadeia de fornecimento foram afetadas, e 450 projetos foram prejudicados, como a construção de hospitais e ferrovias, a distribuição de refeições escolares e a manutenção de prisões e de alojamentos para os serviços de segurança, não raro acarretando longos atrasos e custos mais altos.[22]

Um relatório do Escritório Nacional de Auditoria revelou que o colapso havia retardado a conclusão do Royal Liverpool University Hospital, um projeto de IFP, até pelo menos 2022, com cinco anos de atraso em relação ao cronograma; sua construção e operação custariam mais de 1 bilhão de libras, em comparação com a estimativa original de 746 milhões, em parte por causa de graves falhas de construção sob a supervisão da Carillion. O Departamento de Saúde e Assistência Social desembolsou 42 milhões de libras para terminar os contratos com os investidores privados no projeto. Outro grande projeto de IFP, o Midland Metropolitan Hospital, em Birmingham, estava para ser inaugurado em 2022, com um atraso de quatro anos, ao custo de 988 milhões de libras, cerca de 300 milhões acima do orçamento.[23]

O fracasso da Carillion suscitou acusações da BlackRock, a grande gestora de fundos e uma das investidoras da empresa, de que esta ficava pensando em "como remunerar os executivos em vez de efetivamente se preocupar com o que estava acontecendo com o negócio".[24] O Institute for Government disse que o governo havia criado um "monstro corporativo" com projetos de "baixa margem e alto risco" — uma deficiência endêmica do modelo de terceirização dos órgãos públicos, em especial nos contratos de longo prazo, em que os empreiteiros são tentados a cobrar preços mais baixos, a fim de aumentar a participação no mercado, e na expectativa de ampliar as margens conforme o avanço do projeto. Ele admitiu que o governo tinha tentado melhorar a formação dos servidores públicos e que havia reformado os procedimentos de terceirização, mas afirmou que muitos departamentos ainda não seguiam as melhores práticas e que o governo terceirizava projetos arriscados, que podiam naufragar no futuro, numa referência tanto aos preços baixos da Carillion quanto às pressões sobre os servidores públicos para conceder os contratos aos licitantes de preço mais baixo. Essa combinação do enfraquecimento da capacidade do setor público e da inépcia do setor privado, ocasionada, em parte, pela captura da empresa pelos gestores (resultado não previsto pelos defensores da maximização do valor para os acionistas), se mostrou desastrosa.

Na década de 1990 e no começo dos anos 2000, os Estados Unidos também aderiram amplamente à terceirização. Em 2006-8, havia quase quatro vezes mais trabalhadores terceirizados federais do que servidores públicos federais (7,6 milhões versus 2 milhões). Já em 2015, porém, essa razão caiu para 2:1, com 3,7 milhões de trabalhadores terceirizados em comparação com 2 milhões de servidores públicos.

O governo federal gastou cerca de 300 bilhões de dólares com empreiteiros privados em 2003-4, e 500 bilhões em 2012.[25] Em 2007, um relatório do Escritório de Contabilidade americano informou que as despesas com empreiteiros federais tinham sido de 438 bilhões de dólares no exercício fiscal de 2015 — quase 40% dos gastos discricionários do governo. Nas agências civis, espantosos 80% das despesas com empreiteiros foram com serviços. A maior categoria foi a de "serviços com apoio profissional", e o relatório observou que os "prestadores desses tipos de serviços correm o sério risco de estar executando funções por natureza governamentais".[26] Em outras palavras: trabalhos que em grande parte devem ser executados por trabalhadores do governo estão sendo transferidos para empreiteiros privados, como ocorreu no Reino Unido.

Como se supõe que a Nova Gestão Pública tenha a ver com eficiência, seria de esperar que daí decorresse no mínimo economia do dinheiro dos contribuintes. Parece, contudo, que não é bem assim. Um estudo do Project on Government Oversight, uma organização de supervisão independente dos Estados Unidos, mostra que o governo federal aprova as taxas de remuneração dos prestadores de serviços — consideradas justas e razoáveis —, o que resulta em pagar aos empreiteiros o equivalente a 1,83 *mais* do que a remuneração total dos empregados federais, e mais de duas vezes a remuneração total do setor privado por serviços comparáveis.

Um estudo revelou que, no Reino Unido, os custos relatados da administração pública tinham aumentado em 40%em termos reais (descontada a inflação entre 1985 e 2015). No mesmo período, os servidores civis foram reduzidos em um terço e os gastos públicos dobraram. Os custos das operações terceirizadas foram os que mais subiram. Já a quantidade de falhas, de queixas e de ações judiciais também dispararam.[27] Problemas semelhantes também afligiram as indústrias privatizadas e não surpreenderiam, por exemplo, muitos usuários de ferrovias no Reino Unido. É verdade que a British Rail, a velha empresa estatal, era sinônimo de um serviço ruim (embora nem sempre de má engenharia). Porém, um quarto de século após um complexo esquema público-privado ter substituído a plena propriedade estatal das ferrovias, as tarifas passaram a aumentar mais rapidamente que os salários e a inflação, a estrutura tarifária ficou mais complicada, e péssimos serviços, como a falta de pontualidade, se tornaram mais frequentes e graves.[28] Nos doze meses findos em junho de 2019, somente 64,7% dos trens chegaram às estações na hora certa.[29] Enquanto isso, o valor do subsídio público ao setor mais do que dobrou desde a privatização, ou seja: os lucros obtidos pelos operadores privados são, em última análise, subscritos pelo contribuinte.[30] Com o número de passageiros despencando sob o impacto da covid-19, o governo suspendeu, e depois aboliu permanentemente, as franquias ferroviárias, substituindo-as por contratos de gestão e efetivamente renacionalizando as ferrovias.[31] Como os contribuintes dos Estados Unidos, os clientes das ferrovias do Reino Unido podem ser perdoados por se perguntarem se a transferência dos serviços para o setor privado contribuiu para aumentar o valor recebido em relação ao dinheiro empregado.

As grandes empresas de consultoria situam-se entre os maiores ganhadores da terceirização. Embora os contratos com empresas como a McKinsey, um dos nomes mais bem conhecidos no negócio de consultoria, envolvam milhões em dinheiro dos contribuintes, os detalhes costumam ser pouco acessíveis. Temos acesso, no entanto, a alguns vislumbres tentadores. Quando o Reino Unido começou a se preparar para sair da UE, as quatro grandes empresas de consultoria (Deloitte, Ernst & Young, KPMG e PwC) viram seus lucros aumentarem em 20%. Os gastos do governo com essas empresas aumentaram de 77 milhões para 464 milhões de libras[32] entre 2018 e 2019 — o que é irônico, considerando que o Brexit tinha o intuito de poupar dinheiro do Estado. Até se poderia argumentar que esse valor foi desembolsado somente para gerenciar a transição ou a estruturação do projeto, mas a tendência tem sido no sentido de tornar o governo dependente de empresas de consultoria na gestão de suas operações *básicas*. Duas são as razões para isso. Uma é a erosão das capacidades internas, devido em parte a cortes orçamentários e, em parte, à redução da ambição acerca do papel do governo. A outra é o medo do fracasso.

No começo de 2020, o *Financial Times* reportou:

> De acordo com um relatório do Escritório Nacional de Auditoria em 2016, o governo está recorrendo com maior frequência a consultores, embora eles custem duas vezes mais que servidores públicos. Descobriu-se que um

> total de 47 profissionais temporários recebiam remuneração diária superior a mil libras, em comparação com trinta servidores civis seniores com remuneração comparável. Tampouco o retorno do dinheiro empregado está garantido. Um estudo da Universidade de Bristol, publicado no ano passado, concluiu que as unidades de cuidados intensivos do NHS tornaram-se menos eficientes, mesmo com um gasto maior com especialistas externos. Apesar dos melhores esforços do Escritório Nacional de Auditoria e de outros analistas, no entanto, pode ser difícil compor o panorama completo. Joshua Pritchard, especialista em terceirização e compras no *think tank* Reform, afirma: "Sem maior transparência nas contratações do governo, é impossível analisar a quantia total que foi gasta, os benefícios adicionais que estão sendo entregues ou se os departamentos auferiram o retorno do dinheiro nessas transações".[33]

Essas preocupações aumentaram ainda mais com a sucessão de controvérsias envolvendo as principais empresas de consultoria nos anos recentes. Detentores de informações privilegiadas criticaram a recente reestruturação feita pela McKinsey nas agências de segurança dos Estados Unidos, incluindo a CIA e a Agência de Segurança Nacional, por dificultar importantes processos de tomada de decisões e, em última análise, agravar as ineficiências organizacionais.[34] A McKinsey angariou seus contratos multimilionários sem licitação competitiva. Na aparência, isso foi apenas para acelerar os cronogramas dos projetos; na realidade, isso serviu para remover dos procedimentos de terceirização as verificações mais elementares de controle de qualidade, prestação de contas e responsabilização.

Esses contratos sem licitação se tornaram mais comuns em anos recentes e, junto com instrumentos mal elaborados e fiscalização ineficiente, esconderam resultados insatisfatórios.[35] Uma análise quantitativa de 120 trustes de hospitais do NHS no Reino Unido, entre 2010 e 2014, revelou que o aumento das despesas com consultorias de gestão teve correlação com um aumento significativo em *in*eficiências, mas não a melhoras nos resultados dos pacientes.[36] No mesmo período, os gastos do NHS com consultores quase dobraram, de 313 milhões para 640 milhões de libras.[37] No Reino Unido, uma comissão parlamentar de inquérito sobre o espetacular fracasso do contrato entre o Departamento de Comércio e Investimento (que ajuda as empresas do país no comércio internacional, e foi substituído em 2016 pelo Departamento de Comércio Internacional) e a PA Consulting revelou que a empresa tinha se aproveitado da falta de expertise do governo em fazer negócios com boa relação custo/ benefício para os contribuintes — fato enfatizado como "motivo para preocupação constante".[38]

Um exemplo significativo da redução da capacidade do governo é que, em 1970, o setor público empregava 47% dos arquitetos do Reino Unido, sobretudo em órgãos locais. Hoje, essa proporção é inferior a 1%.[39] Isso reflete em parte a queda acentuada no fornecimento de habitação pública pelas autoridades, mas também é compatível com a tendência de terceirização em todo o governo. Um grande motivo para o governo ter enfrentado dificuldades no fornecimento de testes em quantidade suficiente durante a pandemia do coronavírus é o fato de a capacidade dos laboratórios, inclusive o que já foi uma ampla e bem provida rede de laboratórios públicos, ter sido desmantelada nos últimos vinte anos.[40]

No entanto, o recente e explosivo aumento na terceirização de serviços públicos também envolve um lado oculto. No apogeu da crise dos refugiados, na Europa, em 2015, o governo alemão pagou à McKinsey mais de 29 milhões de libras para desenvolver uma "via expressa" nos centros de processamento de migrantes. Os procedimentos otimizados daí resultantes coincidiram com a ampliação da quantidade de refugiados com o status de residência temporária, que lhes negava direitos fundamentais, como o de reunificação com a família. Juristas observaram que a inobservância dos direitos humanos no processo de reorganização empreendido pela McKinsey suscitou milhares de ações judiciais, efetivamente deslocando a multidão de migrantes dos centros de migrantes para os tribunais alemães.[41] O fato de consultores de gestão terem sido mobilizados de maneira tão grotesca para uma área tão sensível quanto a da legislação de direitos humanos demonstra até que ponto essas ideias se engastaram nas políticas públicas. Ainda mais preocupante, isso sugere que os valores públicos estão sendo sacrificados em nome da pretensa eficiência.

Os especialistas questionam se as orientações dos consultores de fato aprimoram o que as equipes internas de uma organização podem realizar por si próprias e se não seria melhor aplicar os recursos gastos em consultoria em pesquisas sobre medicamentos e na provisão de saúde pública. O uso de consultores também levanta importantes questões sobre responsabilização, em especial quando os projetos dão errado, e sobre conflitos de interesse — por exemplo, quando um consultor trabalha ao mesmo tempo para um cliente de saúde pública e um cliente de setor insalubre, como a mineração de carvão. Infelizmente, os segredos em torno de muitos contratos tornam difícil responder a essas perguntas de forma definitiva.[42]

Esquemas como a iniciativa de financiamento privado e a terceirização envolvem contratos complexos. As teorias econômicas sobre contratos e direitos de propriedade são claras no sentido de que, quanto mais complicado é o produto, maior é a probabilidade de assimetrias de informação, em que o vendedor — digamos, um provedor privado de serviços prisionais — tem mais informações do que o comprador, o governo.[43] Isso acarreta várias dificuldades para o governo. Tentar gerir contratos assimétricos e remediar suas debilidades intrínsecas implica custos adicionais para o comprador. O governo não pode renunciar às suas atribuições legais e responsabilidades políticas de prestar certos serviços, em especial a garantia da lei e da ordem, além da defesa nacional, ensejando que os prestadores de serviços privados recorram a atalhos, já que o governo continuará a pagar pelo serviço, pelo menos até encontrar modos alternativos de prestá-lo — um caso de "risco moral". E, como vimos no caso da Carillion, há o risco de contratos mal elaborados acabarem estourando no colo dos contribuintes.

Além disso, é claro que o impacto negativo da terceirização e de práticas correlatas frequentemente ultrapassa os problemas de qualidade, confiabilidade e custo, por mais importantes que sejam. Em termos simples, a privatização e a terceirização podem transferir tarefas de pessoas com longa experiência em executá-las (servidores públicos) para pessoas muito menos experientes (especialistas e consultores privados). Isso é uma questão de política, não de capacidade intrínseca, como ilustra a presença de empresas estrangeiras nacionalizadas dirigindo negócios privatizados no Reino Unido. A consequência, contudo, não raro tem sido esvaziar a capacidade do governo, desmantelar suas habilidades e expertise, além de desmotivar os servidores públicos, que se sentem incapazes de executar seu trabalho tão bem quanto supunham e gostariam.

Porém, a verdadeira tragédia desse vício de terceirizar atividades para consultorias de gestão é corroer ainda mais as capacidades internas do setor público. A constatação desse efeito tornou-se ainda mais clara à medida que se desdobrava a pandemia de covid-19. Em vez de se empenhar em retreinar o pessoal do NHS e em redistribuir os servidores públicos para operar o sistema de testagem e rastreamento, como fez a Alemanha,[44] o governo do Reino Unido terceirizou suas atribuições para uma colcha de retalhos de empresas de consultoria. Em outubro de 2020, veículos de imprensa noticiaram que consultores do Boston Consulting Group estavam recebendo nada menos que 6250 libras por dia para trabalhar no sistema de testagem e rastreamento.[45] Entre outras falhas, um relatório do Comitê de Contas Públicas da Câmara dos Comuns de março de 2021 sobre o sistema de testagem e rastreamento concluiu que ele era "excessivamente dependente de empreiteiros caros e funcionários temporários", destacando em particular o grande número de consultores contratados a peso de ouro.[46] Em setembro de 2020, Lord Agnew, conservador e ministro de Estado do Gabinete e do Tesouro de Sua Majestade, afirmou que o governo britânico tem sido "infantilizado" pela dependência em relação a empresas de consultoria. Além de ser escabrosamente cara, a terceirização também priva "nossos mais brilhantes [servidores públicos] de oportunidades de trabalho com alguns dos temas mais desafiadores, gratificantes e ruidosos".[47] Em outras palavras, seu desenvolvimento — e, portanto, o crescimento do setor público — está sendo truncado.

Quanto mais os provedores privados empreendem atividades públicas, mais diminui a responsabilidade do governo, porque seu escopo foi reduzido e porque é mais difícil mudar políticas públicas ineficazes. Não mais se assumem riscos e já não se colhem recompensas. Daí resultam as profecias autorrealizáveis: quanto menos o governo faz, menos assume riscos e menos exerce a gestão pública; quanto menos capacidade o governo desenvolve, mais tedioso se torna trabalhar no setor público. Ao mesmo tempo, quanto mais atraente é trabalhar para um provedor privado ou uma empresa de consultoria, mais se suga talento do governo.

Mito 5: o governo não deve escolher vencedores

Os três primeiros mitos evocam a ideia de que o governo não deve conduzir a economia, mas apenas facilitar seu funcionamento, o que geralmente se expressa em termos de que o governo deve ater-se ao básico e não "escolher vencedores". Sarah Palin, candidata republicana à vice-presidência dos Estados Unidos nas eleições de 2008, disse certa vez: "Nosso governo precisa adotar uma agenda pró-mercado, que não escolha vencedores e perdedores, mas que promova a competição e nivele as condições para todos".[48] E, mesmo em círculos menos ideológicos, servidores públicos bem-intencionados geralmente iniciam a elaboração de documentos oficiais afirmando que o propósito "não é escolher vencedores". Contudo, esse é um falso problema. Evidentemente, os formuladores de políticas precisam decidir sobre o tipo de apoio a oferecer, e, portanto, escolher.

"Escolher vencedores" se refere aos esforços do governo para orientar a economia e estimular a atividade, selecionando e frequentemente apoiando tecnologias, empresas e setores que considera importantes e promissores, com maiores perspectivas de sucesso. Muitas podem ser as razões para fazer determinada escolha, inclusive explorando uma liderança tecnológica, difundindo o conhecimento, criando empregos, aumentando a produtividade e a renda, impulsionando o desenvolvimento regional e reforçando a defesa nacional. A política industrial — uma estratégia geral para estimular o desenvolvimento e o crescimento de toda a economia ou de suas partes, geralmente com ênfase na manufatura — pode ser vista como uma escolha de vencedores em grande escala. Com efeito, sempre que o governo tenta estimular o desenvolvimento de uma tecnologia ou de um setor de atividade, ele está escolhendo vencedores no sentido amplo. O verdadeiro problema ocorre quando os perdedores escolhem o governo.

Muitos dos objetivos podem ser valiosos, mas escolher vencedores adquiriu conotações depreciativas, em razão da suposta inabilidade do governo de escolher com sabedoria — embora o setor privado tampouco seja bom em escolher vencedores. As intervenções do governo, alega-se, fracassam com muita frequência e deixam a conta com os contribuintes. Essas ocorrências provam que o risco é o negócio do setor privado e, talvez mais importante, demonstram que, quando seus empreendimentos fracassam, o setor privado ou atrai menos publicidade negativa ou dispõem de uma maior tolerância a ela. Defensores da "necessidade de não escolher vencedores" citam casos como o do Concorde, o avião supersônico anglo-francês que esteve em serviço ativo de 1976 a 2003. Foi um triunfo tecnológico, mas os custos do projeto foram muito além das previsões e nunca promoveram uma revolução supersônica na aviação comercial. Outro caso, nos Estados Unidos, foi o da Solyndra, startup de painéis de energia solar que, em 2009, recebeu um empréstimo de 535 milhões de dólares do Departamento de Energia (DoE) apenas para pedir falência quatro anos depois.

E, no entanto, a ideia de que o governo não pode escolher vencedores é historicamente equivocada.[49] De fato, durante períodos de transformações tecnológicas, o governo pode desempenhar papel crítico na coordenação dos esforços setoriais e estabelecer padrões que criam mercados. Mas é preciso escolher uma estratégia — e alterar as condições em favor dessa direção. Vimos essa situação na década de 1990, quando o governo da Coreia do Sul reconheceu o enorme potencial da tecnologia HD de alta definição. Na época, a indústria eletrônica estava migrando de produtos analógicos para digitais, e a Coreia do Sul era ainda um produtor em massa de TVs analógicas. Para desenvolver a capacidade de oferecer produtos HD, o governo sul-coreano constituiu um comitê dedicado ao desenvolvimento conjunto de TVs HD — composto de três ministérios e mais de uma dúzia de empresas privadas, universidades e institutos de pesquisa do governo —, que resultou na criação de um "grande consórcio de pesquisa". Liderado pela Associação de P&D de Vídeo Industrial da Coreia, o consórcio incluía o Instituto Nacional de Eletrônica, o Instituto de Tecnologia Industrial e empresas privadas como Samsung, LG, Hyundai e Daewoo Electronics.

Com 100 milhões de dólares em investimentos conjuntos do governo e do setor privado, a pesquisa se concentrou na transferência e absorção de tecnologia dos Estados Unidos e do Japão. O governo coordenou o trabalho das principais empresas no desenvolvimento de padrões para a TV digital, oriundos dos Estados Unidos, enquanto também encorajava a competição entre as empresas.[50] Entrementes, as empresas coreanas formaram equipes e centros de pesquisa nos Estados Unidos, perto de universidades e outros institutos de pesquisa.[51] Em outubro de 1993, depois que o consórcio apresentou o primeiro protótipo de transmissão e recepção para TV digital, o governo coreano preparou-se para apoiar a segunda fase do projeto — a industrialização e comercialização do novo protótipo. Dois anos mais tarde, o consórcio iniciou o desenvolvimento e miniaturização dos chips ASIC, e muitas empresas competiram para angariar o contrato do produto comercial final — que acabou sendo lançado pela Samsung em 1998.[52]

Evidentemente, nem todas as estratégias desse tipo são bem-sucedidas; o fracasso faz parte do processo de tentativa e erro. Às vezes, porém, escolher vencedores se confunde com apoio estatal para indústrias problemáticas, por exemplo, em 1968, quando o governo do Reino Unido tentou ajudar a indústria automobilística nacional, formando a British Leyland, e os estaleiros nacionais, fundando a Upper Clyde Shipbuilders. Nenhuma das duas iniciativas foi bem-sucedida. Contudo, escolher vencedores, no sentido de apoiar inovações, setores e negócios do futuro, é muito diferente de tentar manter vivas empresas e indústrias enfermas. E, no sentido estreito de selecionar um negócio vencedor, os governos, como os capitalistas de risco, ganharão em alguns casos e perderão em outros. No mesmo ano em que concedeu o empréstimo de 535 milhões de dólares à Solyndra, o governo dos Estados Unidos também ofereceu um empréstimo semelhante, de 465 milhões de dólares, à Tesla — agora líder global na revolução elétrica que está transformando a indústria automotiva. A China é o maior produtor de lápis do mundo porque partiu para o desenvolvimento de uma indústria competitiva, não porque começou com vantagens comparativas na tecnologia ou no fornecimento de grafite. As empresas estatais chinesas investiram na tecnologia e no trabalho, e o governo ofereceu financiamento barato, proteção tarifária aos produtores domésticos, políticas lenientes de gestão de florestas para manter a madeira barata e subsídios generosos à exportação.[53]

Se um governo quiser agir como investidor de primeira instância e direcionar a economia para cumprir objetivos como a revolução digital ou a transição verde, é evidente que precisará fazer apostas e escolher vencedores. Também terá de escolher, no entanto, uma direção, e nessa direção adotar uma abordagem ampla de portfólio. Em outras palavras, não se trata de escolher uma tecnologia ou um setor aleatório (geralmente um daqueles com lobby mais forte), ou mesmo um tipo de empresa (PMEs), mas de escolher uma direção capaz de fomentar e catalisar novas colaborações entre múltiplos setores e gerar como principal resultado o crescimento de empresas que nela se engajem. Nesse sentido, em vez de escolher vencedores, o importante é selecionar interessados.

Se o governo não fizesse apostas, não teríamos internet nem Tesla. Contudo, a maneira de apostar é importante. Se o governo puser todos os ovos em uma única cesta, há o perigo de escolher errado e de perder tudo. Porém, se agir como um capitalista de risco e estruturar seus investimentos como um portfólio, então o risco é reduzido. De fato, o DoE concedeu empréstimos à Tesla, à Solyndra e a outras empresas verdes porque Obama se interessou em direcionar a economia para o rumo da transição verde. O fato de uma delas ter fracassado é normal; como qualquer capitalista de risco confirmará, muitos fracassos são necessários antes de um sucesso. O verdadeiro problema é a prática da socialização dos riscos e da privatização das recompensas, a que retornaremos no capítulo 6.[54] O governo resgatou a empresa perdedora (Solyndra), mas não auferiu nenhuma vantagem com a empresa vencedora (Tesla). Além disso, os cidadãos americanos sabiam do papel do governo no fracasso da Solyndra — que foi amplamente descrito na mídia —, mas desconheciam sua contribuição para o sucesso da Tesla, que foi divulgado como uma vitória do setor privado. Isso somente reforça a narrativa de que o governo não deve escolher vencedores.

Também vale lembrar que há muito a aprender com os fracassos. Argumenta-se, por exemplo, que a nacionalização da British Leyland, em

1975, precipitada pela quase falência da fabricante de carros, evitou o colapso da indústria automobilística inglesa e possibilitou o desenvolvimento futuro de um setor florescente. A nacionalização da Rolls-Royce, em 1971, teve resultado semelhante. Como importante fabricante de motores para aeronaves, a Rolls-Royce é agora o coração da indústria aeroespacial do Reino Unido, o que configura "a ocorrência rara de o líder mundial de um setor manufatureiro avançado situar-se na Grã-Bretanha".[55] E, voltando ao Concorde, embora não esteja mais em serviço, os investimentos nele efetuados produziram um conjunto de transbordamentos positivos em diferentes setores: a alta resistência do ar em voos supersônicos impunha que os engenheiros desenvolvessem novos sistemas de resfriamento nas asas e janelas da aeronave, e uma nova pintura duas vezes mais reflexiva, para evitar o superaquecimento.[56] O desafio de fazer mensurações nos motores Olympus do Concorde levou Sir David McMurtry a inventar a sonda de contato, revolucionando o campo da medição por coordenadas e levando à fundação da Renishaw, uma das mais conceituadas empresas de engenharia britânicas.[57] Esses transbordamentos não significam que o Concorde valeu o investimento ou ofereceu bom retorno para o dinheiro, mas sem dúvida devem ser considerados em qualquer avaliação do projeto. E, todavia, não existe processo de avaliação adequado.

O aspecto crucial, porém, é que a maneira como o debate foi conduzido é enganosa em um sentido muito mais básico. Uma falha de mercado implica que bens ou mercados privados, numa acepção "pura", podem existir, independentemente da ação pública ou coletiva: é possível criar valor no setor privado, sem intervenção do governo. A consequência sutil e insidiosa dessa visão muito comum é constranger os servidores públicos com uma ideologia segundo a qual eles são capazes de fazer tanto o bem quanto o mal, e deixá-los inseguros quanto à sua capacidade de criar valor público. Supõe-se que os servidores civis implementem as políticas públicas e, ao mesmo tempo, tenham autonomia para fazer o que é certo. Mas se o governo está sujeito a sérias restrições no que faz, e os servidores públicos não têm a liberdade de avaliar o que é eficaz, eles tendem a se tornar demasiado cautelosos, restringindo as ambições do governo. O éthos e a criatividade são esmagados. Um governo que carece de imaginação terá mais dificuldade em criar valor público.

Na verdade, o valor emerge da interação dos setores público e privado e da sociedade civil. Warren Buffett certa vez afirmou, com muita propriedade, que "a sociedade é responsável por uma parcela muito significativa do que ganhei".[58] Com efeito, o mercado e a economia em si podem ser considerados *resultados* das interações entre esses setores. A política do governo não é apenas "intervenção". Ela ajuda a estruturar os mercados, como fazem muitas outras instituições dentro e por entre os setores público e privado: reguladores, sindicatos trabalhistas, grupos de lobby das empresas e outros. A ação do governo pode ser precondição para que outras partes se envolvam na mudança do panorama econômico. Além disso, o governo é capaz de proativamente *cocriar* valor com as empresas e a sociedade civil.

Em conjunto, esses cinco mitos podem nos levar a acreditar que quanto menor for o governo, melhor será para o público. Portanto, em vez de pensar em como o governo pode ajudar a criar valor público e construir as capacidades para fazê-lo, grande parte do debate político contemporâneo gira em torno de seu tamanho (mal definido, mas geralmente medido pelos gastos públicos como porcentagem do PIB) e dos seus orçamentos. E, assim, levam-se muito menos em conta as habilidades e recursos não financeiros, como treinamento, conhecimento, redes e acesso a expertise. Esses fatores não têm relação com o tamanho do governo ou de qualquer organização, mas estão estreitamente associados com a eficiência real. E os governos precisam de capacidades em muitos níveis, do topo da hierarquia política aos rebentos dos governos locais e das agências especializadas.

O que importa são os investimentos que o governo faz internamente, em si mesmo — sendo inovador na maneira de operar —, e externamente, na economia, em áreas que induzem o crescimento da produtividade no longo prazo. Os países da Europa com os mais altos índices de endividamento como proporção do PIB — que, em 2019, eram Grécia, Itália e Portugal — são também aqueles que não fizeram os investimentos necessários na economia, como em P&D, educação, agências de inovação e instituições financeiras públicas dinâmicas.[59]

Logo, a Nova Gestão Pública encoraja o governo a ocupar o mínimo espaço possível. No entanto, como já observamos, isso levou à terceirização e à privatização. Em vez de o governo ir à Lua, é mais como se, nas últimas décadas, ele tivesse sido levado para um passeio.

Parte II: Missão possível

O que é preciso para realizar nossas ambições mais ousadas

4
Lições da Apollo: Um guia espacial para a mudança

SERÁ QUE OS GOVERNOS REALMENTE OPERAM como a teoria econômica afirma — corrigindo os mercados e, então, se afastando para o setor privado inovar e criar valor? Essa é uma justaposição interessante. De um lado, temos uma profecia autorrealizável: os tipos de organizações governamentais que acreditamos serem possíveis. Se a formação de servidores civis os leva a pensar que o melhor que os governos podem fazer é resolver problemas e que as falhas de governo são ainda piores do que as falhas de mercado, não surpreende que tenhamos organizações públicas tímidas, relutantes em assumir riscos, cedendo a pressões para favorecer os negócios, e, com o tempo, comprometendo a própria capacidade de criar valor. Por outro lado, muitos são os exemplos de governos que operam de maneira muito diferente, investindo em capacidade interna e atuando com dinamismo e iniciativa, promovendo uma mudança de direção para a economia e a sociedade. Desde as políticas do New Deal do presidente americano Franklin Delano Roosevelt, durante a Grande Depressão; passando pela coordenação da transformação da indústria, na Segunda Guerra Mundial; até o financiamento, hoje, de projetos que impulsionam algumas das cidades do planeta para uma direção "verde", muitos são os exemplos que nos lembram o significado de semear ambição no âmago do governo.

O propósito do governo deve consistir em despertar reações catalíticas em toda a sociedade, atuando como melhor parceiro das empresas — ajudando a orientar a mudança para enfrentar os desafios da sociedade, oferecendo recompensas claras às empresas que queiram ajudar a "fazer acontecer" e bancando os primeiros investimentos de alto risco que as empresas tendem a evitar. E, ao assumir tais riscos, o governo seria reconhecido como investidor ativo — não apenas um emprestador de última instância —, promovendo o apoio público para compartilhar as recompensas.

Essa não é uma ambição fantasiosa. Já aconteceu antes. A maneira como o governo americano liderou o programa Apollo não poderia ser mais diferente das ideias tradicionais sobre o papel do governo na economia, que nos deixam mal equipados para lidar com os maiores desafios do nosso tempo. O setor público impôs-se, então, um objetivo até então quase inimaginável fora dos confins da ficção científica, entre escritores, visionários e um punhado de cientistas. E o fez imbuído de forte senso de urgência, com o pretenso e ousado objetivo de realizar algo verdadeiramente extraordinário: pôr um humano na Lua e trazê-lo de volta com segurança, com um prazo rigoroso e muito apertado. Ao refletir sobre os principais atributos do programa Apollo, seis se destacam: 1) visão impregnada com forte senso de propósito; 2) tomada de riscos e inovação; 3) dinamismo organizacional; 4) colaboração e transbordamento por entre muitos setores; 5) horizontes de longo prazo e definição de orçamento, focados em resultados; 6) parceria dinâmica entre os setores público e privado. Na escala adequada e com o aprendizado de suas políticas, esses podem ser os princípios norteadores de um novo tipo de economia política guiada por objetivos.

Este capítulo analisa o programa Apollo como exemplo de uma façanha extraordinária: o governo abandonando a função de corrigir o mercado e assumindo o papel de estruturá-lo. Vemos aqui como, para chegar à Lua, o governo teve de romper as convenções que limitam suas atividades (tanto quanto as teorias expostas no capítulo anterior confinam os governos hoje) e indagar o que pode ser aprendido se ampliarmos a escala dessa espécie de pensamento e ação. O capítulo 5, por sua vez, considera de que maneira esses princípios também podem ser aplicados a desafios sociais, como os incorporados nos objetivos de desenvolvimento sustentável das Nações Unidas e nas políticas de Green New Deal em todo o mundo.

Liderança: visão e propósito

A viagem à Lua foi movida pela competição com a URSS, durante a Guerra Fria: o impulso para vencer os russos estimulou um dos feitos mais inovadores da história humana. O que tornou a proeza possível e exitosa, porém, foi a liderança por um governo que tinha uma visão, assumiu riscos para realizá-la, investiu dinheiro e colaborou amplamente com organizações dispostas a ajudar. E os frutos da decisão de Kennedy foram muito além da competição com uma potência rival: abriram os olhos dos humanos para os resultados que podemos alcançar.

A Apollo 11 — a primeira missão do programa Apollo a pousar na Lua — impactou profundamente a sociedade. Pessoas em todo o mundo investiram suas esperanças e temores no sucesso da missão, desenvolvendo um vínculo e um sentido de engajamento que foram bem além da tecnologia e do projeto em si. Crianças se inspiraram e sonharam em ser astronautas, revigorando nas escolas a ciência, a tecnologia, a engenharia e a matemática. A equipe da Nasa reagiu da mesma maneira. A história diz que, numa visita ao Centro Espacial da Nasa, em 1962, Kennedy cruzou com um faxineiro no corredor e perguntou ao homem o que ele estava fazendo. A resposta ficou famosa: "Bem, senhor presidente, estou ajudando a pôr um homem na Lua".

Kennedy compreendia o significado da narrativa pública. Inovação e difusão de ideias não acontecem só porque alguém assim deseja: elas acontecem no percurso para solucionar grandes problemas. O programa Apollo foi um exemplo do que é possível se a ambição é inspiradora e concreta. Kennedy admitiu que o orçamento para o programa seria enorme para os padrões da época. Mas, em seu famoso discurso na Universidade Rice, argumentou que os benefícios do projeto justificariam cada centavo gasto:

> O avanço de nossa ciência e educação será impulsionado pelo novo conhecimento de nosso universo e meio ambiente, pelas novas técnicas de aprendizado, mapeamento e observação, pelas novas ferramentas e computadores para a indústria, a medicina, o lar, assim como para a escola. [...] E, por fim, o esforço espacial em si, embora ainda na infância, já resultou em várias novas empresas, e dezenas de milhares de novos empregos. O espaço e as indústrias correlatas estão gerando novas demandas em investimentos e em pessoal qualificado. [...] O que já foi o posto mais avançado da velha fronteira do Oeste será o posto mais avançado da nova fronteira da ciência e do espaço.[1]

Foi mais do que uma visão inspiradora, embora esse aspecto em si seja importante. Foi também a definição de um propósito.

E, no entanto, o programa Apollo não estava imune a controvérsias. Algumas suscitaram ceticismo e questionamentos. Em 15 de julho de 1969, Ralph Abernathy, sucessor de Martin Luther King, assassinado, e chefe da Conferência da Liderança Cristã do Sul, discursou durante um comício em Cape Kennedy, na Flórida, afirmando: "A partir de hoje, podemos ir a Marte, a Júpiter, ao céu e mais além; porém, enquanto o racismo, a pobreza, a fome e a guerra prevalecerem na Terra, nós, como país civilizado, fracassamos".[2] Pouco depois, o cantor de blues Gil Scott-Heron lançou a faixa "Whitey on the Moon", expressão poética da persistência da desigualdade racial nos Estados Unidos em meio à exaltação do país com uma proeza tecnológica. Ele escreveu:

> *A rat done bit my sister Nell.*
> *(with Whitey on the moon)*
> *Her face and arms began to swell.*
> *(and Whitey's on the moon)*
> *I can't pay no doctor bill.*
> *(but Whitey's on the moon)*
> *Ten years from now I'll be paying still.*
> *(while Whitey's on the moon)**

* "Um rato mordeu minha irmã Nell./ (com Branquelo na Lua)/ Seu rosto e braços começaram a inchar./ (e Branquelo está na Lua)/ Não posso pagar a conta do médico./ (mas Branquelo está na Lua)/ Daqui a dez anos ainda estarei pagando./ (enquanto Branquelo está na Lua)." (N. T.)

Visão e propósito não podem ser impostos. Exigem carisma por parte dos líderes, mas também engajamento autêntico por parte da sociedade — ambos estimulados pela mídia, e da mesma forma pelo debate genuíno. O fato de John F. Kennedy e Martin Luther King terem sido alvejados na mesma década nos diz muito sobre o que a liderança carismática enfrentou nos Estados Unidos nos anos 1960. E as missões dos dias de hoje, que envolvem fatores sociais, comportamentais e políticos — como aquelas relacionadas ao combate à mudança climática —, requerem um engajamento muito mais dinâmico dos cidadãos do que os desafios puramente tecnológicos. Esses novos desafios, é claro, demandam visão e inspiração tão ousadas quanto o pouso na Lua — mas também muito mais interação com os cidadãos, em termos de "quem" define a missão, em primeiro lugar, e como ela é realizada.

Com efeito, é crucial relembrar que o programa Apollo esteve inserido no contexto da Guerra Fria. Foi porque a população do Ocidente via sua segurança como dependente de armas avançadas que a viagem à Lua pôde ser justificada em termos do enorme gasto de recursos públicos. As missões relacionadas ao aquecimento global serão legitimadas se o desafio da proteção do meio ambiente for aceito pela sociedade. As direções devem ser parte de um consenso social, que, então, justifica as políticas públicas e missões.

Inovação: risco e experimentação

O programa Apollo foi um dos projetos mais arriscados do setor público nos últimos cem anos, e envolveu alta dose de experimentação. Quando Kennedy proferiu seu discurso, a Nasa tinha poucos recursos, exceto o motor F-1, projetado originalmente pela Rocketdyne, contratada da Força Aérea dos Estados Unidos, para o lançamento de satélites de reconhecimento pesados. O gigantesco foguete Saturno v estava em desenvolvimento, o poder de computação era reduzido. Acima de tudo, não havia nem mesmo um plano sobre como voar até a Lua. Assim, a Nasa teve de agir com rapidez para descobrir a melhor maneira de chegar lá e voltar com segurança.

A Nasa considerou três opções: 1) ascensão direta, em que um único foguete colossal levaria astronautas à Lua, desceria lá e os traria de volta, como nas descrições dos livros e filmes de ficção científica; 2) encontro em órbita terrestre, envolvendo dois foguetes que se acoplariam na órbita da Terra para a montagem de um veículo lunar a partir dos componentes levados pelos foguetes, o qual voaria diretamente para a Lua; e 3) encontro em órbita lunar (EOL), em que um foguete levaria ao espaço três veículos distintos — um módulo de comando, um módulo de serviço (carregando combustível) e um módulo lunar.[3] O EOL se referia especificamente ao módulo de descida na Lua, que se desacoplaria dos módulos de comando e serviço, em órbita lunar, para levar os astronautas à superfície do satélite e depois se reacoplaria aos dois outros módulos, que ficariam girando em torno da Lua e levariam os astronautas de volta à Terra. Depois de muito debate, a terceira opção foi escolhida como a solução mais viável, mesmo que ainda não tivesse sido experimentada e envolvesse grandes riscos. Essa decisão não foi apenas corajosa. Foi provavelmente a decisão isolada mais importante para o sucesso final da missão.

A extensão dos riscos foi tragicamente demonstrada pelo desastre da Apollo I, em 1967. Três astronautas — Roger Chaffee, Gus Grissom e Ed White — morreram durante um ensaio na cabine dos módulos de comando e serviço (MCS), a nave-mãe que os levaria pelo espaço, orbitaria a Lua e então os traria de volta à Terra. O foguete Saturno V não foi abastecido, de modo que o risco de incêndio foi considerado pequeno. Mas uma fagulha elétrica, provocada por uma fiação danificada, incendiou o oxigênio puro e o material de nylon no interior da cabine, na ogiva do foguete. Houve também problemas técnicos, como o vazamento do fluido refrigerante, falhas no sistema de suporte à vida e defeitos nos rádios. A pressão interna impediu a abertura da escotilha, e os três astronautas foram queimados vivos.

Para executar a missão Apollo, centenas de problemas complexos tiveram de ser resolvidos. Algumas soluções funcionaram, muitas falharam. Tudo resultou de uma estreita parceria entre governo e empresas: uma parceria com um propósito. Foi preciso fazer uma grande melhoria na capacidade de propulsão dos foguetes. Também foram necessárias inovações em setores relativamente novos, como eletrônica, propulsão de navegação, suporte à vida, comunicação e sistemas de controle de voo, e em setores mais antigos, como têxteis, materiais e nutrição. No entanto, longe de temer fracassos, a necessidade de experimentação e exploração foi bem recebida e estimulada através do uso de ferramentas e alavancas do governo, como políticas de compras públicas guiadas por objetivos.

Inovações orientadas por missões envolvem pesquisas básicas e combinações de tecnologias existentes, em novas formas, para cumprir uma tarefa. Isso, junto com uma gestão ativa de projetos com cronogramas ambiciosos, acelerou as inovações para o programa Apollo. A missão em si não poderia ter funcionado sem a base sólida de invenções preexistentes, norteadas pela curiosidade ou oriundas de pesquisas científicas sem aplicações imediatas. As políticas em si eram inovadoras, oferecendo muitas vezes financiamento incondicional a grupos técnicos em vários centros da Nasa e a pesquisadores externos, além de ampla orientação quanto ao que era necessário produzir. Essa abordagem propiciou significativa liberdade de pensamento e novas soluções criativas, em contraste com as imposições de uma autoridade central interventora, cobrando soluções das equipes técnicas.[4] Em outras palavras, havia um forte sistema de inovação subjacente.

Também houve momentos tensos durante a missão da Apollo 11. Os homens e mulheres no centro de controle da missão eram jovens, bem-educados, corajosos e diligentes, e trabalhavam dia e noite. Eles orientaram Neil Armstrong, comandante da missão e primeiro ser humano a caminhar na Lua, e Buzz Aldrin, no *Eagle*, o módulo de excursão lunar (MEL) que transportou os astronautas do MCS para a superfície da Lua e de volta ao MCS. Os loops de comunicação da sala de controle da missão geravam vários comandos ao mesmo tempo, por causa da constante necessidade de leituras exatas. O que os dados diziam? A jovem equipe tinha de tomar decisões imediatas, sem delongas. A necessidade de solução de problemas complexos era contínua.

Ao orientar Armstrong e Aldrin durante a descida no *Eagle*, a equipe de controle da missão tinha uma escolha binária: *pousar* ou *abortar*. Se alguma coisa desse errado, o desfecho involuntário e pavoroso seria uma *colisão*. A escolha decisiva — talvez fatal — era simples, mas decorria de milhares de pontos de dados. E os dados poderiam produzir situações dramáticas. O infame erro P64 ocorreu num ponto crítico durante a descida para a superfície da Lua, quando o computador do *Eagle* acendeu a luz vermelha e exibiu o imprevisto código de erro 1202. John Garman, um engenheiro de 23 anos, identificou o código numa lista manuscrita que havia compilado, indicando que o computador de bordo estava com sobrecarga. Aquilo não sugeria que o *Eagle* estava fora de curso. Em 27 segundos, a cadeia de comando decidiu ignorar o alarme.[5] O *Eagle* pousou em segurança.

Uma lição valiosa da Apollo e de outras missões é a importância de assumir riscos e se adaptar a novas informações e circunstâncias. À medida que a inovação ocorre através de processos de tentativa e erro, o medo do fracasso inibe a criatividade e o aprendizado. Robert H. Goddard, pai da moderna ciência dos foguetes, experimentou o fracasso durante anos antes de alcançar o sucesso. Mesmo assim, todos os seus foguetes falharam, do ponto de vista moderno, alcançando a altura máxima de apenas 2,57 quilômetros. Goddard estava gastando relativamente pouco, mas podia ter desistido. Em vez disso, encarava cada "falha" como um sucesso na estrada da missão de demonstrar que os foguetes poderiam funcionar.

A idade média na sala de controle da missão era de 26 anos. A atratividade de trabalhar para uma agência do governo era não só o fato de ser movida por um propósito, mas também, explicitamente, a boa aceitação da necessidade de assumir risco no processo. Longe de ser uma burocracia enfadonha, a Nasa era o lugar mais vibrante possível!

Mudança organizacional: agilidade e flexibilidade

A aceitação de riscos pode ser estimulada ou inibida dentro das organizações. Ficamos acostumados com a ideia de que as burocracias são lentas. A verdadeira questão, porém, não é se a burocracia deve existir ou não, mas como convertê-la numa organização dinâmica, movida pela criatividade e pela experimentação. A Nasa, como muitas organizações de grande porte, era assolada pela papelada e má comunicação entre os departamentos. Wernher von Braun, diretor do Marshall Space Light Center, afirmou, em passagem famosa: "Podemos vencer a gravidade, mas, às vezes, a papelada é muito pesada". No fim das contas, o sucesso da Nasa foi atribuído à capacidade de, com o tempo, desenvolver uma estrutura burocrática mais leve e flexível, com os altos executivos da agência anunciando os objetivos, mas delegando o trabalho duro e a tomada de risco aos operadores e aos centros do programa — uma gestão de cima para baixo, com execução e assunção de riscos descentralizados nos projetos.[6] Mas cultivar essa mentalidade levou tempo.

Naquele dia fatídico de 1967, enquanto se preparava para um teste de lançamento da Apollo I, Gus Grissom estava ficando irritado com a falta de comunicação entre diferentes setores da Nasa. Por conta da má comunicação entre o solo e a espaçonave, ele e seus companheiros astronautas não conseguiam compreender o que estava sendo dito — embora estivessem a apenas cem metros do centro de controle, na plataforma de lançamento. Exasperado, ele gritou: "Meu Deus! Como vamos chegar à Lua se não conseguimos nem mesmo falar entre dois ou três edifícios?!". Duas horas depois, ele, Chaffee e White estavam mortos.

As falhas identificadas como as causas do incêndio na Apollo I foram consequência não só de má comunicação entre diferentes setores e departamentos da Nasa, mas também de problemas técnicos, como vimos. Chegar à Lua exigiria uma revisão completa dos métodos de gestão e organização, de modo a permitir uma comunicação e colaboração mais direta entre astronautas, projetistas, engenheiros e o controle da missão. Nunca foi maior a necessidade de combater os nichos departamentais.

Em 1963, George Mueller, um ambicioso engenheiro elétrico oriundo da Bell Labs, chegou à Nasa para assumir a direção do Escritório de Voos Espaciais Tripulados, posto em que se manteve até 1969. Ele constatou que a Nasa, depois de dois anos numa missão de dez, estava dividida em nichos, entre os quais a comunicação era ruim. Os edifícios e departamentos de uma organização em rápido crescimento não se comunicavam. O número de pessoas envolvidas nos programas Mercury (1958-63) e Gemini (1962-6) — que lançaram astronautas em órbita terrestre — ficou entre trezentos e quatrocentos, uma quantidade perfeitamente gerenciável. Já o programa Apollo (1960-72) envolveu mais de 300 mil pessoas; em seu auge, abrangia mais de 20 mil contratados e duzentas universidades em oitenta países, além da própria Nasa. Isso impôs enormes desafios gerenciais.

Um exemplo da escala do desafio foi o desenvolvimento do MCS. A Nasa havia fornecido especificações claras do módulo para a North American Aviation, que o construiria. Essa era a primeira espaçonave da empresa. Em 1964, George Abbey, engenheiro de sistemas da Nasa, visitou a North American para verificar o andamento dos trabalhos. Ele encontrou o caos. O chefe da empresa sabia pouco sobre o projeto. Os grupos de engenharia e planejamento não estavam bem coordenados e se sentiam cada vez mais sobrecarregados devido aos prazos. A equipe responsável estava aborrecida porque durante meses não conseguira chegar a um acordo com a Nasa sobre o projeto do módulo. Problemas semelhantes afligiam o desenvolvimento do segundo estágio do Saturno V, projeto para o qual a North American também fora contratada.

Mueller acreditava que a má comunicação era o pior gargalo gerencial da Nasa, e se empenhou em resolver o problema — e, no processo, transformou a organização. Mueller era um forte defensor da "gestão de sistemas", que ele definia como uma "estrutura para visualizar todos os fatores envolvidos, como um todo integrado, da mesma forma que a engenharia de sistemas visualiza todos os aspectos físicos de um problema". Tratava-se, na verdade, disse ele, de engenharia de sistemas aplicada à administração, permitindo que o gestor do sistema "reconheça a natureza e a interação de procedimentos complexos, antes de se tornarem problemas". A engenharia de sistemas, cujas origens remontam ao começo do século XX, tinha sido aplicada nos Estados Unidos a projetos como a construção do Minuteman, um míssil balístico intercontinental. O conceito pode ser definido como ver o desenho do todo, em vez de o desenho das partes. É, por natureza, interdisciplinar — qualidade vital para a Nasa. "Exige que você realmente compreenda todas as forças que atuam em um sistema, e é preciso levar em conta todos os mínimos detalhes, do contrário o sistema não funciona como deveria", disse Mueller.[7]

O objetivo era gerenciar o projeto com uma compreensão geral de todo o sistema, de modo que todos os elementos complexos se integrassem adequadamente. Muitos dos problemas da Nasa decorriam da falta de integração e do enigma de como garantir que os elementos do programa — tanto o hardware físico como as partes — se encaixassem tecnicamente e no momento certo, para que funcionassem quando fossem necessários. Integrar o sistema requeria a conexão de equipes e especialistas diversos (empreiteiros, cientistas, engenheiros, oficiais militares, gestores) e a criação de uma compreensão do todo, no âmbito de toda a organização.

A fim de alcançar esses objetivos, todo o sistema de administração foi revisado, inclusive planejamento, documentação, inspeção e testagem, de modo a coordenar os esforços de equipes interdisciplinares muito amplas. Mueller introduziu uma nova função gerencial cujo principal propósito era melhorar radicalmente as comunicações dentro da Nasa. Ele lançou um sistema de "gestão matricial", no qual os chefes dos cinco centros da Nasa (controle de programas, engenharia de sistemas, testagem, confiabilidade e operações de voo) se reportavam diretamente a ele, enquanto as equipes nos centros prestavam contas a seus superiores diretos e a ele também. Diferentes equipes, em diferentes centros, deviam comunicar-se com suas contrapartes em outros centros e com outras equipes. O resultado dessa estrutura de "cinco caixas" foi que as cinco equipes da sede passaram a ter estruturas semelhantes e a ser encorajadas a manter uma intensa comunicação interdepartamental. Um único indivíduo era o responsável direto por cada área-chave e por transmitir o conhecimento adquirido. No fim, a Nasa foi capaz de combinar planejamento e controle centralizados com execução descentralizada dos projetos.

Mueller estendeu esse princípio aos fornecedores da Nasa, que foram encorajados a trabalhar nas instalações da agência para desenvolver uma visão geral de todo o projeto. Havia reuniões regulares entre a Nasa e os CEOs das empresas contratadas, e entre os especialistas da Nasa e suas contrapartes nessas empresas. Mueller cultivou contatos pessoais com os CEOs e visitava as fábricas, onde às vezes dava palestras. Ele tentou se enfronhar com as empresas até o ponto em que pudesse telefonar pessoalmente para o CEO e perguntar o que havia acontecido com determinada peça de um equipamento. Ao mesmo tempo, reescreveu os contratos da Nasa com as empresas, para incentivá-las a seguir o cronograma — condição necessária para cumprir a promessa de Kennedy. A revisão dos contratos também concentrou a mente dos engenheiros da Nasa no que realmente era importante. Além disso, Mueller desdobrou partes de todo o projeto em pacotes menores, cada um sob a liderança de seu próprio gestor, como comunicações entre os astronautas e o controle da missão, ou o desenho do próprio módulo de excursão lunar. Essa configuração mais dinâmica foi tão eficaz que outras empresas a copiaram: a Boeing aproveitou a ideia para desenvolver o 747, cujo voo inaugural também aconteceu em 1969.

Embora houvesse uma clara cadeia de comando, as comunicações se tornaram mais horizontais e mais verticais. As informações fluíam lateralmente entre projetos e verticalmente na hierarquia gerencial. A mentalidade daí resultante promoveu um senso de prontidão e premência na solução de problemas complexos, com muitas incógnitas, geralmente em curto prazo e sob pressão. Simulação e experimentação propiciaram um processo contínuo de aprendizado pela prática. As comunicações entre as funções tornaram-se mais dinâmicas, passando a ajustar-se às mudanças de circunstâncias. A organização inteira era capaz de se comunicar com maior eficiência do que organizações que trabalhavam em nichos, como a própria Nasa no passado, de modo que "todos nós compreendíamos o que estava acontecendo em todo o programa. [...] As comunicações [fluíam] com liberdade e facilidade, sem constrangimentos pelo fato de você ser o chefe. [...] [Esse foi] o segredo do sucesso do programa, pois muitos programas fracassam porque nem todos sabem o que devem fazer", disse Mueller.[8]

As reformas de Mueller foram providenciais para o triunfo do programa Apollo. Nem tudo, porém, correu às mil maravilhas. Os astronautas que realizaram os primeiros testes no MCS se queixaram de graves problemas de design e acabamento do módulo. Nos primeiros anos do programa espacial tripulado, de 1961 a 1967, a Nasa lançou uma série de voos vitoriosos e investiu pesadamente nos programas Mercury e Gemini. No entanto, concentrou tanta atenção nesses primeiros voos tripulados que o design e a construção dos veículos que levariam o homem à Lua foram negligenciados. O desastre da Apollo 1 confirmou tragicamente os receios dos astronautas e pôs em risco todo o programa.

Os astronautas e pilotos de teste aceitavam que a ocorrência de catástrofes durante uma missão era uma possibilidade, mas perder pessoas no solo, durante um teste de ensaio de lançamento, depunha contra todo o programa. Aprender rapidamente era essencial. Gene Kranz, (vice) diretor de voo da Nasa nos programas Gemini e Apollo, concluiu, depois do incêndio na Apollo 1, que problemas importantes ainda não tinham sido abordados de maneira decisiva, não obstante os esforços de Mueller. Num discurso contundente à sua equipe após o desastre, ele lançou um grito de guerra, explicando claramente, com toda a honestidade, o que significava demonstrar competência. Sua principal mensagem era que cada indivíduo deveria assumir responsabilidade pelos diferentes sistemas e procedimentos que não tinham funcionado. Os voos espaciais envolvem inúmeros perigos, e nada menos que o compromisso total em fazer o melhor era aceitável. Mas também havia outra mensagem. As pessoas não estavam dizendo, "Isso não está certo. Vamos acabar com o programa". Kranz exigiu que cada membro da equipe de controle escrevesse no alto das lousas em suas salas: "Resolução e competência". O slogan não seria removido antes que a Nasa pusesse um ser humano na Lua.[9] Assim como os sistemas mecânicos, os sistemas de gestão precisam de manutenção constante.

Depois de uma investigação minuciosa, que durou seis meses, o módulo foi redesenhado. Os 21 meses subsequentes foram uma explosão de vigor e energia renovados. A Apollo 2 foi cancelada, e outros voos de teste foram reprogramados, enquanto a Nasa procurava confirmar que os aprimoramentos estavam sendo eficazes. Em outubro de 1968, a Apollo 7 voou pela primeira vez com o novo módulo de comando, alcançando sucesso quase completo. Pouco mais de um mês depois, numa decisão ousada, foi lançada a Apollo 8, a primeira missão tripulada a deixar a gravidade da Terra. A Nasa estava de volta.

A maneira como a Nasa enfrentou crises e reformou sua gestão mostra que as soluções exigem organizações e pessoas dispostas a participar e a experimentar, e não aquelas que antecipadamente escolhem soluções que se supõem boas e tentam fazê-las funcionar. Testar um portfólio de diferentes soluções para um problema pode ser comparado à clássica política de seguro: evitar pôr todos os ovos numa cesta, que é o problema de se alinhar cedo demais a uma única solução.

O papel da alta administração é identificar os dados essenciais e garantir que cheguem às pessoas certas; é também mudar constantemente o foco sobre o problema, em um processo de comunicação no qual a informação flui livremente para cima e para baixo, na hierarquia, e para os lados, entre os departamentos. As equipes nas agências executoras podem consolidar os resultados dos projetos do portfólio, para ver o que funciona melhor. As missões, portanto, precisam de liberdade para definir como os recursos são alocados em cada projeto e entre os projetos, e também para decidir sobre os marcos do progresso e os objetivos técnicos durante a vida útil do projeto.

Dirigir um sistema de inovação orientado por missões exige líderes que, como no caso da Nasa, estimulem a tomada de riscos e a adaptação e sejam capazes de atrair os melhores talentos. É importante que as agências que executam missões tenham autonomia suficiente para assumir riscos sem que sua autoridade seja questionada. A autonomia também possibilita a flexibilidade organizacional necessária para responder rapidamente a mudanças de circunstâncias e ao desenvolvimento de novas tecnologias. A autonomia na remuneração ajuda as agências a recrutar talentos com habilidades para gerenciar missões complexas, em contextos de rede. Com essa combinação de autonomia, flexibilidade e suporte de alto nível no governo, as agências executoras podem habilitar suas equipes a abraçar riscos intrínsecos e impulsionar projetos emergentes para levar a cabo a missão, ao mesmo tempo que fecha a torneira dos financiamentos para aquelas que se revelam menos promissoras.

No âmbito dos governos, a tomada de riscos e o aprendizado exigem trabalhar fora dos nichos usuais, operar entre diferentes campos políticos e descobrir sinergias que convertam os componentes da cooperação em um todo maior que a soma das partes. Uma missão pode facilmente abranger diversos ministérios, departamentos e órgãos públicos regionais e locais. Quanto maior for a necessidade de transformação organizacional, no entanto, mais difícil será executar a missão. Esse é o "paradoxo da complexidade" da política pública moderna: quanto mais complexos são os seus temas, mais compartimentalizada se torna a sua formulação, fragmentada em diferentes departamentos e iniciativas do governo, por vezes concorrentes.[10] Além disso, estruturas organizacionais complexas, com processos formais rígidos, podem limitar o fluxo de informação, reduzir a abertura e restringir a criatividade. O rompimento de nichos contribui para o desenvolvimento de relações mais horizontais entre departamentos, como fez Mueller. Uma missão com o objetivo de enfrentar a poluição do ar, por exemplo, precisa envolver todos os departamentos relevantes, como energia, meio ambiente, transporte, saúde e finanças. Cada departamento detém uma clara responsabilidade por suas contribuições, mas as sinergias surgem da coordenação pela cúpula do governo, ao mesmo tempo que estimulam a inovação de baixo para cima. A inovação organizacional é não só propulsora das missões, mas também resultado de sua execução.[11]

A descentralização da Nasa, com delegação de autoridade para laboratórios como o Laboratório de Propulsão a Jato, em Pasadena, Califórnia (parte de Caltech), foi a chave para o seu sucesso, bem como sua capacidade de contornar os habituais procedimentos burocráticos. Em seu estudo sobre a administração interna da Nasa, Arnold Levine afirma que, vital para seu dinamismo e velocidade foi a habilidade da agência de

> negociar contratos até determinadas quantias, transferir recursos entre programas, iniciar novas pesquisas sem pedir autorização prévia, deslocar recursos humanos entre divisões e assim por diante. A estratégia da alta administração foi dar aos centros aquilo de que eles precisavam para realizar o trabalho, mas não em excesso, a ponto de seu trabalho perder relevância para a missão da agência.[12]

Além disso, políticas dinâmicas de compras públicas e práticas de RH possibilitaram que a Nasa atraísse talentos e contratasse as empresas mais inovadoras. Segundo Levine,

> outro elemento no sucesso da organização da Nasa foi a flexibilidade: flexibilidade para o administrador apontar para cargos excepcionais; conceder importantes contratos de P&D sem licitação competitiva; reprogramar dentro de contas de apropriação e fazer transferências entre elas; conceber e administrar processos seletivos sob medida, e semelhantes. Exemplos como esses representam flexibilidade dentro do sistema, não um afastamento dele; variações em relação ao padrão foram permitidas pelo Congresso, pela Secretaria do Orçamento e pela Comissão do Serviço Civil. Essa flexibilidade permitiu um "jogo livre das articulações", sem a qual se impõe o rigor mortis institucional. O uso de cargos excepcionais, por exemplo, serviu não só para reter empregados dentro da organização, mas também para trazer sangue novo e expor a Nasa a influências externas.[13]

Em 1958, ano em que a Nasa foi fundada, o governo dos Estados Unidos também criou a Darpa, a agência de inovação do Departamento de Defesa — mais conhecida por seus investimentos no que se tornou a Arpanet, a internet de hoje. Ambas foram consequências dos investimentos na Guerra Fria. E, à semelhança da Nasa, as principais características da Darpa são a flexibilidade organizacional, que inclui independência do governo, estruturas internas niveladas, contratação de pessoal fora dos padrões dos processos governamentais e contratos flexíveis.[14] A organização encoraja o planejamento de baixo para cima, o que significa que o desenho organizacional é deixado por conta de pessoas como gestores de programas. Isso possibilita discricionariedade na escolha de projetos e propicia uma ativa gestão de projetos. E, de fato, sem a Darpa, não haveria internet para impulsionar as inovações do século XXI. Uma melhor compreensão das estruturas organizacionais que estimularam a solução de problemas, a tomada de riscos e a colaboração horizontal são, assim, de grande importância para a compreensão da onda de futuras mudanças radicais.

Transbordamentos: acaso feliz e colaboração

O sucesso das organizações que assumem riscos e visam objetivos ambiciosos costuma ser imprevisível. A inovação em si frequentemente se caracteriza por transbordamentos imprevisíveis: a busca por uma coisa leva à descoberta de outra — benefícios tecnológicos inesperados de P&D também podem produzir benefícios gerenciais, sociais e econômicos mais amplos. O Viagra, por exemplo, destinava-se, de início, a tratar problemas cardíacos, até que se descobriu que possuía outra aplicação. O estímulo à inovação é maior quando se abre a porta para o acaso, de modo que se percorram vários caminhos, impulsionando avanços em áreas desconhecidas. Abraçar essa incerteza e esse acaso é fundamental para qualquer organização empreendedora, na esfera pública ou privada. E, como ilustra a história a seguir, no caso da inovação tecnológica, também pode acarretar grandes benefícios sociais.

Em 1970, uma freira da Zâmbia, a irmã Mary Jucunda, repercutiu as preocupações de Ralph Abernathy numa carta que escreveu para o diretor científico da Nasa, Ernst Stuhlinger.[15] Jucunda perguntou a Stuhlinger como ele podia justificar o uso de recursos para ir a Marte — a missão seguinte ao pouso na Lua — quando havia tanto sofrimento na Terra: crianças doentes, fome e desigualdade. Com efeito, essa foi a mesma pergunta que Martin Luther King formulou quando depôs sobre questões relacionadas a raça e pobreza urbana no Senado dos Estados Unidos, em 1966. King observou: "Podemos ter a certeza de que, em poucos anos, levaremos um homem à Lua, e que com um telescópio adequado ele será capaz de ver as favelas na Terra, com toda a sua aglomeração de pessoas, decadência e turbulência. Segundo qual escala de valor esse programa pode ser considerado um progresso?".[16]

A resposta de Stuhlinger à pergunta da freira foi uma combinação de gentileza, convicção e clareza. Ele primeiro reconheceu o que chamou de "profundidade de sua mente indagadora e de seu coração compassivo". Também admitiu que o orçamento espacial era grande e que havia necessidades terríveis na Terra, igualmente merecedoras de dinheiro para serem minoradas. E, todavia, o orçamento espacial correspondia a apenas 0,3% do PIB dos Estados Unidos, e a apenas 1,6% dos gastos públicos totais. No entanto, ainda era um valor grande, e devia ser questionado. Stuhlinger juntou, então, a famosa fotografia *Nascer da Terra*, tirada pelo astronauta William Anders, da Apollo 8, enquanto orbitava a Lua na véspera do Natal de 1968.[17]

Stuhlinger pediu à freira que primeiro considerasse a história de um conde bondoso e muito amado que viveu na Alemanha quatrocentos anos atrás.[18] Ele estava sempre distribuindo sua riqueza entre os pobres, mas não se limitava a redistribuir; ele criava. O conde financiava as atividades científicas de um homem local estranho, que trabalhava em um pequeno laboratório, fabricando lentes de vidro, montando as lentes em tubos e, então, criando pequenos aparelhos. Criticava-se o conde por gastar dinheiro com o artesão, quando as demandas da fome eram tão maiores. Todavia, explicou Stuhlinger, foram exatamente esses experimentos que, mais tarde, prepararam o caminho para a invenção do microscópio, que se revelou um dos recursos mais úteis para combater doenças, a pobreza e a fome: "o conde, ao destinar parte de seu dinheiro a pesquisas e invenções, contribuiu muito mais para o alívio do sofrimento humano do que teria ajudado se oferecesse tudo o que tinha à comunidade de infectados pela peste".

Stuhlinger, então, estimulou a irmã Jucunda a refletir sobre a maneira como muitos avanços cruciais voltados para a pobreza — progressos em nutrição, higiene, energia e medicina — resultaram de estudos científicos semelhantes, cujos benefícios, de início, poderiam parecer muito vagos, considerando outras urgências imediatas. O progresso científico, porém, escreveu ele, quase sempre decorre de tentar aplicar novos conhecimentos à resolução de problemas:

> Progressos significativos na resolução de problemas técnicos decorrem muitas vezes não de uma abordagem direta, mas da definição de um objetivo altamente desafiador, capaz de motivar a inovação, incendiar a imaginação e instigar o homem a empreender seus melhores esforços, funcionando como catalisador e precipitando reações em cadeia.

As inovações e os riscos que permearam todo o programa Apollo geraram muitos transbordamentos. Talvez um dos principais tenha sido a onda de miniaturização no setor de computação, estimulada pela necessidade de acomodar o computador de bordo da Apollo no pequeno módulo lunar. Com efeito, o peso e o consumo de energia dos produtos eletrônicos caíram exponencialmente entre 1940 e fins da década de 1960 — segundo Jean Creighton, embaixadora de astronomia aerotransportada da Nasa, "de trinta toneladas e 160 quilowatts do Computador e Integrador Eletrônico Numérico para os 32 quilos e setenta watts do computador de bordo da Apollo. Essa diferença de peso é equivalente à observada entre a baleia e o tatu".[19]

O programa Apollo foi liderado pelo governo, mas sua parceria com empresas privadas produziu uma série de inovações importantes, começando, evidentemente, com o avanço aeroespacial. A ciência e a tecnologia do programa Apollo tiveram de mudar, da ênfase em mísseis e aviões de combate durante a Segunda Guerra Mundial para os lançadores de foguetes e as naves espaciais da missão de pouso na Lua. O design mudou de aerodinâmica e conforto para leveza e segurança.

Foguetes e naves espaciais não são suficientes para chegar à Lua. A Nasa também precisava de sistemas de navegação. Um dos maiores obstáculos a serem enfrentados, e com rapidez, era como navegar no espaço sideral. O míssil Polaris tinha um sistema de navegação inercial altamente desenvolvido. Sua física básica era compreendida, mas a aplicação dessa tecnologia de navegação fora da atmosfera terrestre impunha novos desafios importantes, e exigia novos sistemas e hardware.

O sistema de navegação tinha de funcionar com as duas espaçonaves necessárias para pousar na superfície da Lua: o MCS, a nave-mãe, que conduziria os astronautas através do espaço, orbitaria a Lua e os traria de volta, e o MEL, o *Eagle*, que os levaria do MCS até a superfície da Lua e de volta à nave-mãe.

O primeiro grande contrato da Nasa, em 1961, portanto, foi para um sistema de orientação e navegação. A escolha recaiu sobre o Laboratório de Instrumentação do MIT, em grande medida por causa de um homem, Charles Draper, professor de engenharia aeronáutica e fundador do laboratório, que garantira a reputação do MIT durante a Segunda Guerra Mundial pela instrumentação e miniaturização de precisão. O problema era enorme. O MIT precisava não só desenvolver um sistema de orientação e navegação, mas também uma nova espécie de computador, que pudesse ser instalado no MEL. O sistema tinha de reunir todas as informações necessárias para controlar os dois módulos.

Na época, esse sistema era pouco mais que uma ideia. Nada parecido jamais tinha sido construído ou testado. Antes da Apollo, todas as aeronaves e espaçonaves eram operadas por polias e cabos para abrir e fechar válvulas que faziam voar o veículo. Os astronautas eram pilotos acostumados a operar aviões manualmente. Uma grande preocupação, porém, era que pousar na Lua usando apenas controles manuais implicaria o gasto de muito combustível. A Nasa também receava que o MEL não suportasse o peso de um sistema de controle manual convencional. A solução foi um sistema de computador que pudesse controlar os subsistemas da espaçonave, desligar e ligar válvulas, calcular e armazenar dados, e assim por diante. Era uma tarefa difícil. A tecnologia tinha de mudar de hidráulica para eletrônica. E, para piorar as coisas, os computadores da época eram enormes, não raro exigindo uma ampla equipe de operadores, e mau reputados em termos de confiabilidade. Os astronautas estavam sendo solicitados a usar computadores pré-programados durante o voo, mas o desencantamento com essas máquinas era tamanho que teriam dito que a primeira coisa que fariam no espaço seria "desligar o desgraçado". E, com efeito, Armstrong ignorou o computador nos últimos segundos do pouso lunar.

A construção de computadores dependia fortemente de dois desenvolvimentos contemporâneos na indústria eletrônica: circuitos integrados e sistemas de software. Elden C. Hall, que havia trabalhado com Draper no Polaris, foi incumbido de construir o hardware. Um pequeno computador, na época, era do tamanho de um armário. Hall teve de espremê-lo para as dimensões de uma caixa de sapato, pesando não mais que 32 quilos. E ele ainda enfrentou outro grande problema. Como muitos acreditavam que um computador não seria confiável o suficiente para operar uma espaçonave, Hall sabia que teria não só de construir um computador pequeno e confiável, mas também de convencer os céticos de que ele podia executar a tarefa.

Hall assumiu o enorme risco de alcançar as necessidades de tamanho e confiabilidade. Para tanto, escolheu uma tecnologia emergente, a dos circuitos integrados, conhecidos hoje como chips de silício. Comprou uma grande quantidade deles da empresa californiana Fairchild Semiconductor, a fim de testá-los. A escolha de circuitos integrados era controversa, mas Hall convenceu os gestores do programa Apollo de que era a solução. Ao mesmo tempo, a IBM estava desenvolvendo a unidade de instrumentação do Saturno V, baseada em tecnologia mais convencional, que incluía um computador de bordo diferente para o foguete. Hall sabia que, sem esses circuitos integrados, não havia chance de construir em tempo um computador com capacidade para fazer o trabalho, e que sem ele seria impossível chegar à Lua. No ápice do programa Apollo, o MIT comprava 60% da produção total de chips fabricados nos Estados Unidos. Esse era um enorme impulso para uma nova tecnologia e para as economias de escala que possibilitaram a redução de custo dos chips. Além disso, as empresas fabricantes podiam referir-se ao prestigioso programa espacial como exemplo do valor de sua tecnologia emergente. E, assim, os circuitos integrados tornaram-se a base de toda a indústria de computadores dos Estados Unidos. De várias maneiras, o computador de bordo da Apollo pode ser visto como o primeiro computador portátil do mundo. Com efeito, seu desempenho era grosso modo comparável ao dos computadores domésticos de fins da década de 1970, como o Commodore Pet e o Apple II.

A questão do software era outro grande obstáculo a superar. Hoje, damos como certo que até o melhor hardware é apenas tão bom quanto seu software. Mas, na década de 1960, a palavra "software" era ainda bastante nova. No breve contrato que a Nasa firmou com o MIT, apenas uma linha se refere ao Laboratório de Instrumentação do MIT como desenvolvedor dos programas necessários. Margaret Hamilton, diretora de engenharia de software, liderou a equipe que elaborou o software de voo a bordo da Apollo. Ela introduziu organização mais eficiente na programação, estabelecendo regras e protocolos que se tornaram conhecidos como "engenharia de software".

Para desenvolver o software, a Nasa arregimentou as habilidades de uma nova cepa de cientistas, responsáveis por escrever milhares de linhas de código de computador, das quais a Apollo dependia para alcançar seus objetivos. Esses programadores demonstraram ser algumas das pessoas mais engenhosas e criativas em toda a missão, em parte porque os programas exigiam constantes correções. Essa foi a primeira vez em que esse aspecto das operações de computador recebeu tanta atenção: era um esforço crucial, repleto de erros potenciais, altamente complexo e dispendioso, que exigia máxima diligência. Os erros podiam ser fatais.

Esses investimentos e inovações em eletrônica e computação repercutem ainda hoje. O desenvolvimento do hardware e software de computação para a Apollo continuou a fomentar a revolução da TI — e, com ela, as agitações sociais, políticas e econômicas que vivenciamos hoje. As origens de muitas das tecnologias em nossos smartphones, como câmera, software de comunicação e circuitos integrados, remontam ao pouso na Lua e a missões correlatas.[20]

Um resultado inesperado foi virar de ponta-cabeça a psicologia do produto: computadores menores atraíam mais prestígio que os maiores. A Motorola, com um contrato de 15,5 milhões de dólares com a Nasa, construiu o uplink de dados e o sistema digital, inclusive a tecnologia que permitia aos ouvintes e espectadores, em casa, compartilharem a tensão arrebatadora da aterrissagem. A tecnologia tornou-se a base dos equipamentos de telecomunicação que a Motorola fabrica ainda hoje.

A experimentação e a colaboração público-privada da Apollo precipitaram inovações em muitos outros setores, como alimentação, medicina, materiais, biologia, microbiologia, geologia e até vestuário, assim como engenharia aeroespacial, eletrônica e computação. Todas essas inovações geraram muitos subprodutos inesperados, alguns físicos e outros sociais. As inovações da Nasa contribuíram para o desenvolvimento de produtos como panelas de vitrocerâmica e teflon, mas também a novos materiais com aplicações muito mais amplas, sem os quais a missão teria sido impossível. Depois do desastre da Apollo 1, por exemplo, a Nasa se empenhou em descobrir um material que protegeria os astronautas de altas temperaturas, sem se incendiar nem derreter. A solução que foi desenvolvida ainda é usada em roupas para bombeiros.

No lado social, a enorme demanda de programadores criou empregos inteiramente novos, muitos dos quais foram exercidos por mulheres. As mulheres programadoras eram chamadas de computadores! Muitos desses "computadores" eram afro-americanas que, nos primeiros anos da Nasa, trabalhavam em unidades segregadas pela raça. Dentre elas destacava-se Katherine Johnson, matemática que dominava cálculos complexos sobre mecânica orbital, que executava com extraordinária rapidez. Ela era um símbolo das mudanças na sociedade americana nos anos 1960, e sua vida foi tema do filme *Estrelas além do tempo*, de 2016.

De fato, os transbordamentos mais importantes são os que concernem as pessoas — aquelas que foram treinadas durante o programa espacial, muitas das quais depois se transferiram da Nasa para empresas privadas, impulsionando o setor de TI, com alguns dos talentos mais notáveis do país.

Muitos desses subprodutos poderiam ter aparecido independentemente de Armstrong ter posto os pés na Lua. A Apollo, porém, concentrou mentes e esforços no intuito de acelerar o ritmo da inovação. Pelo menos tão importantes quanto os subprodutos, no entanto, foram os *processos* dessa enorme missão movida pela ciência e pela inovação. Inovações exigem cooperação de diferentes disciplinas e setores na solução de problemas. Embora houvesse uma direção de cima para baixo (ir à Lua e voltar!), a maneira como os diferentes problemas foram resolvidos correu por conta de diferentes organizações, em vez de terem sido microgerenciados, o que teria matado a inovação desde o início. Essa maneira aberta de enquadrar um problema estimulou novos tipos de tomada de decisão de risco em muitos subprojetos diferentes. Muitos deles fracassaram, mas esses fracassos foram parte do sucesso total da missão. Definir objetivos claros e permitir a experimentação de baixo para cima incentivou a criatividade e a inovação e produziu uma fórmula vencedora. As missões selecionam os interessados — as organizações espalhadas na economia que estão preparadas para trabalhar juntas.

Figura 1: Vinte coisas que não teríamos sem as viagens espaciais

Câmeras de telefone
Na década de 1990, uma equipe do Laboratório de Propulsão a Jato da Nasa trabalhou no desenvolvimento de câmeras pequenas o bastante para caber na espaçonave e ao mesmo tempo gerar fotos com qualidade científica. Um terço de todas as câmeras hoje contém essa tecnologia.

Lentes antirrisco
O Centro de Pesquisa Lewis tentou desenvolver revestimentos com rigidez de diamante para sistemas aeroespaciais, criando mais tarde uma técnica que foi desenvolvida e patenteada apenas com esse propósito.

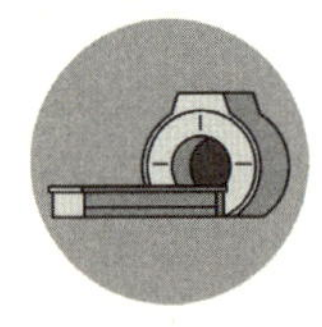

Tomografia axial computadorizada
Um programa espacial precisa de uma boa imagem digital. O Laboratório de Propulsão a Jato foi protagonista no desenvolvimento dessa tecnologia, que, por sua vez, ajudou a criar os aparelhos de tomografia axial computadorizada.

LEDs
LEDs vermelhos estão sendo usados no espaço para cultivar plantas e para curar humanos na Terra. A tecnologia LED usada pela Nasa contribuiu para o desenvolvimento de dispositivos médicos, como o Warp 10.

Remoção de minas terrestres
A Thiokol Propulsion usa as sobras de combustível de foguetes da Nasa para produzir uma chama capaz de destruir com segurança minas terrestres. Ela funciona abrindo por combustão um buraco na mina, sem detonação.

Calçados para atletas
Os Nike Air Trainers não existiriam não fosse a tecnologia de produção de roupas desenvolvida pela Nasa. Um engenheiro da agência foi o primeiro a lançar a ideia.

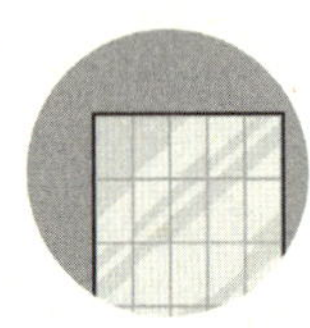

Cobertores de folha metálica
Essas folhas metálicas, que hoje são usadas na Terra sob temperaturas extremas, evoluíram de um isolante de pouco peso que a Nasa desenvolveu para proteger espaçonaves e pessoas no espaço.

Sistemas de purificação de água
Na década de 1960, a Nasa criou um iodizador eletrolítico de prata para purificar a água potável dos astronautas. Essa tecnologia agora é muito utilizada para matar bactérias nas piscinas recreativas.

Aspiradores de pó
A Nasa procurou a Black & Decker para desenvolver um dispositivo de pouco peso para coletar amostras na Lua. A empresa, então, usou essa tecnologia para desenvolver o aspirador de pó Dustbuster em 1979.

Termômetros auriculares
A Nasa e a Diatek desenvolveram um termômetro auricular de 227 gramas que usa tecnologia infravermelha de astronomia para medir a quantidade de energia emitida pelo tímpano.

VINTE COISAS QUE
NÃO TERÍAMOS SEM
AS VIAGENS ESPACIAIS

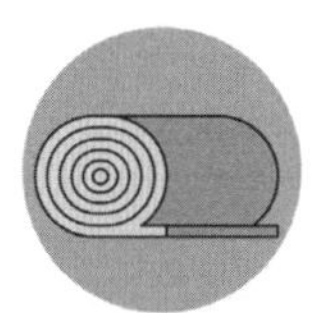

Isolamento doméstico
O espaço é um lugar de temperaturas extremas. Ciente disso, a Nasa desenvolveu um isolamento de poliéster aluminizado chamado Radiant Barrier (usado hoje na maioria dos isolamentos domésticos).

Mandíbulas da vida
As "mandíbulas da vida", ferramentas hidráulicas de resgate usadas para retirar pessoas de veículos destroçados, aplica uma versão miniaturizada da carga de explosivo usada para separar dispositivos no ônibus espacial.

Fones de ouvido sem fio
A Nasa, como uma das precursoras de tecnologias de comunicação avançada, desenvolveu esses fones de ouvido para permitir que os astronautas liberassem as mãos.

Espuma com memória
Colchões de espuma com memória são o resultado de uma espuma incrível, desenvolvida pela Nasa na década de 1970, para tornar mais confortáveis os assentos de pilotos. Mais tarde, foram usadas nos ônibus espaciais.

Alimentos liofilizados
A Nasa conduziu pesquisas extensivas sobre alimentos espaciais; uma técnica que desenvolveu foi a liofilização, ou desidratação por congelamento, que retém 98% dos nutrientes e reduz o peso a apenas 20% do original.

Detector de fumaça ajustável
Embora não tenha inventado o primeiro detector de fumaça, a Nasa desenvolveu uma versão moderna, ao criar o mais sofisticado sistema de alarme já produzido.

Fórmulas para bebês
As fórmulas para bebês vendidas hoje em dia contêm um reforço nutricional cujas origens remontam a pesquisas patrocinadas pela Nasa sobre o uso de algas em viagens espaciais de longa duração.

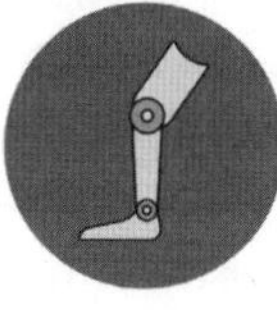

Membros artificiais
As inovações da Nasa em materiais para absorção de choques, associadas a atividades robóticas e extraveiculares, estão sendo adaptadas para proporcionar mais funcionalidade dinâmica a membros artificiais.

Mouse de computador
Na década de 1960, um pesquisador da Nasa estava tentando tornar os computadores mais interativos quando lhe ocorreu uma ideia de como manipular dados na tela do computador, o que levou ao mouse.

Computador portátil
O computador de bordo portátil resultou da adaptação do GRiD Compass, o primeiro laptop portátil. No processo, foi necessário modificar o hardware e desenvolver novo software, o que impulsionou o mercado comercial.

Tabela 1: Algumas tecnologias possibilitadas pelo programa Apollo da Nasa

Setor	Tecnologia derivada
Consumo	Espuma amortecedora de choques usada em calçados esportivos Aparelhos eletrônicos portáteis, sem fio, por exemplo aspiradores de pó, furadeiras Relógios de precisão a quartzo Detectores de presença sensíveis a vibração Alimentos liofilizados
Indústria	Painéis solares Combustível de metano líquido Simuladores de terremoto Materiais de isolamento resistentes ao fogo Detectores de gases perigosos Aparatos de suporte à respiração Roupas de resfriamento Tecnologia de purificação de água
Medicina	Desfibriladores cardíacos automáticos implantáveis Marca-passos computadorizados programáveis Tecnologia de diálise renal Imagens médicas, p. ex., tomografia axial e ressonância magnética

Finanças: orçamentos baseados em resultados

As missões tendem a ser de longo prazo, mas os orçamentos tendem a ser de curto prazo e estão à mercê de ventos políticos. As despesas da Nasa pareciam grandes na época e eram questionadas por políticos e por grupos de interesse, como vimos. Hoje, porém, não se questiona que a Apollo proporcionou excelentes benefícios em relação aos custos, além de ter sido uma missão memorável, que fez época, tendo estimulado algumas das mais importantes inovações na revolução da TI. Com efeito, numa coletiva de imprensa, em 1964, ao ser questionado sobre os custos da Apollo, Von Braun respondeu aos jornalistas que não compreendia por que o tema suscitava tanta preocupação. De acordo com ele, a Nasa estava "criando valor e devolvendo ao Tesouro mais do que estava tirando".[21] Sem recorrer ao jargão econômico sofisticado, ele estava basicamente se referindo àquilo que os economistas denominam "efeito multiplicador" — o efeito total que um dólar de investimentos públicos pode gerar na economia, para além do dispêndio inicial. Os multiplicadores operam quando um fluxo de investimentos e despesas induz outro fluxo (por exemplo, investimentos públicos na construção de uma ponte acarretam um aumento nas despesas de consumo dos trabalhadores que constroem a ponte, e assim por diante). Também aparecem quando há fortes transbordamentos entre as áreas de investimento, como as analisadas anteriormente.

Em 1961, Kennedy estimou que a primeira aterrissagem na Lua custaria de 7 a 9 bilhões de dólares[22] (60 a 77,2 bilhões a preços de 2020), mas James E. Webb, administrador da Nasa, o encorajou a duplicar a quantia. Webb reconheceu que a missão não poderia ser realizada com pouco dinheiro — e, de fato, um orçamento insuficiente a condenaria ao fracasso. No fim das contas, a apropriação de verbas pela Nasa, de 1960 a 1973 (o ano subsequente à última missão Apollo), totalizou 53,6 bilhões de dólares (326,8 bilhões a preços de 2020).[23] O programa Apollo custou 25,8 bilhões de dólares, pouco menos da metade da cifra total. Entre 1959 e 1972, a Nasa respondeu por cerca de 2,2% dos gastos federais. A Apollo absorveu cerca de 1,1% disso, no mesmo período, e envolveu mais de 400 mil pessoas — funcionários da agência, pesquisadores universitários e fornecedores. Para pôr a Nasa em perspectiva, o pagamento total de juros sobre a dívida pública federal entre 1959 e 1972 foi de 140,3 bilhões de dólares, e o custo do Sistema Rodoviário Interestadual, entre 1956 e sua conclusão oficial, em 1991, foi de 114 bilhões de dólares (214,6 bilhões em valores de 2020).[24] Em face dos recursos necessários, Kennedy chamou a Apollo de um "ato de fé e visão". Ele deixou claro, porém, que, se o objetivo fosse alcançado, os transbordamentos do esforço mais que compensariam os gastos e os riscos, e que "devemos pagar o que for necessário".[25]

Na verdade, Kennedy estava efetivamente afirmando que as missões devem ser julgadas pelos resultados, não pelos custos no sentido orçamentário normal. O Congresso mais tarde questionou a despesa, mas, se a Apollo tivesse sido avaliada da maneira como os departamentos que tratam das finanças do governo avaliam os projetos hoje, por meio de análises de custo/ benefício, Armstrong e Aldrin provavelmente nunca teriam posto os pés na Lua — e nenhum dos subprodutos imprevistos teria ocorrido.

Tabela 2: Custo do programa Apollo, 1960-73

	Efetivo (bilhões)	**Preços de 2020 (bilhões)**
Espaçonave	8,1	80
Veículos de lançamento	9,4	97,3
Desenvolvimento e operações	3,1	28,2
Custos diretos do projeto	**20,6**	**205,3**
Instalações terrestres, salários e despesas gerais	5,2	53,8
Programa Apollo total	**25,8**	**260**
Programa de robótica lunar	0,907	10,1
Programa Gemini	1,3	13,8
Esforço lunar total	**28**	**283**

Havia, por certo, um imperativo político — vencer a corrida espacial —, e a possibilidade psicológica de turbinar a autoconfiança e o prestígio dos Estados Unidos. Mas as missões em geral e a Apollo em particular também devem ser avaliadas pela criação de valor para toda a sociedade, pela eficiência dinâmica de longo prazo e pelos investimentos adicionais gerados pelo estímulo da atividade econômica que, do contrário, não teriam ocorrido. Isso também é verdade para alguns projetos aeronáuticos de grande escala, mais clássicos (e mais limitados), como o do Concorde: uma avaliação de seu valor social, por exemplo, deve incluir os investimentos e as inovações transetoriais que ele estimulou em tecnologia de motor a jato, desenvolvimento de materiais, técnicas de fabricação e formato de asa. As questões a formular sobre missões econômicas e sociais incluem, entre outras: O que estamos tentando alcançar? Como chegaremos lá? Que tipos de mercado queremos criar para realizar os nossos objetivos?

A Apollo efetivamente lançou os Estados Unidos num futuro de empreendimentos extraterrestres — um futuro que resultou no Skylab, a primeira estação espacial dos americanos, que se acoplou em 1975 com a nave espacial soviética Soyuz, e na atual Estação Espacial Internacional; para o crescimento de uma "economia espacial"; em empreendimentos comerciais em órbita terrestre baixa, como a SpaceX; e no retorno à Lua, como possível ponto de apoio numa missão a Marte. Em seu apogeu, a Apollo começou a descortinar a possibilidade realista de que os humanos sejam capazes de superar as limitações de viver na Terra para sempre, e até de que, como espécie, possamos sobreviver às consequências da catástrofe ecológica que estamos infligindo ao planeta. Mas também induziu uma nova era de preocupação ambiental, simbolizada pela famosa fotografia *Nascer da Terra*, que contrastava o deserto inerte da Lua com uma Terra colorida e vívida. A imagem sugeria que o desenvolvimento de tecnologias espaciais pode melhorar a vida no planeta — exatamente o aspecto salientado por Stuhlinger.

Esses são resultados impressionantes, com grandes implicações. Se alguns parecem abstratos ou idealistas, a figura 2 põe em perspectiva o custo/ benefício do programa Apollo em comparação com o de outros empreendimentos americanos.[26] Os números estão a preços de 2008. É difícil argumentar que a Apollo foi um desperdício de dinheiro em comparação com os custos colossais das guerras no Vietnã, no Iraque e no Afeganistão. Também vale notar que a Apollo custou cerca de um quarto do subsídio de 700 bilhões de dólares para socorro financeiro aos bancos em 2008 (833,6 bilhões a preços de 2020), número que exclui os custos sociais e econômicos mais amplos da crise financeira.

Figura 2: Comparação de grandes despesas do governo dos Estados Unidos

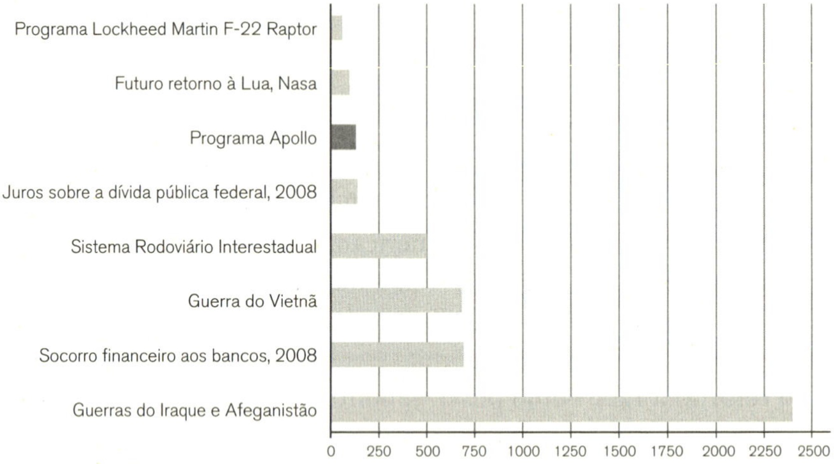

Programa Lockheed Martin F-22 Raptor
Futuro retorno à Lua, Nasa
Programa Apollo
Juros sobre a dívida pública federal, 2008
Sistema Rodoviário Interestadual
Guerra do Vietnã
Socorro financeiro aos bancos, 2008
Guerras do Iraque e Afeganistão

0 250 500 750 1000 1250 1500 1750 2000 2250 2500

NOTA: custos ajustados pela inflação para dólares de 2008 (bilhões)

Assim, enquanto a prática orçamentária comum é dar dinheiro aos departamentos para que paguem os insumos, independentemente dos objetivos, o orçamento baseado em resultados foca nos produtos. O propósito do orçamento é ajudar a cumprir a missão para a qual foi alocado, quer seja levar humanos à Lua, prover moradia aos sem-teto ou construir uma cidade neutra em emissão de carbono, tema que exploraremos no próximo capítulo.

Empresas e Estado: parceria com um propósito comum

Durante a missão Apollo, a Nasa não recorreu a empresas de consultoria para a "gestão do projeto", mas procurou firmar parcerias e contratos de compras flexíveis para canalizar recursos para empresas inovadoras capazes de cumprir o prometido. E queria que essas relações fossem diretas, sem a mediação de intermediários.

A Lei Nacional de Aeronáutica e Espaço, que criou a Nasa, em 1958, permitia que a nova agência firmasse contratos com "qualquer pessoa, empresa, associação, corporação ou instituição educacional".[27] Isso basicamente conferiu à Nasa liberdade para elaborar seus procedimentos contratuais, consoante diretrizes de compras semelhantes às utilizadas pelas forças armadas, mas adaptadas às necessidades de uma agência inovadora ainda na infância. Embora alguns recursos tenham sido separados para o trabalho com pequenas empresas, a Nasa podia recorrer a qualquer organização que considerasse apta a fazer o trabalho. A Lei de Aquisições das Forças Armadas, de 1947, foi usada com frequência pelo Departamento de Defesa e pela Nasa para dispensar a exigência de licitação formal e contratar os melhores parceiros possíveis na comunidade de negócios, tão rapidamente quanto possível, mesmo que custassem mais. Os fatores decisivos eram capacidade e experiência comprovada, não apenas custo. Com efeito, uma das razões de tantos negócios terem sido feitos com a McDonnell-Douglas para a obtenção de veículos de lançamento de foguetes foi a experiência e a capacidade comprovada da empresa de executar o tipo de trabalho considerado necessário. Levine argumenta que buscar um novo fornecedor teria custado à Nasa de 10 a 20 milhões de dólares, e geraria atrasos nos cronogramas de lançamento da ordem de dezoito a trinta meses, impedindo o cumprimento da meta de Kennedy. Foi como explicou o diretor de aquisições da Nasa, Ernest Brackett:

> A natureza e o escopo do trabalho são tais que capacidades técnicas, gerenciais e organizacionais muito específicas são necessárias. Nessas situações, embora não se possa dizer que há apenas uma empresa capaz de executar o trabalho, uma delas, todavia, se destaca entre as demais, por apresentar uma combinação superior, e por vezes única, das habilidades necessárias.[28]

Contudo, a Nasa também reconhecia que, ao confiar excessivamente em poucas empresas, criava muita dependência e enfraquecia sua posição de barganha, de modo que era necessário não só trabalhar com empresas confiáveis e testadas, *mas também* aumentar a competição, para que ela pudesse ter certeza de contar com alternativas de escolha enquanto fazia o possível para trabalhar com a melhor. Planejar as aquisições para alcançar tudo isso era o desafio!

Os termos dos contratos para fortalecer a posição de negociação da Nasa tornaram-se um fator importante dentro da organização. De início, a agência utilizava contratos por administração, ressarcindo a empresa contratada de todos os custos e acrescentando uma taxa como lucro. Essa prática criava problemas, na medida em que os contratados não eram penalizados por apresentarem propostas abaixo do lance, ou por mau desempenho e má administração que levassem ao aumento excessivo de custos — na verdade, não havia nenhum incentivo para reduzir os custos. A Nasa depois adotou o modelo de preço fixo, com incentivos para melhorar o desempenho e a eficiência. Enquanto no contrato por administração não havia relação entre lucro e desempenho, os contratos de preço fixo, ao contrário, forçavam as empresas a serem mais eficientes e a melhorarem o desempenho tanto quanto possível, com incentivos extras para atender a critérios específicos (p. ex., velocidade). Os incentivos eram concebidos para aumentar a qualidade e o desempenho, além de evitar atalhos para reduzir os custos. Desenvolver o "acordo" certo com as empresas e eliminar o rentismo levou a Nasa, em 1962, a incluir uma cláusula em seus contratos estipulando que estes não deveriam ser fonte de lucros excessivos. Nada contra o lucro, mas o espaço não deveria converter-se em pretexto para a especulação, movida pelo sobrepreço e pela maior competência no "convencimento" (hoje, nas empresas de consultoria, representado pelo PowerPoint) do que na execução do trabalho.

O trabalho com empresas privadas era executado sob a direção firme e hábil da Nasa, e com atenção no que devia ou não ser terceirizado. As capacidades e as expertises internas eram consideradas essenciais para a negociação de contratos apropriados. Os contratos eram concebidos para serem claros quanto aos objetivos, mas permitiam liberdade sobre como realizá-los; com efeito, os objetivos do projeto e os termos do contrato estavam interligados, na medida em que o contrato era parte do desenho da governança da missão. O principal papel da Nasa era definir a missão, planejar o programa, esclarecer as diretrizes, estipular os parâmetros e, então, propiciar e estimular tanta inovação quanto possível, para desenvolver os produtos e serviços necessários. Nada disso poderia ter sido feito sem a ciência, a experiência e a tecnologia da própria equipe da Nasa; de fato, sem ela, teria sido impossível contratar fornecedores de maneira inteligente. Além disso, ao desenvolver essa expertise interna, os contratos com o setor privado, uma vez firmados, eram mais bem gerenciados, porque seus redatores conheciam a tecnologia tão bem quanto os contratados — e, assim, podiam evitar situações de "captura". Com efeito, empreenderam-se atividades internas de P&D nos centros de pesquisa em Lewis, Langley e Goddard para que os servidores públicos da Nasa pudessem acompanhar o desenvolvimento da tecnologia, absorvendo a confiança e o conhecimento necessários para manter os contratados a certa distância. Isso também era visto como uma maneira de atrair talentos: os melhores cientistas se recusariam a trabalhar na Nasa se não pudessem botar a mão na massa, ou, como disse Wernher von Braun, "manter contato com o hardware e seus problemas". No jargão moderno das escolas de negócios, trata-se de reter "capacidade de absorção", isto é, a necessidade de investir internamente na criação de conhecimento para compreender e interagir de maneira dinâmica com as oportunidades externas à medida que elas surgem.[29] Em 1962, um relatório do diretor de orçamento David Bell para o presidente afirmou com clareza:

> Certas funções não devem de maneira alguma ser terceirizadas. A gestão e o controle do esforço de pesquisa e desenvolvimento federal devem permanecer, de maneira inequívoca, em tempo integral, nas mãos de oficiais do governo, responsáveis perante o presidente e o Congresso.[30]

O programa da espaçonave Apollo foi o resultado não só de investimentos públicos, mas também de investimentos privados com mentalidade comercial (ver figura 3). A General Motors, por exemplo, gastou 15,9 milhões de dólares (100,4 milhões em valores de 2019) no desenvolvimento de tanques de oxidantes e combustível de propulsão. A Pratt and Whitney (então United Aircraft) gastou 95,1 milhões de dólares (600,3 milhões em valores de 2019) com a construção de usinas de células de combustível. A Aerojet Rocketdyne (Aerojet Liquid Rocket Co.) gastou 117,6 milhões (742,4 milhões em valores de 2019) com o motor de propulsão, e a Honeywell desembolsou 141,3 milhões de dólares (892 milhões em valores de 2019) para produzir o subsistema de estabilização e controle.

O módulo de excursão lunar é um exemplo notável de como funcionou a parceria com empresas e de como necessidades e prioridades claras na Nasa estimularam inovações no setor privado. O MEL foi uma proeza de engenharia sem igual, e uma das tecnologias de ponta desenvolvidas pelo programa Apollo. Em 1962, quando foi incumbida pela Nasa de construir o MEL, a Grumman Aircraft Engineering Corporation nunca tinha construído nada parecido.

Imagens de pessoas voando no espaço evocam algo fluido e elegante. O MEL não era nada disso. Nem mesmo parecia ter sido feito para voar. Todavia, era o máximo em termos de compatibilidade entre forma e função. Tudo o que contribuía para a impressão de máquina desajeitada tinha um propósito. Ao contrário do MCS, o MEL não precisava ser aerodinâmico, porque nunca voaria na atmosfera da Terra. Parecendo um inseto, ele tinha duas janelas triangulares minúsculas, uma boca escancarada, um topo multifacetado com um aparato de antenas e uma metade inferior mais simétrica, com quatro pernas pendentes.

Esse MEL, que acabou voando, era um descendente remoto dos primeiros projetos da Grumman. No começo, a empresa não sabia como executar a tarefa; tinha conquistado sua reputação produzindo aeronaves militares durante a Segunda Guerra Mundial. Seu primeiro projeto foi em grande medida inspirado por helicópteros. Tinha superfícies lisas, duas grandes bolhas de vidro para os astronautas observarem o voo, e assentos confortáveis. O peso estipulado no contrato da Nasa era de pouco mais de 11 mil quilos, e a versão original começou com pouco menos de 10 mil quilos. Mas, ao ver o modelo, a Nasa o rejeitou imediatamente. A Grumman deixara de considerar sistemas de backup para contingências, e backups dos backups. Levar um homem à Lua era o principal objetivo; a segurança, porém, era a mais alta prioridade.

Os sistemas de backup complicaram muito o trabalho, e o peso do MEL praticamente dobrou. A Grumman tinha de voltar às pranchetas para atender às rigorosas exigências da Nasa em termos de peso, segurança e confiabilidade. Tinha de parar de pensar como fabricante de aviões e começar a pensar como fabricante de espaçonaves. E lá se foram as bolhas de vidro — pesadas demais — e os assentos confortáveis. À medida que o programa espacial evoluía, a Nasa acrescentou novas

Figura 3: Investimentos do setor privado nos veículos de lançamento da Apollo

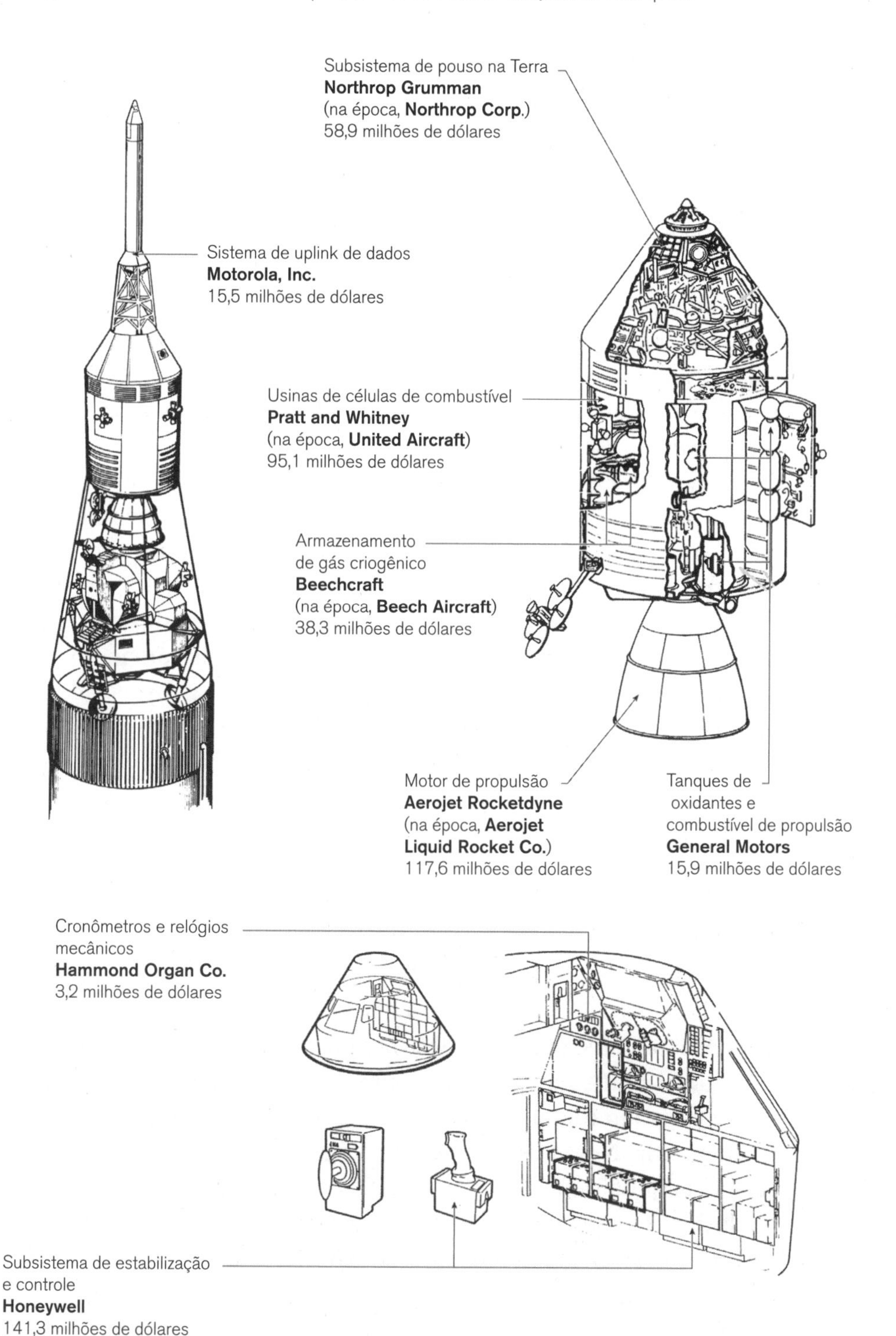

especificações, que aumentaram o peso: navegação por computador, um carrinho para transportar os astronautas na superfície lunar, equipamentos para a realização de experimentos na Lua.

A Grumman também teve de construir instalações altamente especializadas para montar e testar o veículo. Elas possuíam salas pressurizadas mais limpas do que salas de cirurgia, para minimizar a poeira ou partículas de metal minúsculas passíveis de provocar curtos-circuitos elétricos. O peso, porém, ainda era a principal preocupação: cada grama a menos significava mais tempo para sobrevoar a superfície da Lua, em busca de um lugar onde pousar. A Grumman teve de reformular e refinar sua abordagem sucessivas vezes. Era preciso encontrar soluções que impelissem a tecnologia da época até o limite. O revestimento externo do veículo, por exemplo, era excepcionalmente fino — 0,03 centímetros, tão fino quanto uma lata de alumínio ou uma folha de papel. Buzz Aldrin, em suas memórias, brincou que podia perfurá-lo com uma caneta.

Charlie Duke, um dos astronautas que tripulou o MEL, descreveu o veículo como parecido com um helicóptero, apenas com motor de foguete em vez de pás de rotor. Para dar à espaçonave a capacidade de pairar e se mover em todas as direções, o motor do foguete devia ser capaz de fazer voos controlados variáveis. Os engenheiros da Grumman precisavam construir um motor simples e inteiramente confiável, capaz de ligar, desligar e ser controlado, para regular altitude, direção e velocidade.

À medida que se aproximava a data do primeiro voo de prova do MEL, em fins de 2008, a Grumman ainda estava muito longe de atingir as reduções de peso necessárias. Estava claro que uma mudança radical era necessária. A empresa, então, introduziu novos sistemas gerenciais, criando centros de ação nos quais as mudanças do dia a dia eram monitoradas em grandes quadros. A certa altura, a Grumman estava gastando 10 mil dólares para cada libra (ou 0,45 quilo) de peso economizada. Novas técnicas de usinagem foram desenvolvidas para cauterizar quimicamente certas superfícies de metal, de modo a reduzir ainda mais o peso. Por fim, o veículo voou com cerca de 15 mil quilos. Em um notável tributo à inovação que a Nasa havia estimulado, o MEL era imensamente confiável e atuou em todas as seis missões de pouso e decolagem na Lua entre 1969 e 1972.

A natureza das missões da Nasa mudou com o passar do tempo, e com isso as relações entre agentes públicos e privados. Enquanto nos anos 1950 e 1960 dominava a motivação militar, o objetivo a partir da década de 1980 consistia principalmente em melhorar as posições econômica e competitiva. Em 1979, um administrador da Nasa chamado Robert Frosch criou condições para o desenvolvimento de relações mais interativas com o setor privado ao elaborar as "Diretrizes da Nasa sobre o uso pioneiro do espaço para fins industriais". A administração do presidente Reagan desenvolveu ainda mais a comercialização, em sua Política Nacional para o Espaço. Em 1984, ele constituiu o Escritório de Programas Comerciais da Nasa e sancionou a Lei de Lançamentos Espaciais Comerciais, com o objetivo de facilitar o processo "desnecessariamente complicado" de aprovar empreendimentos espaciais do setor privado.[31] A Lei do Espaço Comercial, aprovada pelo Congresso em 1998, considerou o desenvolvimento econômico no "espaço orbital terrestre" uma importante prioridade da Estação Espacial Internacional, introduzindo a comercialização diretamente na missão da Nasa.

Essa mudança de prioridades coincidiu com o objetivo explícito de que os financiamentos públicos gerassem resultados comerciais nítidos. Esse período mais recente também observou a formação de organizações intermediárias como o Centro para o Avanço da Ciência no Espaço, para gerenciar P&D e parcerias entre a Nasa e o setor privado — exatamente a intermediação que os executivos da Nasa evitaram durante os anos Apollo, por considerarem que, sem competências internas e experiência em gestão de projetos, a Nasa perderia o rumo.

A prioridade na comercialização espacial afetou os objetivos do financiamento das pesquisas governamentais, levando agências como a Nasa — mas também outras, como a Darpa e o Instituto Nacional de Saúde — a terem de justificar o sucesso da pesquisa demonstrando ou fornecendo argumentos convincentes sobre o "valor econômico" de suas bases científicas e tecnológicas.[32] Ironicamente, esse foco em métricas de valor econômico de curto prazo, como a criação de empregos, leva a menos comercialização do que as políticas orientadas por missões, já que estas últimas geram fortes transbordamentos comerciais.[33] Assim, quando não é objeto de preocupação, a comercialização fica mais fácil. Uma lição valiosa é que parcerias e propósitos comuns podem ser construídos e destruídos.

Há, aqui, uma grande lição. E se o governo, em vez de ser visto como uma entidade morosa, enquanto o setor privado assume os riscos, passa a suportar o mais alto nível de incerteza e a reformar sua organização para assumir os riscos daí decorrentes? Imagine a transformação: de uma administração burocrática e hierarquizada, para um simulador de novas ideias, de baixo para cima, guiado por objetivos. Imagine o governo transformado em toda a sua extensão — na forma de operar aquisições, financiar pesquisas, estruturar empréstimos públicos e analisar custos e orçamentos — tão somente para *realizar um propósito público*. Se pudermos pensar e atuar dessa maneira, poderemos materializar uma nova visão de cidades sustentáveis ou inspirar investimentos privados em infraestrutura social e em inovações médicas necessárias para uma nova compreensão do bem-estar, ou enfrentar os maiores desafios dos nossos tempos, como as mudanças climáticas e pandemias.

Parte III: Missões em ação

Os grandes desafios a enfrentar

5
Mirar mais alto: Políticas orientadas por missões na Terra

O POUSO NA LUA REUNIU ATORES públicos e privados para resolver um dos problemas mais árduos com que já deparou a humanidade. O desafio era "vencer os russos no espaço". Mas foi o estabelecimento de um objetivo claro, ambicioso e urgente, com um prazo — levar o homem à Lua e trazê-lo de volta em uma década! — que catalisou a inovação e a colaboração em uma ampla variedade de setores. Para tanto, foram necessárias centenas de soluções com projetos específicos, envolvendo riscos, tentativas e erros, e muitos fracassos ao longo do caminho.

Como aplicar esses mesmos princípios de "missão" aos problemas mais prementes de hoje na Terra — garantindo que as missões em si sejam ousadas e focadas em melhorar a vida das pessoas? As missões lunares devem ser encaradas não como grandes empreendimentos isolados, ou como o projeto de estimação de algum ministro, mas antes como manifestações de objetivos sociais ambiciosos que podem ser alcançados mediante a colaboração em larga escala entre entidades públicas e privadas. As missões de hoje devem ser aninhadas em sistemas resilientes e assentadas em infraestrutura social e física. O programa Apollo nunca teria dado certo não fosse o complexo militar-industrial dos Estados Unidos a sua espinha dorsal.

Sem dúvida, não faltam desafios exigindo abordagens orientadas por missões. Os objetivos de desenvolvimento sustentável das Nações Unidas (ODGS, na figura 4) delineiam dezessete dos maiores problemas a serem enfrentados hoje, desde limpar os oceanos e reduzir a pobreza e a fome até alcançar maior igualdade de gênero — problemas não só tecnológicos, mas também profundamente políticos, que demandam mudanças regulatórias e comportamentais. Nesse sentido, eles são ainda mais desafiadores do que o pouso na Lua.

Em seu livro pioneiro *The Moon and the Guetto*,[1] o economista Richard Nelson formula uma questão crucial que lembra o discurso de Ralph Abernathy em 15 de julho de 1969, já citado aqui. Nelson perguntou por que nossos sistemas de inovação realizaram feitos tão notáveis, como enviar um homem à Lua, mas continuam tão terrivelmente desorganizados e tecnologicamente incapazes no trato com questões terrenas como pobreza, analfabetismo e persistência de guetos e favelas. Ele argumentou que, embora a política seja em parte culpada, a verdadeira razão é que soluções puramente científicas e tecnológicas não são capazes de resolver esses problemas. Nelson estava certo. Os problemas sociais são "perversos", na maneira como se entrecruzam fatores sociais, políticos, tecnológicos e comportamentais. É impossível conseguir cidades mais verdes, por exemplo, sem promover várias mudanças nas leis, no comportamento dos cidadãos e nos incentivos para utilizar materiais mais limpos. Nesse sentido, foi mais fácil levar o homem à Lua. Alguém poderia argumentar que a primeira geração de políticas orientadas por missões seguiu a máxima "a grande ciência enfrenta grandes problemas", que funcionou extraordinariamente bem em alguns casos (por exemplo, corrida espacial). Em outros, gerou inércia ou, pior, problemas no longo prazo (por exemplo, energia nuclear). Adotar a perspectiva das missões em nossos tempos requer não só adaptação, mas também inovações institucionais que criem novos mercados e reestruturem os já existentes. E, muito importante, também a participação dos cidadãos.

Isso suscita duas questões, fundamentais para uma missão e para a visão por trás dela. A primeira é: "De quem é a visão determinante (quem decide)?". A chegada de humanos à Lua, por mais inspiradora

Figura 4: Os dezessete objetivos de desenvolvimento sustentável da ONU

Objetivo 1
Erradicar a pobreza sob todas as formas e em todos os lugares

Objetivo 2
Erradicar a fome, alcançar a segurança alimentar, melhorar a nutrição e promover a agricultura sustentável

Objetivo 3
Garantir o acesso à saúde de qualidade e promover o bem-estar para todas as pessoas, em todas as idades

Objetivo 4
Garantir o acesso à educação inclusiva, de qualidade e equitativa, e promover oportunidades de aprendizagem ao longo da vida para todos

Objetivo 5
Alcançar a igualdade de gênero e fortalecer todas as mulheres e meninas

Objetivo 6
Garantir a disponibilidade e a gestão sustentável da água potável e do saneamento para todos

Objetivo 7
Garantir o acesso a fontes de energia confiáveis, sustentáveis e modernas para todos

Objetivo 8
Promover o crescimento econômico sustentado, inclusivo e sustentável, o emprego pleno e produtivo e o trabalho digno para todos

Objetivo 9
Construir infraestruturas resilientes, promover a industrialização inclusiva e sustentável e fomentar a inovação

Objetivo 10
Reduzir as desigualdades no interior dos países e entre as nações

Objetivo 11
Tornar as cidades e comunidades mais inclusivas, seguras, resilientes e sustentáveis

Objetivo 12
Garantir padrões de consumo e de produção sustentáveis

Objetivo 13
Adotar medidas urgentes para combater as alterações climáticas e os seus impactos

Objetivo 14
Conservar e usar de forma sustentável os oceanos, mares e recursos marinhos para o desenvolvimento sustentável

Objetivo 15
Proteger, recuperar e promover o uso sustentável dos ecossistemas terrestres, gerir de forma sustentável as florestas, combater a desertificação, deter e reverter a degradação da terra e a perda de biodiversidade

Objetivo 16
Promover sociedades pacíficas e inclusivas para o desenvolvimento sustentável, proporcionar o acesso à justiça para todos e construir instituições eficazes, responsáveis e inclusivas em todos os níveis

Objetivo 17
Fortalecer os meios de implementação e revitalizar a parceria global para o desenvolvimento sustentável

que tenha sido, foi operada de cima para baixo, por uma elite branca. Certamente não é assim que realizaremos os objetivos de reduzir a desigualdade e combater a mudança climática. A segunda é que talvez seja mais fácil conseguir aprovação para missões puramente tecnológicas do que para missões de cunho mais social, como combater a mudança climática, que sem dúvida enfrentam maior resistência. De fato, a visão por trás de buscar a neutralidade carbônica tem sido contemplada por muitos governos progressistas — e é a razão pela qual eles vêm perdendo repetidas eleições. Em 2019, quando o Partido Trabalhista australiano incluiu a mudança climática no cerne do seu programa, a iniciativa surtiu o efeito oposto ao pretendido, por falta de apoio entre aqueles que temiam que provocasse desemprego. Assim, ter visão não é suficiente: é preciso engajar os cidadãos. Voltaremos a esse ponto no final do capítulo.

Objetivos de desenvolvimento sustentável e transição verde

Os objetivos de desenvolvimento sustentável da ONU estabelecem os desafios de hoje e abrangem áreas como pobreza, fome, clima e igualdade de gênero. A ambição é realizá-los até 2030. Eles fornecem o ponto de partida perfeito para considerar os desafios a serem enfrentados pelas missões.[2]

Um aspecto importante dos ODSs é que eles engajam diversos stakeholders em todo o mundo e definem grandes desafios de consenso internacional, identificados mediante ampla e abrangente consulta. Além disso, oferecem enormes oportunidades para direcionar as inovações para o enfrentamento de múltiplos problemas sociais e tecnológicos a fim de construir sociedades justas, inclusivas e sustentáveis. Outro ponto forte é que os ODSs abordam problemas complexos e transetoriais, envolvendo muito mais que mudanças tecnológicas. São problemas sem soluções fáceis, e portanto exigem uma melhor compreensão de como as questões sociais interagem com temas políticos e tecnológicos, mudanças comportamentais e processos críticos de feedback. Em razão dessa complexidade, é importante desdobrar os desafios em fases ou metas práticas.

As metas em que os objetivos de desenvolvimento sustentável se desdobram — são 169! — demandam inovações específicas e, portanto, experimentação por diferentes agentes. Elas se encaixam muito bem numa abordagem orientada por missões, em que o objetivo só é alcançado por meio de experimentação, no contexto de muitos projetos que, juntos, completam a missão. (Lembre-se das centenas de problemas que precisaram ser resolvidos antes do pouso lunar.) Vejamos por exemplo o ODS 7, "Energia limpa e acessível". Esse objetivo tem três metas a serem alcançadas até 2030: garantir o acesso universal a serviços de energia acessíveis, confiáveis e modernos; aumentar substancialmente a participação de energias renováveis na matriz energética global; e dobrar a taxa global de melhoria da eficiência energética. Do mesmo modo, o ODS 5, "Igualdade de gênero", tem seis metas: 1) acabar com todas as formas de discriminação contra todas as mulheres e meninas, em toda parte; 2) eliminar todas as formas de violência contra todas as mulheres e meninas, nas esferas pública e privada, incluindo o tráfico e a exploração sexual e de outros tipos; 3) eliminar todas as práticas nocivas, como os casamentos prematuros, forçados e de crianças, e mutilações genitais femininas; 4) reconhecer e valorizar a assistência e o trabalho doméstico não remunerados, disponibilizando serviços públicos, infraestrutura e políticas de proteção social, e promovendo a responsabilidade compartilhada dentro do lar e da família, conforme os contextos nacionais; 5) garantir a participação plena e efetiva das mulheres e a igualdade de oportunidades para a liderança em todos os níveis de tomada de decisão na vida política, econômica e pública; 6) assegurar o acesso universal à saúde sexual e reprodutiva e os direitos reprodutivos, em conformidade com o programa de ação da Conferência Internacional sobre População e Desenvolvimento da ONU (1994), com a Declaração de Beijing na Quarta Conferência Mundial sobre Mulheres (1995) e com os documentos resultantes de suas conferências de revisão.

Uma abordagem orientada por missões a problemas do mundo real não é utópica nem fácil. Nos últimos anos, participei diretamente desse processo complexo, ajudando a trazer o conceito de missão à linha de frente da formulação de políticas públicas em todo o mundo. Este capítulo reflete sobre algumas das lições aprendidas ao longo dessa experiência.

Em 2017-8, ajudei a Comissão Europeia a adotar uma abordagem orientada por missões em sua política de inovação. Embora a CE falasse genericamente sobre políticas guiadas por desafios, como as que têm como objetivo o "crescimento inteligente, inclusivo e sustentável", o que faltava era um caminho claro para que isso acontecesse. E, embora a política de inovação focasse em resultados — como o apoio a tecnologias específicas ou o estímulo a startups —, as políticas, em conjunto, não estavam produzindo as mudanças transformadoras necessárias para o crescimento. Argumentei que essa situação demonstrava a necessidade de inverter a lógica: o foco deveria recair sobre os problemas que a inovação é capaz de resolver, para que daí resultassem tecnologias e startups. Afinal, a internet em si não surgiu do foco na informática, mas da necessidade de lançar satélites de comunicação. Meu trabalho com a CE gerou dois relatórios sobre como mapear uma abordagem orientada por missões, o primeiro explicando o que vem a ser essa abordagem e o segundo sobre como "gerir" missões no nível das políticas públicas.[3]

A ideia básica de um *mapa de missão* é começar perguntando: qual é o problema a ser resolvido? Em seguida, define-se um objetivo que catalisa investimentos e inovações em muitos setores diferentes e inspira novas colaborações no nível de projeto. A figura 5 ilustra a abordagem: de desafios para missões e daí para investimentos setoriais em projetos específicos para a sua consecução.[4] Com base nesses relatórios, as missões se tornaram instrumentos legais do programa de inovação da UE (o programa Horizon), e, depois de longas negociações políticas com a CE, foram selecionadas cinco áreas de missão. Em seguida, criaram-se oportunidades para que stakeholders de toda a sociedade europeia se manifestassem (empresas, academia, sociedade civil e formuladores de políticas). A figura 6 relaciona as cinco áreas de missão e mostra as suas interconexões por entre os setores da economia.

Enquanto escrevo, missões específicas estão sendo estruturadas dentro de cada área. A missão para o câncer não consiste apenas em reduzir a incidência da doença, mas também em desenvolver políticas e investimentos capazes de melhorar a qualidade de vida dos sobreviventes. A missão para os oceanos considera não só a limpeza dos mares, mas também a restauração dos ecossistemas danificados. E as áreas de missão evidentemente se sobrepõem: a missão solo e alimentos, que tenta tornar toda a cadeia de valor da produção de alimentos mais sustentável, interagirá necessariamente com a missão sobre clima e crescimento limpo.

Figura 5: Um mapa de missão

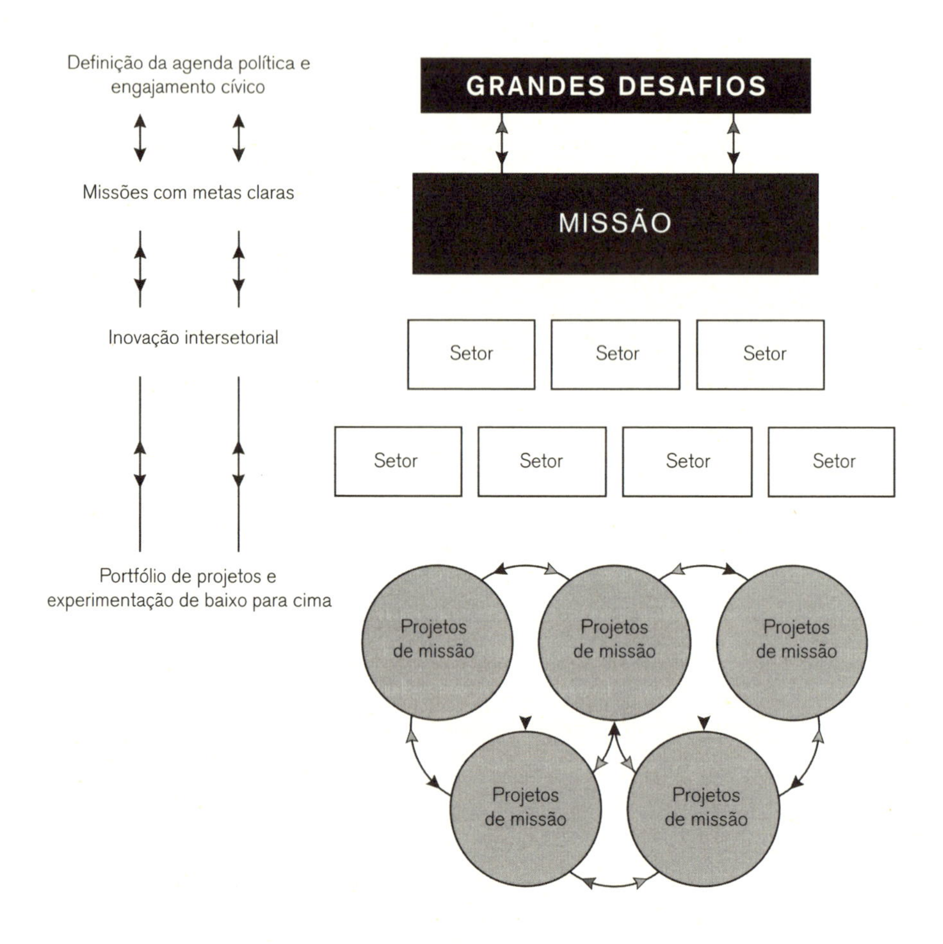

Figura 6: Cinco áreas de missão selecionadas pela UE (e interconexões)

- Adaptação à mudança climática, incluindo transformação social
- Câncer
- Oceanos, mares, águas costeiras e interiores saudáveis
- Cidades inteligentes e neutras em emissões de carbono
- Saúde do solo e alimentos

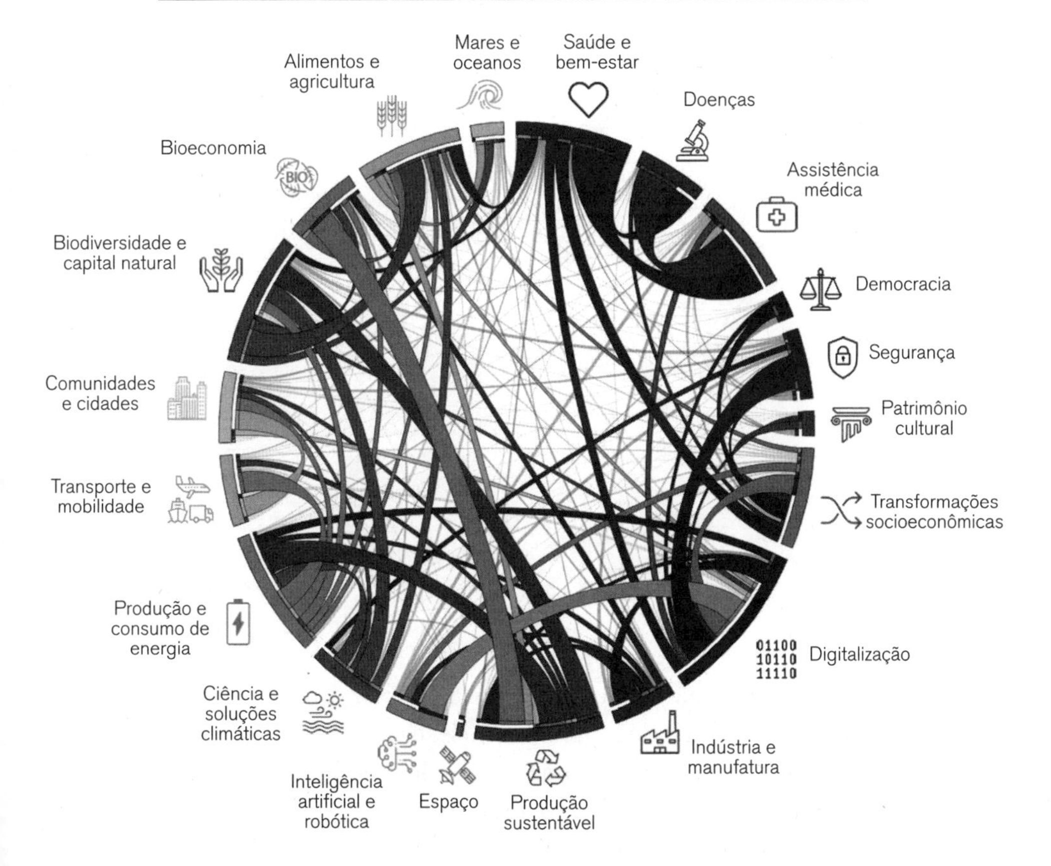

As metas precisam fomentar, tanto quanto possível, as inovações e os investimentos intersetoriais, razão por que é importante, tanto quanto possível, defini-las de maneira abrangente e inspirar ambição. Vejamos como exemplo o ODS 13, "Ação climática" (figura 7). Usando o arcabouço de mapeamento da missão, podemos desdobrar o grande

Figura 7: Um mapa de missão para a "Ação climática" (ODS 13)

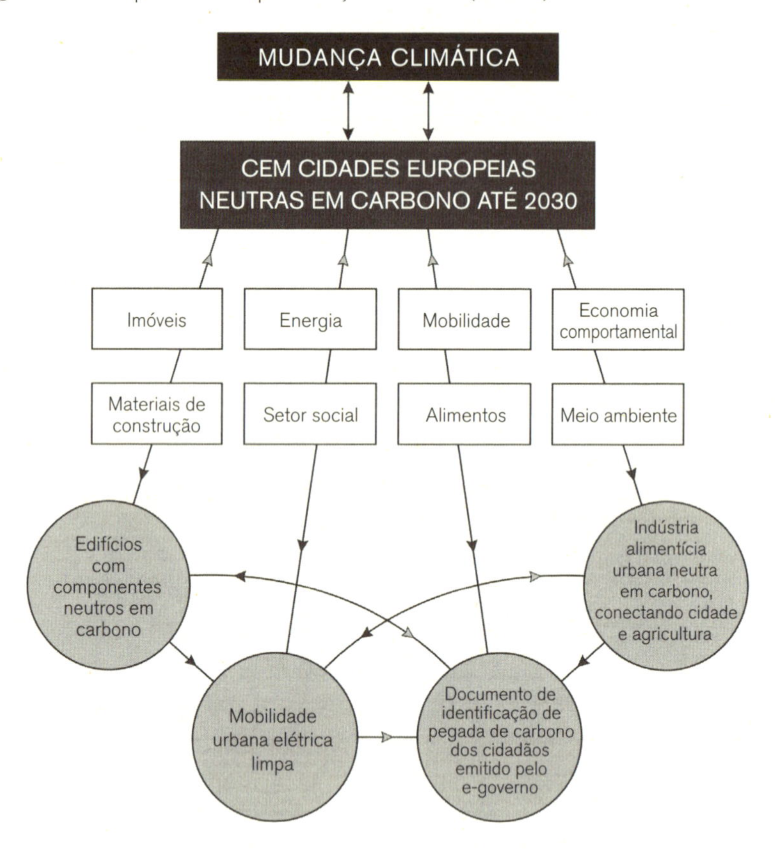

desafio da ação climática na missão de construir cem cidades neutras em carbono em toda a Europa. Uma missão como essa envolveria inovações em múltiplas áreas, como padrões de mobilidade dos cidadãos, digitalização dos serviços do governo, infraestrutura de transporte, nutrição e padrões de construção. Os projetos da missão poderiam incluir o uso de veículos elétricos em todo o sistema de transporte público; a criação de materiais de absorção do carbono para a indústria de construção civil; a produção de documentos de identificação específicos para monitorar a pegada de carbono dos cidadãos; e a descoberta de novas maneiras de interligar os sistemas de alimentação na cidade com produtos locais de agricultura orgânica no campo.

Podemos encontrar outras aplicações do mapeamento de missão no ODS 14, "Vida na água" (figura 8), que foca na desastrosa proliferação do plástico nos mares. Livrar os oceanos de resíduos plásticos é um empreendimento gigantesco, não só para o setor marítimo: deve incluir também outros setores, como design, novos materiais, gerenciamento de resíduos e psicologia comportamental.[5] Ao mapear essa missão guiada

Figura 8: Um mapa de missão para a "Vida na água" (ODS 14)

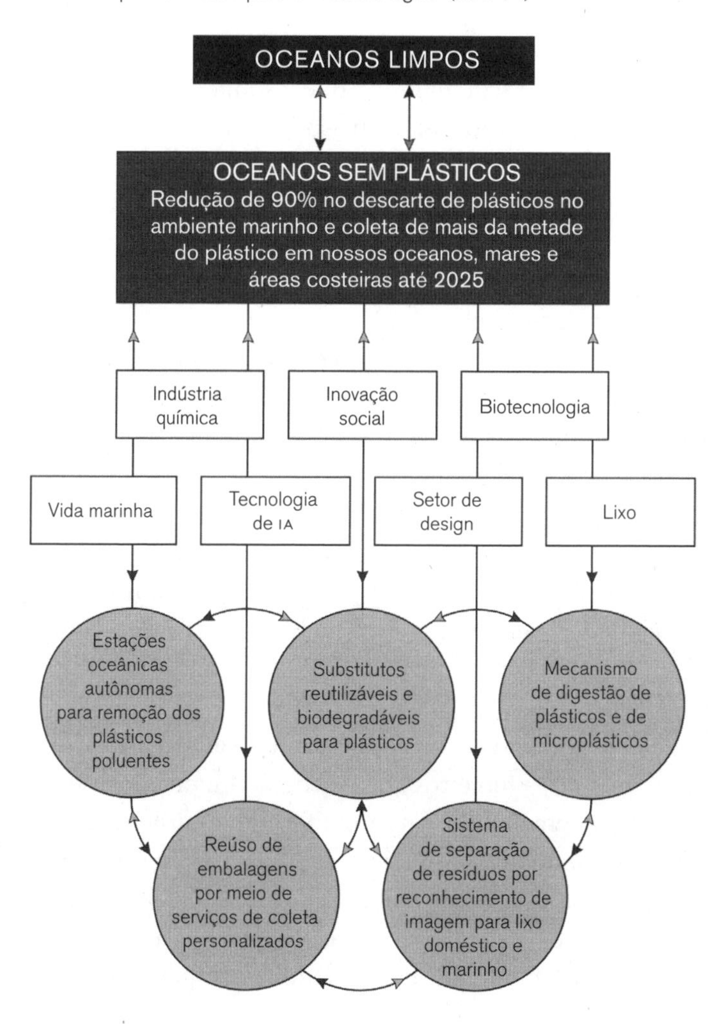

por metas, fica claro como ela pode gerar centenas de projetos, desde a pesquisa de substitutos biodegradáveis para o plástico a inovações em reconhecimento de imagem e mecanismos para remoção autônoma de plástico dos oceanos.

Nesse diagrama, os círculos representam os projetos que são executados em terra firme. As setas que conectam esses círculos indicam novas interações e colaborações envolvendo comunidades de projetos. Para os tomadores de decisão, o mais importante é utilizar instrumentos de política pública — como prêmios, subsídios e empréstimos — para estimular tanto quanto possível o pensamento criativo no nível de projeto, além de integrar iniciativas, de modo a gerar sinergias, em suma: para que o todo seja maior do que a soma das partes.

Isso levanta uma pergunta: as missões devem ser conduzidas por suas próprias agências, como a Nasa ao liderar o pouso na Lua? Como modelo de agência de inovação, com riscos, experimentação e gestão de portfólio incorporados em sua estrutura, a Darpa continua a ser o melhor exemplo. Mas, sem uma agência do tipo, a Comissão Europeia tem de inventar algo semelhante.

Por enquanto, a CE decidiu adotar "comitês de missão" para infundir liderança e rigor nas cinco áreas de missão. Os comitês assessoram a CE em missões concretas nas respectivas áreas, e depois aconselham sobre questões relacionadas à implementação. Embora a ideia principal seja passar de uma agenda ampla que ajude a todos para escolhas reais no contexto de missões específicas com recursos significativos, isso é mais fácil de falar do que de fazer. Os especialistas nos comitês de missão foram selecionados para fazer as escolhas e conferir a elas legitimidade. O risco é que haja pouco apetite para fazê-las, quando cada um defende seu próprio lado.

Ainda não está claro se a CE contratará parceiros externos para implementar a missão — terceiros que receberão financiamento e tocarão os projetos. Isso, sem dúvida, é muito diferente de criar agências internas orientadas por missões, como a Darpa, e poderia suscitar problemas como os mencionados anteriormente, quando se terceirizam atividades centrais do governo. O ideal é que os riscos sejam assumidos dentro da CE, com o desenvolvimento de capacidades e competências associadas a políticas orientadas por missões. Isso, porém, exige que as missões atuem por entre as direções-gerais da Comissão Europeia, o que atualmente não é tão fácil, considerando a complexidade e os "nichos" que as perpassam.

Em 2017, também assessorei o governo britânico a adotar em sua estratégia industrial uma abordagem orientada por missões. Daí resultou o documento *Industrial Strategy: Building a Britain fit for the future*,[6] focado em quatro desafios: futuro da mobilidade, crescimento limpo, envelhecimento saudável e inteligência artificial e economia de dados. Na esteira desse documento, constituí e copresidi uma Comissão de Inovação e Estratégia Industrial para ajudar o governo do Reino Unido a converter em missões concretas cada um dos quatro desafios escolhidos — processo que demandou mais de um ano de trabalho com dezenas de servidores públicos. Juntos, criamos mapas de missão para cada desafio: o do futuro da mobilidade (figura 9), por exemplo, foi concebido tão ambiciosamente quanto possível, de forma a estimular a inovação em diferentes setores, como transportes, digitalização, finanças e saúde. E, ao sermos ambiciosos em relação às "viagens de acesso universal", tentamos encorajar a inovação em áreas ligadas às deficiências físicas: não há apenas uma maneira de subir uma rampa. Do mesmo modo, trabalhamos numa missão ambiciosa com foco na vida saudável das pessoas na terceira idade, através de projetos específicos de combate à solidão e promoção da autoestima (figura 10).

Também em 2017, trabalhei em estreita parceria com a primeira-ministra da Escócia na constituição do Scottish National Investment Bank, um banco público orientado por missões. A chave para esse trabalho foi criar uma instituição dedicada a conceder financiamentos de longo prazo, mas não limitada a financiar empresas que solicitam recursos. Em vez disso, a orientação do banco era apoiar organizações dispostas a se engajarem com a sociedade em objetivos amplos, como a capacidade dos serviços de saúde de se engajarem mais ativamente com as novas oportunidades nas áreas de big data e digitalização. Nesse sentido, a missão do banco era criar um portfólio de investimentos que "escolhia os interessados".

Figura 9: Um mapa de missão para o "Futuro da mobilidade"

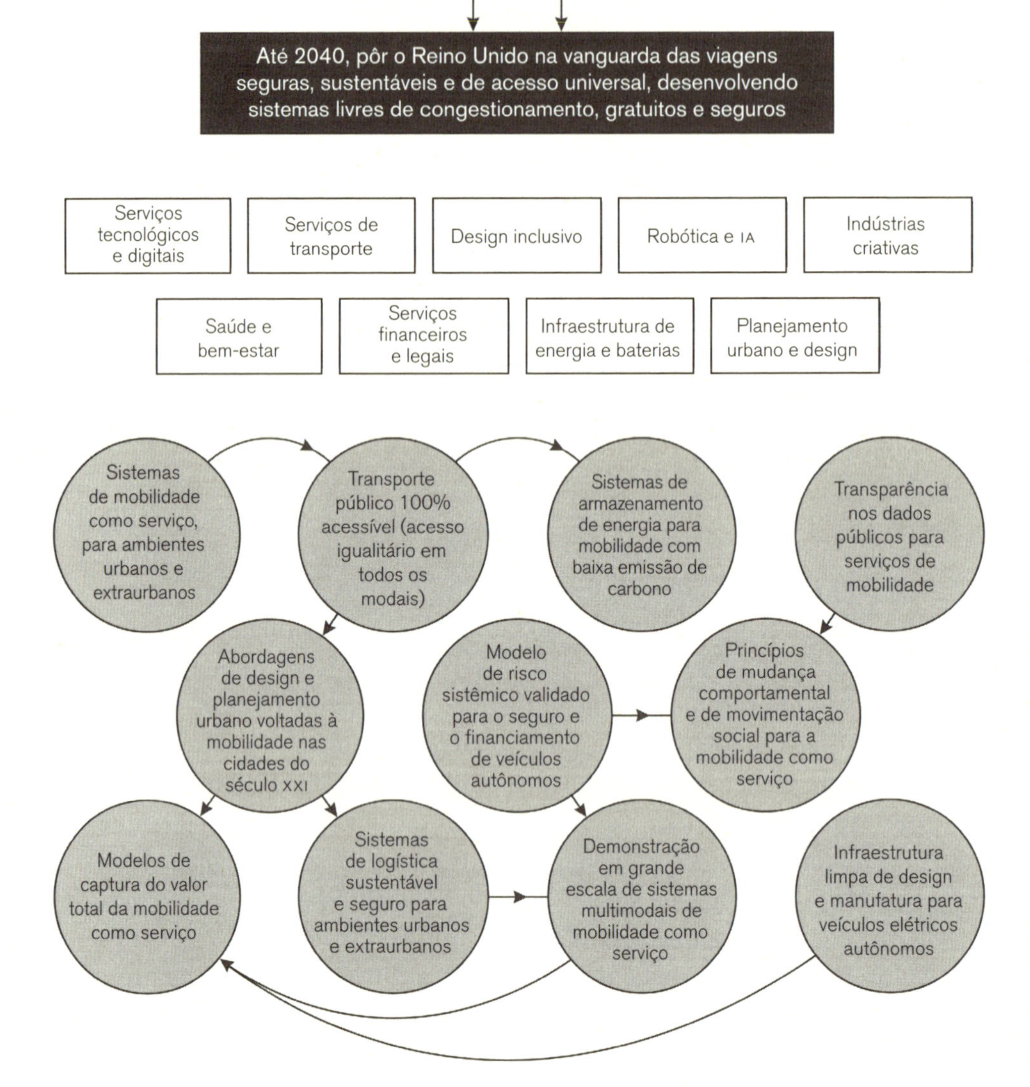

Figura 10: Um mapa de missão para o "Envelhecimento saudável"

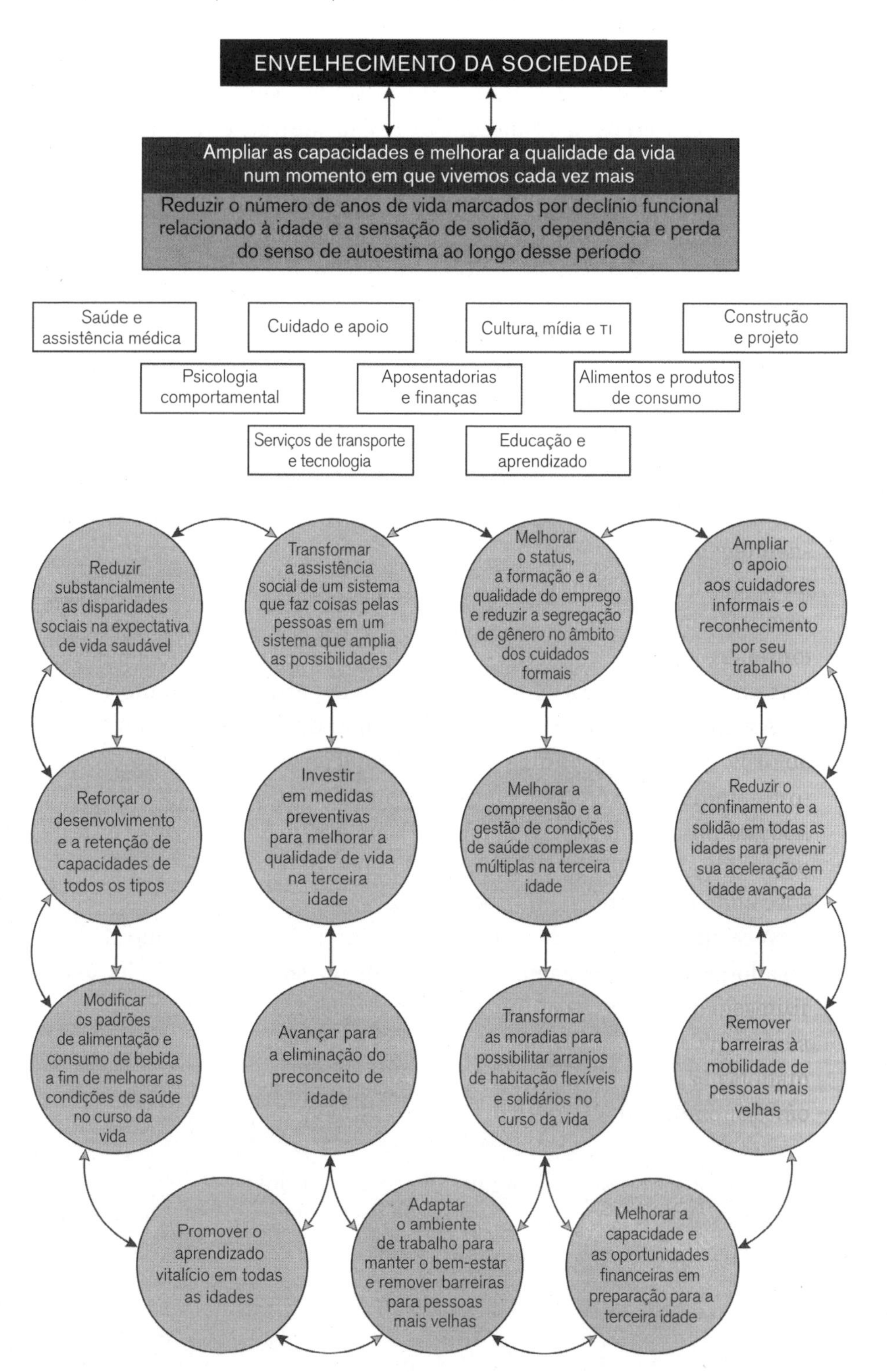

Implementar missões na sociedade moderna não é fácil, uma vez que isso significa mudar radicalmente nossos pressupostos sobre a forma como o governo atua. Para começar, exige que o governo trabalhe de maneira transversal com todos os nichos habituais. Uma missão de crescimento limpo envolverá necessariamente os departamentos de Transportes; Negócios, Energia e Estratégia Industrial; Indústria, Inovação e Ciência; e, evidentemente, o Tesouro Nacional. Ela também exigirá mudanças fundamentais em hábitos, como o que comemos e como nos movimentamos. Nada disso pode acontecer sem que o governo aprenda a se engajar com os cidadãos de maneira genuína, e não meramente simbólica, para causar boa impressão.

Com efeito, essa é uma lição importantíssima para a inovação em geral. Embora as verbas específicas para a inovação geralmente estejam ligadas a um departamento ou ministério de inovação ou indústria, a inovação em si precisa ser parte de como o governo opera no dia a dia — inclusive a forma como adquire bens e serviços por meio de seus departamentos. Isso cria condições para que a inovação surja a partir das verbas para aquisições, que em um departamento podem ser quatro vezes maiores do que a de todos os demais departamentos juntos.

Assim, o trabalho interdepartamental pode ajudar a revelar toda a escala das aquisições do governo e propiciar um orçamento muito maior para as missões. Ver o governo como *comprador* é a melhor maneira de aumentar qualquer verba para inovação. E isso decorre de ter uma visão clara para a mudança: o pensamento inovador pode induzir a maneira de comprar uma ponte, uma escola ou uma rodovia.

A seguir, apresento as principais considerações que devemos fazer ao adotar uma abordagem orientada por missões, desde a seleção e execução da missão até o engajamento do público.

Selecionar uma missão

Primeiro e acima de tudo, a missão precisa ser ousada e inspiradora, com vasta relevância social e a clara intenção de criar soluções ambiciosas para melhorar diretamente o dia a dia das pessoas e instigar a imaginação coletiva. Como vimos com os objetivos de desenvolvimento sustentável da ONU, as missões também precisam ter uma direção clara, mensurável e circunscrita no tempo, com um propósito concreto e um cronograma específico. Os objetivos podem ser formulados de maneira binária (por exemplo, levar humanos à Lua e trazê-los de volta à Terra em segurança) ou quantificável (por exemplo, mudar as práticas da indústria manufatureira para reduzir as emissões de carbono em 30% nos próximos cinco anos), e avaliados com a seguinte pergunta: "Realizamos ou não a missão?". É assim que determinamos o sucesso ou o fracasso de uma missão e medimos o progresso ao longo do percurso.

Uma missão também precisa definir objetivos para investimentos e inovações audaciosos, mas realistas. É importante assumir riscos e pressionar os servidores públicos, pesquisadores e inovadores para que entreguem resultados acima e além do que produziriam em condições normais. Os objetivos, porém, devem ser exequíveis, pelo menos em teoria, no prazo estipulado. Encontrar o equilíbrio certo é fundamental: objetivos irrealistas não terão apoio suficiente, ao passo que os pouco ambiciosos não inspirarão esforços nem investimentos.

A tecnologia necessária para alcançar esses objetivos também deve promover atividades de pesquisa e inovação que do contrário não seriam empreendidas pelos agentes privados. Com efeito, as missões precisam estimular a inovação por entre múltiplas disciplinas (inclusive ciências sociais e humanidades), em meio a diferentes setores (como transporte, nutrição, saúde, serviços) e agentes (públicos, privados, do terceiro setor, organizações da sociedade civil). A missão produz esse efeito ao focar em problemas multissetoriais e ao abrir possibilidades de transformação abrangente, em âmbito sistêmico.

Costuma-se olhar para a Darpa como modelo de inovação organizacional no setor público. A Darpa — maior investidora da internet e de inovações como a assistente virtual Siri — sempre norteou suas ações por missões, destacando-se pela capacidade de atrair grandes talentos, mesmo sem pagar os salários oferecidos, por exemplo, pelo governo de Cingapura (até 1 milhão de dólares para chefes de departamento), o que demonstra que a atratividade do projeto não tem a ver só com dinheiro. Essa mística da missão é determinada por um forte senso de propósito, como vencer uma guerra ou implementar um Green New Deal. Também é norteada pela capacidade de investir, liderar e criar com confiança, termos geralmente aplicados apenas a líderes corporativos. O reconhecimento explícito de que o estilo de trabalho interno deve ser flexível e adaptável foi essencial para o modelo da Darpa.

A Darpa é o exemplo perfeito de por que é errado supor que o governo serve apenas para mitigar os riscos de empreendedores privados. A agência assumiu enormes riscos ao financiar a invenção da internet — e o fez com um problema em mente: possibilitar a comunicação dos satélites. Do mesmo modo, a Marinha dos Estados Unidos financiou a invenção do GPS num esforço para direcionar melhor os mísseis. O importante aqui é que pensar de forma orientada por missões é revolucionário, pois exige a reformulação do papel do governo na economia, pondo em primeiro lugar o propósito e a solução de problemas para os cidadãos. Ela implica transformar o governo de mero "facilitador" ou mesmo "sufocador" em propulsor da inovação. Geralmente, esse tipo de flexibilidade e orientação para resultados ocorre apenas em época de guerra, quando as organizações militares recebem autonomia em relação aos ramos mais burocráticos do governo. No entanto, a Darpa também funcionou em tempos de paz. Recentemente, por exemplo, ela financiou as primeiras atividades de P&D de duas empresas farmacêuticas, a Moderna Inc. e a Inovio Pharmaceutical Inc., para a criação de vacinas de RNA e DNA — tecnologias que muitos cientistas e investidores consideraram especulativas e de alto risco. A Darpa, no entanto, acreditou que as tecnologias baseadas em ácido nucleico poderiam ser desenvolvidas com muito mais rapidez do que as tecnologias convencionais, e a aposta foi recompensada. Em 2020, depois que a pandemia de covid-19 se espalhou pelo mundo, a vacina de RNA da Moderna se tornou o primeiro imunizante a ser administrado em testes de fase 1, e agora está sendo comercializada com sucesso, enquanto a vacina baseada em DNA da Inovio ainda estava aguardando aprovação. A busca de tecnologias de alto risco e alto retorno é rotineira para a Darpa, que, continuamente, desenvolve, fabrica e distribui profiláticos em até sessenta dias após a identificação de novos patógenos virais.

E isso leva a uma consideração final na seleção da missão: é preciso encorajar múltiplas soluções, em vez de focar num único caminho ou tecnologia. Embora as missões sejam direcionadas para um objetivo específico, este deve ser amplo o suficiente para abranger numerosos projetos que, em conjunto, realizam a missão total. Alguns desses projetos irão fracassar; outros terão sucesso. A ambição, porém, é estimular o maior número possível de ideias e rotas diferentes para encontrar a solução. As missões são maneiras de direcionar a economia. Como vimos na Introdução, porém, o redirecionamento não funcionará se não estiver alinhado com as diferentes áreas políticas ao longo do percurso. Portanto, embora as missões sejam fundamentais, o espaço fiscal e tributário também deve estar alinhado.

Implementar uma missão

Para resolver problemas específicos que catalisem investimentos e colaboração entre indivíduos e organizações muito diferentes, precisamos de instrumentos de política pública que foquem nos resultados e fomentem a experimentação. Contratos de aquisição, subsídios, empréstimos e prêmios devem recompensar os inovadores por assumirem riscos para resolver problemas públicos, sejam eles o desenvolvimento de uma vacina ou uma nova maneira de ajudar os hospitais a compartilharem seus dados. Isso significa atribuir menos ênfase à necessidade de apoiar empresas (PMES ou startups), tecnologias ("high-tech", inteligência artificial ou computação quântica) ou setores específicos (ciências da vida ou indústrias criativas). Ao mesmo tempo, implica dar maior ênfase aos grandes problemas com que se defronta a sociedade e à maneira como todos os tipos de organizações, tecnologias e setores podem contribuir para a sua solução.

Os prêmios, em especial, são úteis para induzir inovações transetoriais — como já ocorre há centenas de anos. Em 1675, em Greenwich, às margens do rio Tâmisa, no leste de Londres, foi fundado o Royal Observatory, para realizar observações astronômicas. Parte da missão do observatório era ajudar na solução do espinhoso problema de como mensurar longitudes — a distância para leste ou oeste do meridiano principal que corre de norte a sul, passando pelo observatório, e cinge o globo. Determinar a longitude estava se tornando uma questão crítica por motivos comerciais e navais. A Grã-Bretanha estava envolvida numa competição com potências adversárias, sobretudo a França e a Holanda. Navios eram perdidos, e as viagens alongavam-se mais do que o necessário, pois não era possível definir com exatidão a posição das embarcações nos mares. Ser capaz de trabalhar com longitudes conferiria ao país vantagem comercial e naval significativa.

De maneira impressionante, o anúncio do Prêmio Longitude acabou levando ao desenvolvimento simultâneo de duas soluções. John Harrison, um relojoeiro autodidata da classe trabalhadora, valeu-se de sua determinação e grande talento mecânico para construir uma série de cronômetros marinhos que culminaram no modelo denominado H4. Depois de anos num embate com os diretores do Longitude, ele acabou recebendo 23065 libras, mais de 3 milhões em valores atuais. O H4 ficou conhecido mais tarde como cronômetro marinho e ainda pode ser visto no Observatório de Greenwich. Além da invenção de Harrison, o matemático britânico John Hadley e o astrônomo alemão Tobias Mayer melhoraram e aperfeiçoaram os mecanismos e tabelas necessários para usar de maneira eficaz o método da distância lunar. O trabalho do astrônomo Nevil Maskelyne no Observatório Real demonstrou como, juntos, os métodos de cronometragem e as observações astronômicas podem ser usados para determinar com sucesso a longitude. Hoje, o Prêmio Longitude está estruturado como um fundo de premiação de 10 milhões de libras, com dividendos de 8 milhões a serem pagos para recompensar pesquisadores envolvidos no desenvolvimento de testes de diagnóstico no ponto de atendimento que sejam capazes de conservar antibióticos para as futuras gerações e revolucionar a prestação de assistência médica. O teste deve ser preciso, rápido, acessível e fácil de usar em qualquer lugar do mundo.

Além de novos instrumentos de política pública, as missões precisam de uma nova abordagem à governança. Os novos tipos de governança incluem financiar as operações de maneira diferente, para que o financiamento público seja visto como um primeiro recurso do investidor, e não somente um empréstimo de última instância. O setor público pode atrair investimentos privados e intensificar o "efeito multiplicador" (isto é, quanto a atividade é estimulada por cada dólar ou euro de investimento do governo) ao moldar as percepções de oportunidades futuras. Para tanto, porém, é preciso construir novas capacidades nas instituições públicas, inclusive reformular os contratos de aquisições para que fomentem novas ideias para a solução de problemas — além de mudar a cultura do governo, tornando-a menos avessa ao risco e mais aberta a portfólios que contenham uma ampla variedade de projetos ambiciosos.[7] As instituições financeiras em si podem se tornar mais orientadas por missões, direcionando financiamentos públicos para objetivos sociais — sejam eles bancos públicos ou fundos soberanos. Com muita frequência, porém, esses fundos acabam apenas distribuindo dinheiro para projetos de estimação ou empresas consideradas especialmente merecedoras de apoio, como os empreendimentos de pequeno e médio porte. É crucial, em vez disso, demonstrar mais ambição e oferecer financiamentos de longo prazo a organizações dispostas e capazes de ajudar a direcionar a economia para enfrentar seus desafios.

O financiamento de missões pode ser complexo. O valor é obviamente importante. Menos evidente é a importância de oferecer o tipo certo de financiamento, na fase certa da evolução de uma missão. Isto é ainda mais pertinente quando ela envolve alto grau de inovação e risco.

Existe uma ampla e diversa rede de instituições e tipos de financiamento que, juntos, compõem um ecossistema público-privado. No lado público, estão o financiamento de pesquisas, fundos públicos de capital de risco e políticas de aquisições direcionadas para PMES e bancos de desenvolvimento nacionais e regionais, como o Kreditanstalt für Wiederaufbau, na Alemanha, e o Banco Europeu de Investimento. Tendo as missões em mente, a CE estabeleceu um Conselho Europeu de Inovação que reúne gerentes de programa exclusivos e financiamentos mistos (*blended finance*) com auxílios e investimentos em capital para ajudar o desenvolvimento de inovações disruptivas. Políticas de aquisições com propósito público, como a produção de respiradores durante a pandemia, podem ser usadas para impulsionar a inovação nas empresas — com foco no objetivo, em vez de em métricas estáticas de comercialização. A chave é especificar as necessidades, sem microgerir a forma como as coisas são feitas — para estimular tanto a criatividade quanto a inovação de vários agentes.

No lado privado, financiamentos para inovações e missões percorrem toda a gama de instrumentos, de capital de risco privado a fundos de inovação dos bancos de investimento. Há, no entanto, dois grandes desafios. Um é como atrair fontes de financiamento privadas que, em geral, costumam ser cautelosas. O outro é como compartilhar de maneira justa os riscos e recompensas entre os setores público e privado.

Compreender a propagação do risco em toda a cadeia de inovação, desde seu conceito original até o desenvolvimento comercial final, ajuda a entender como o aumento do investimento em consequência do aumento do gasto público pode funcionar. Uma ampla gama de pesquisas e inovações se aglutinam em torno de uma missão, e tipos específicos de financiamento geralmente são compatíveis com estágios específicos do processo de inovação. As missões dependem em grande medida de preservar uma variedade de financiamentos tão abrangente e flexível quanto possível. Os subsídios, por exemplo, podem ser mais adequados aos primeiros estágios de pesquisa e inovação, ainda teóricos e não lucrativos, ao passo que, na outra ponta do espectro, o investimento em capital pode ajudar empresas de tecnologia a atingirem a fase de plena operação comercial. Dívidas e empréstimos de longo prazo podem ser mais propícios às atividades de baixo risco. A estrutura de empréstimos, auxílios e contratos de aquisição pode ser reformulada para possibilitar a experimentação, assim como a própria forma das políticas. O propósito é garantir *resultados* e evitar pressões orçamentárias de curto prazo que atravanquem ou interrompam missões cujos benefícios de longo prazo são imensos.

Para acompanhar e medir o progresso de uma missão, precisamos adotar indicadores e arcabouços de monitoramento apropriados. Essa abordagem é o contrário da análise custo/ benefício (ACB) estática e do cálculo do valor presente líquido (diferença entre o valor presente de fluxos de caixa e o valor presente de fluxos de caixa em certo período, ajustados pela inflação), o que tende a estrangular em seu nascimento qualquer missão ousada. Em vez disso, precisamos de métricas flexíveis e dinâmicas que captem, por exemplo, os transbordamentos intersetoriais que ocorrem — não raro por acasos felizes — no transcurso da missão. Também precisamos estabelecer marcos intermediários para que as agências sejam capazes de decidir pela interrupção dos subsídios a projetos fracassados. A disponibilidade pública de dados em tempo real pode instigar o senso de urgência, o reconhecimento de realizações e a motivação associada aos avanços.

Tudo isso depende do desenvolvimento de capacidades internas nas instituições públicas, que lhes permitam gerenciar proativamente um portfólio de projetos. Como vimos, sem essas capacidades, os governos terceirizarão o trabalho e a busca de conhecimento a outras organizações, como empresas de consultoria, *think tanks* e o setor privado. As organizações públicas responsáveis pelo engajamento com prioridades tecnológicas e científicas também devem investir em expertise científica e tecnológica interna e fomentar suas capacidades e competências para tomada de riscos e experimentação. E, todavia, em muitos países, foram justamente essas capacidades que foram terceirizadas ou simplesmente eliminadas.[8]

E isso nos leva à questão final sobre a implementação de missões: elas devem mudar a maneira como os setores público e privado trabalham juntos. Essa parceria tem menos a ver com a oferta de recursos, garantias e assistência e mais com investimentos de ambas as partes, compartilhando riscos e recompensas. O setor privado precisa trabalhar com o setor público para alcançar os objetivos da sociedade: não por meio da responsabilidade social nem da filantropia empresarial, mas por meio das cadeias de valor — onde se gera lucro enquanto se apoiam os objetivos sociais — e de investimentos com propósito público.

É preciso fazer aqui uma advertência. A razão para empresas e governos trabalharem juntos é realizar uma missão comum. Não se trata de o governo convocar o setor privado para mostrar como a pesquisa pública contribui para a comercialização. A maioria das oportunidades de comércio oriundas da pesquisa pública — como o desenvolvimento da indústria de software depois da Apollo — ocorreu justamente quando o governo manteve os olhos no prêmio e não se preocupou com o valor econômico ou as oportunidades de comércio daí resultantes. Os objetivos eram claros, de modo que, se o setor privado não os realizasse, tudo voltava às pranchetas (lembre-se da Grumman).

Engajar os cidadãos em uma missão

A década de 1960, quando se desenvolveu o programa Apollo, ainda retinha muito do senso de propósito comunitário que se seguiu à reconstrução da Europa e dos Estados Unidos após a Segunda Guerra Mundial. Além disso, havia o desejo comum de alcançar uma *détente* na Guerra Fria. Contudo, de meados da década de 1970 em diante, o padrão cultural na América do Norte e, em grande extensão, no Reino Unido, embora em menor grau na Europa Continental, sofreu uma mudança, passando seu foco das obrigações comunitárias para os direitos individuais. Várias foram as razões para isso. Uma geração mais jovem (os *baby boomers*) tinha apenas uma experiência indireta da Depressão e das privações da guerra. A financeirização crescente que se seguiu à desregulamentação do setor financeiro encorajou a ganância pessoal. E a prosperidade crescente associada ao consumismo erodiu os laços de interesse coletivo em prol do avanço individual.

As missões são um meio de reverter essa tendência, envolvendo os cidadãos na solução dos grandes desafios sociais e na criação de um intenso entusiasmo cívico pelo poder da inovação coletiva. Configura-se, assim, uma época apropriada para inserir a participação dos cidadãos no âmago da política de inovação e associar P&D e iniciativas de políticas mais amplas a questões importantes para as pessoas. Cada vez mais, os movimentos sociais influenciam as políticas de baixo para cima, mesmo sem um sistema formal de cooperação. Algumas missões, como a Apollo, são lançadas do topo; com frequência, são missões que exigem elevados insumos científicos. Porém, as missões que são tanto sociais e políticas como tecnológicas requerem um grau muito mais alto de engajamento dos cidadãos. O movimento para uma "transição energética justa" é um exemplo dessa tendência, em que (especialmente) os sindicatos trabalhistas clamam pela transição para uma economia verde que inclua investimentos para ajudar os trabalhadores a se ajustarem e a compartilharem os benefícios — desenvolvendo habilidades e capacidades verdes, sobretudo no caso daqueles que vêm perdendo o emprego no setor de combustíveis fósseis.[9]

A cultura de uma sociedade — no sentido de sua criatividade e de um senso sociológico mais amplo sobre o que mantém a coesão social — pode ajudar os cidadãos a imaginarem novos estilos de vida. Em 2017, por exemplo, David Attenborough, o renomado naturalista e documentarista britânico, apresentou uma série denominada *Blue Planet II* sobre a vida em nossos mares e oceanos. O último episódio incluiu cenas de partir o coração, mostrando filhotes de golfinho engasgando e sufocando até a morte com fragmentos de plástico que hoje envenenam a vida subaquática. Crianças em todo o mundo assistiram àquelas cenas terríveis, e a conscientização quanto à necessidade urgente de limpar os oceanos dos plásticos sobressaiu na agenda pública, muito além das conversas em pequenos seminários ou salas de reuniões. O conceito de oceanos sem plásticos estimulou conversas nas escolas e nas mesas de jantar das famílias, salientando o poder da cultura e do setor criativo mais amplo para a compreensão das missões e para o estímulo de novas atividades.

Engajar e envolver os cidadãos na formulação das missões tornou-se, em alguns países, o princípio central da inovação no setor público, como ocorre com as inovações dos produtos e serviços do setor privado. Muitos são os exemplos positivos, sobretudo na geração de ideias e nas consultas e enquetes que levaram à elaboração dos ODSs. Em discussões sobre a Agenda de Desenvolvimento Sustentável pós-2015, pessoas em todo o mundo expuseram sua visão por meio de consultas sem precedentes e de esforços de divulgação por parte de grupos da sociedade civil organizada, bem como conversas globais lideradas pelo Grupo de Desenvolvimento das Nações Unidas, em relatórios como "A Million Voices: The World We Want" e "Delivering the Post-2015 Agenda: Opportunities at the National and Local Levels" e na pesquisa "My World". A colaboração induz o senso de participação da sociedade nos objetivos das missões, contribuindo para que a sua longevidade vá além da duração do mandato de ministros e até de governos.

No caso da missão Apollo, os cidadãos foram inspirados, mas não se envolveram no projeto da missão em si. Isso faz sentido, é claro, para missões puramente tecnológicas; mas, para missões sociais — como crescimento verde, vida saudável, futuro da mobilidade ou redução do abismo digital —, é essencial que vozes distintas se envolvam desde o começo, para ajudar a refletir sobre as implicações da missão para as pessoas comuns e a modificá-la de modo a envolver e beneficiar os cidadãos tanto quanto possível.

Os formuladores de políticas devem estar abertos para o debate franco resultante das interações com os cidadãos. Por exemplo, o movimento cívico verde, em curso há décadas, repercutiu as preocupações políticas com o crescimento sustentável, que se incorporaram à missão Energiewende, na Alemanha.[10] A Energiewende, que significa "transição energética", é apoiada pelo governo alemão para ajudar a confrontar a mudança climática mediante a redução das emissões de carbono e da dependência da energia nuclear. Além disso, ao planejar inovações no âmbito da UE, o engajamento dos cidadãos precisa reconhecer a diversidade da população europeia e levantar opiniões de grupos sub-representados, seja por idade, classe, raça ou outras características.

A Suécia tem sido especialmente ativa no desenvolvimento de missões que recorrem a métodos colaborativos e participativos, no interior e através do sistema. Dentre elas, destaca-se uma missão focada em diferentes ruas, com o objetivo de "tornar todas as ruas suecas saudáveis, sustentáveis e vibrantes". Existem 40 mil quilômetros de ruas na Suécia, que geralmente têm mais espaço para automóveis do que para a convivência. A ideia é ampliar os ambientes não só para convivência, mas também com a ideia ambiciosa de conviver bem. Outra missão local é "garantir que todos os estudantes desfrutem de alimentação escolar saudável, sustentável e saborosa". Ela requer a colaboração estreita entre governos regionais (onde se adquirem os alimentos) e agências de alimentação, escolas locais e organizações agrícolas. O objetivo é associar a transformação das refeições escolares a mudanças na educação, na resiliência climática local e na saúde. Tanto a missão Ruas quanto a missão Alimentação Escolar são exemplos de "alavancas" que podem ser utilizadas para implementar os ODSs, alcançar o objetivo nacional de uma Suécia sem combustíveis fósseis[11] e a estratégia de "cidade viável".[12] Engajar os cidadãos em missões locais é mais fácil do que engajá-los em missões de âmbito nacional. Eles podem ajudar tanto na formulação da missão em si quanto na definição das métricas para o monitoramento da execução e dos resultados: os estudantes podem confirmar se as refeições são de fato saborosas!

Da mesma forma, na Comissão de Renovação de Camden, que copresidi em Londres, usamos os imóveis residenciais locais para impulsionar as ambições do bairro de atingir a neutralidade carbônica. Com um conjunto formidável de comissários, como Michael Marmot, importante especialista britânico em saúde pública, George, o Poeta, e Delia Barker, que dirigem a programação do Roundhouse Theatre, estamos desenvolvendo missões projetadas para introduzir espaços de convivência sustentáveis e "verdes" em 270 propriedades de Camden, e de maneira a atiçar a criatividade dos residentes. Com espaços verdes para o convívio intergeracional, recreação, aprendizado e espontaneidade, a missão almeja criar ambientes esteticamente agradáveis, onde os cidadãos possam participar das decisões orçamentárias dos projetos.

Adotar residências e logradouros como lugares onde enraizar as missões contribui para a governança e a administração cidadã persistentes, para a acumulação no longo prazo do valor e da inovação pública e, em última análise, para a prosperidade local e para o crescimento econômico. No momento em que escrevo, outras missões em Camden estão se firmando em *high streets* [ruas principais], escolas e outros espaços comunitários.

No começo de 2019, em colaboração com o projeto High Streets Adaptative Strategies, da prefeitura de Londres, explorei o papel das *high streets* como "canteiros" para missões.[13] As *high streets* são lugares onde se conjugam investimentos públicos e privados em benefício dos cidadãos. Para quem são as ruas? Como se distribuem os benefícios? A riqueza daí decorrente é reinvestida nas ruas ou escoada para outros lugares? Constituir missões no nível das *high streets* permite chegar ao cerne dessas questões e compreender como os espaços públicos e o bem público precisam ser constantemente contestados ou sustentados.

As *high streets* — desde as famosas ruas comerciais, como Buchanan Street, em Glasgow; Oxford Street, em Londres; e Milson Street, em Bath; até as ruas locais de menor porte que servem aos bairros — podem ser lugares importantes onde considerar aspectos como ocupação, interdependência, condicionalidade e cooperação entre diferentes stakeholders. A maneira como esses elementos atuam e interagem nas *high streets* como sistemas forma a base para a criação de valor no âmbito público e para a execução de missões que impulsionem as economias locais em direções específicas.

Essa abertura para os cidadãos não pode ficar por conta da boa vontade dos políticos; precisa, na verdade, ser institucionalizada e incorporada em longo prazo. As novas ferramentas on-line de consulta aos cidadãos podem ajudar a obter informações de um grupo grande e variado de pessoas, a baixo custo e de maneira flexível. Os governos europeus e de outros lugares estão ansiosos para receber esse tipo de feedback em grande escala dos cidadãos. Na Europa, por exemplo, os projetos Voices (Views, Opinions and Ideas of Citizens in Europe on Science) e Cimulact (Citizen and Multi-Actor Consultation on Horizon 2020) procuraram engajar cidadãos e stakeholders na criação conjunta de programas de pesquisa como o Horizon 2020, baseado em visões, necessidades e demandas reais, validadas e compartilhadas. Esses projetos desenvolveram e experimentaram a participação cidadã de longo prazo e acrescentaram capacidades aos métodos existentes. Os experimentos exploraram várias maneiras de testar e inspirar a comunidade de pesquisadores com uma ampla variedade de opções para engajar os cidadãos e outros na definição de prioridades para pesquisa e inovação. A diversidade de métodos também ajudou a mirar em diferentes grupos sociais, que enriqueceram os processos de feedback e a validação de cenários do programa de pesquisas. Além das consultas on-line, os formuladores de políticas também podem extrair evidências de cocriação e engajamento dos cidadãos de projetos de pesquisa e inovação executados com financiamento público.

Um desafio importante para o envolvimento ativo de qualquer tipo de grupo de stakeholders, inclusive cidadãos ou organizações da sociedade civil, é evitar a captura das missões por interesses constituídos e reconhecer as diferenças entre necessidades cívicas persistentes, de um lado, e tendências e fases passageiras, de outro. Os cidadãos e suas associações devem trabalhar em estreita cooperação com os formuladores de políticas, pesquisadores e empresas: isso ajudará todas as partes envolvidas a enxergar as questões sob diferentes perspectivas, a evitar o domínio da missão por qualquer um dos grupos e a promover mudanças sistêmicas mais amplas.

Por fim, os cidadãos devem engajar-se na avaliação das missões. As organizações cidadãs ou da sociedade civil podem ser representadas na avaliação de propostas, no acompanhamento do progresso dos projetos, na participação em estruturas consultivas e, em geral, na garantia de que os resultados da missão estejam alinhados com as necessidades, valores e expectativas da sociedade. Mais uma vez, esse processo deve ser estabelecido com pesquisadores, empresas e especialistas em políticas, garantindo que todos os stakeholders atuem com imparcialidade. A transparência também é muito importante. Para promover e preservar a confiança dos cidadãos no acompanhamento do progresso, as organizações públicas que implementam políticas de pesquisa e inovação orientadas por missões devem comprometer-se a ser transparentes e a adotar políticas de dados abertos, aderindo ao princípio FAIR (acrônimo em inglês para "identificável, acessível, interoperável e reutilizável").

Ao considerar o engajamento dos cidadãos, é fundamental não se deixar iludir pela noção de que o processo será harmonioso. Muitas das inovações que alteram profundamente a vida das pessoas nunca teriam ocorrido sem conflitos e debates. A pílula de controle da natalidade não teria surgido sem a luta do movimento feminista. Do mesmo modo, os medicamentos contra o HIV não teriam sido desenvolvidos sem a luta dos movimentos relacionados com a aids, como o ACT UP. Tampouco teríamos a jornada de trabalho de oito horas ou o repouso semanal remunerado sem o movimento sindicalista, ou o voto das mulheres sem o movimento sufragista.[14] Os grupos de ação climática, como o Extinction Rebellion, construído ao longo de várias décadas de ativismo ambiental crescente e disseminado, estão acelerando as pressões sobre governos, empresas e cidadãos para que atuem decisivamente no enfrentamento da emergência ambiental, desde a transformação em grande escala da energia e do transporte até o banimento de sacolas e embalagens plásticas.

Esse é um ponto fundamental que merece reflexão, dada a resistência ao programa Apollo também por aqueles que lutavam pelos direitos civis. O problema era não só a questão lógica — "Como podemos gastar tanto dinheiro no espaço quando temos tantos problemas na Terra?" —, mas também "Quem está tomando as decisões?". Um aspecto vital da abordagem orientada por missões é representar diferentes pessoas e opiniões, e não só aquelas dos experts da "elite" — geralmente homens brancos sexagenários. Ideias e ações políticas recentes em torno da campanha Black Lives Matter consistem em quem define o que é valioso, e como isso realimenta vieses, preconceitos e racismo — tanto explícitos quanto implícitos.

Essas manifestações também exigem novos arcabouços de governança. E, por essa razão, é interessante considerar o conceito de capitalismo de stakeholders, não só em termos de governança corporativa (ver a esse respeito o capítulo 6), mas também em termos de gerir transições e missões. Recentemente, também se recorreu a assembleias de cidadãos para o debate democrático de grandes questões, do Brexit, no Reino Unido, à transição verde, na Austrália.

Missão: Green New Deal

Tornar a economia mais verde exige uma missão tão ambiciosa quanto o pouso na Lua. Não se trata de escolher uma série de resultados que só valham a pena para alguns participantes do mercado e sejam desvantajosos para outros. A solução para a mudança climática deve ser transformadora para toda a economia. Atores públicos, privados e civis, não importa o que sejam, precisam mudar de mentalidade, dos ganhos de curto prazo para resultados e lucros de longo prazo, sobretudo com o pano de fundo de estabilidade financeira e riscos de transição que formam o panorama da mudança climática. As estratégias industriais não precisam apenas de objetivos diferentes, mas de missões.

Imagine se pudéssemos reunir a coragem, o espírito de experimentação e a força de vontade mostrados pela Nasa durante a missão lunar para solucionar o maior problema de nossa época: a questão climática.

Imagine ter líderes que declarem orgulhosamente: "Resolvemos combater a mudança climática nesta década não porque seja uma tarefa fácil, mas porque é difícil, porque esse objetivo nos ajudará a organizar e avaliar o melhor de nossos recursos e competências, porque estamos dispostos a aceitar o desafio e pretendemos vencer o combate".[15]

Em todo o mundo, fala-se cada vez mais sobre a necessidade de uma escala de investimentos rooseveltiana para combater a mudança climática. O conceito de Green New Deal evoca deliberadamente as políticas do New Deal, que começaram a tirar os Estados Unidos da Grande Depressão. O Green New Deal tem a ver com a transformação da produção, da distribuição e do consumo em toda a economia, e deve ter o apoio de financiamentos de longo prazo de investidores dispostos a assumir riscos e capazes de mobilizar e atrair outros investidores. Isso é fundamental, na medida em que os investimentos empresariais reagem à percepção acerca de onde se situam as futuras oportunidades: a mudança climática pode ser um grande incentivo para criar uma nova onda de oportunidades para a economia global. Mas por onde começar?

O mapa de missão para a "Ação climática" (figura 7) mostra que a transição verde não consiste apenas na questão da energia renovável; também significa adotar uma abordagem intersetorial à inovação, cujo propósito é construir um portfólio diversificado dos projetos de missão que engajem múltiplos setores e instiguem a experimentação por diversas organizações. De forma semelhante, o mapa de missão para o "Futuro da mobilidade" (figura 9) abrange diferentes setores que poderiam alterar a maneira como viajamos, desde inovações no acesso a rampas por pessoas com deficiências até novas formas de transporte público, políticas de dados públicos e digitalização dos serviços do governo.

Crucialmente, porém, visão e liderança são indispensáveis. Em 2019, vimos figuras públicas em dois continentes preencherem esses requisitos, de duas maneiras diferentes. Nos Estados Unidos, Alexandria Ocasio-Cortez, deputada democrata por Nova York, e Ed Markey, senador democrata por Massachusetts, lançaram o Green New Deal para dar a partida em um novo tipo de crescimento, baseado em missões, a fim de zerar as emissões de carbono do país. Na Europa, Ursula von der Leyen, presidente da Comissão da UE, anunciou o lançamento do Pacto

Ecológico Europeu, que preconiza iniciativas políticas com o objetivo de tornar a Europa neutra em emissões de carbono até 2050.[16] "Esse é o grande desafio dos europeus", declarou.[17]

Nos Estados Unidos, o Green New Deal definiu uma direção clara para a missão e estabeleceu objetivos almejados, mensuráveis e com data para serem alcançados. A resolução introduzida no Congresso pelo senador Markey e pela deputada Ocasio-Cortez convocava o país para uma "mobilização nacional de dez anos", com vistas a alcançar metas como "atender a 100% da demanda de energia nos Estados Unidos por meio de fontes de energia limpa, renovável e neutra em carbono". O propósito final era cessar totalmente o uso de combustíveis fósseis e se afastar da energia nuclear.

Os alvos da missão incluíam "melhorar todos os edifícios existentes" no país para alcançar a eficiência energética; trabalhar com agricultores "para eliminar a poluição e as emissões de gases do efeito estufa [...] tanto quanto for tecnologicamente viável" (e, ao mesmo tempo, apoiar fazendas familiares e promover o "acesso universal a alimentos saudáveis"); vistoriar os sistemas de transporte para reduzir as emissões de carbono — inclusive com o aumento da produção de carros elétricos, a construção de "estações de recarga em toda parte" e a expansão de redes de trens de alta velocidade para reduzir as viagens aéreas domésticas. Além disso, a missão tem objetivos sociais, como um programa de garantia de emprego com salário suficiente para o sustento de uma família; licença profissional por motivos familiares e médicos; férias remuneradas; garantia de aposentadoria; e assistência médica de alta qualidade para todos os americanos.[18]

Da mesma maneira, o Pacto Ecológico Europeu lançou uma missão ousada e inspiradora, que conferiu diretrizes norteadoras à economia da União Europeia. A ambição era transformar uma economia de alto carbono em uma de baixo carbono, mantendo ao mesmo tempo os padrões de vida, aumentando a qualidade de vida e melhorando o meio ambiente. Para tanto, cinquenta medidas políticas específicas foram definidas e manifestou-se a intenção de cumprir os objetivos do Acordo de Paris, de 2016. O principal objetivo do Pacto Ecológico Europeu ao tornar a Europa livre de emissões de carbono é contribuir para desacelerar o aquecimento global e mitigar os seus efeitos. A ideia é aumentar a meta de redução de emissões da UE para 2030, dos atuais 40% para pelo menos 50%. Ao mesmo tempo, o Pacto Ecológico será a estratégia de crescimento da Europa, criando empregos e melhorando a qualidade de vida. Isso implicará cortar emissões por entre múltiplos setores, envolvendo transportes, tributação, alimentos, agricultura e indústria. A preservação da biodiversidade também é um objetivo importante. A intenção é que esse imenso esforço catalise enormes investimentos.

O Plano de Investimento para uma Europa Sustentável, anunciado em 14 de janeiro de 2020, visa mobilizar pelo menos 1 trilhão de libras em investimentos relacionados à sustentabilidade na próxima década.[19] Cerca de metade dessa meta deve vir do orçamento da UE; outros 114 bilhões de libras, dos governos nacionais; e 279 bilhões, de investimentos do setor privado, com o apoio de garantias de empréstimos pelo Banco Europeu de Investimento. Outra parte do plano envolve a criação de um fundo, o Mecanismo para uma Transição Justa, por meio do qual serão levantados 100 bilhões de libras, com alavancagem do Banco Europeu de Investimento e do setor privado, para ajudar alguns países — sobretudo da Europa Oriental, mais dependentes de combustíveis fósseis, como o carvão — a fazer a transição.

Essas políticas ousadas precisam de um enquadramento claro, além de mudanças obrigatórias no status quo. Por exemplo, para que o Pacto Ecológico Europeu seja bem-sucedido, os governos precisam fazer amplas reformulações nos instrumentos financeiros: direcionar os bancos públicos, como o Banco Europeu de Investimento, ou os bancos nacionais, como o KfW, na Alemanha, para o fornecimento de recursos destinados a projetos verdes; orientar o Banco Central a aplicar uma regulação financeira que recompense serviços bancários verdes; recorrer a fundos estruturais (que apoiam o desenvolvimento econômico em todos os Estados-membros) para fomentar a infraestrutura verde, em vez de se limitar a projetos de construção simples em terrenos já preparados; e reestruturar fundos de investimentos e fundos para pequenas e médias empresas para que se concentrem em recompensar as empresas mais inovadoras que oferecem soluções verdes.

Propostas para mudanças nas políticas públicas já estão em andamento. Para sustentar a missão, a primeira lei climática europeia tornará irreversível a neutralidade carbônica. Entre outras medidas importantes já propostas estão a Estratégia Industrial da UE e uma Lei da Economia Circular (para estimular outros usos sustentáveis de materiais). Mecanismos de fronteira do carbono para certos setores — tarifação de produtos oriundos de países com normas ambientais mais frouxas, formuladas para se ajustar às regras da Organização Mundial do Comércio — também estão sendo considerados.

Não está claro se a UE pode mobilizar fundos na escala prevista ou angariar o apoio político dos cidadãos europeus para essa missão. Nenhum outro país, muito menos um grupo de países tão grande quanto a UE, já se comprometeu com tal empreendimento. Todavia, ao invocar conscientemente a Apollo como precedente para o Pacto Ecológico Europeu, Ursula von der Leyen procurou concentrar a atenção nos resultados, em vez de na escala do desafio, e conjurar o *espírito* da Apollo para guiar a Europa no século XXI.

Além disso, a transição verde não acontecerá sem a revolução que este livro está preconizando na maneira como os governos operam e como se estruturam as relações entre o público e o privado. Durante muito tempo, os governos investiram de mais em carbono e de menos em fontes de energia renovável. As prescrições da economia convencional de simplesmente combater a mudança climática com um imposto sobre o carbono e alguns subsídios a P&D (para deixar os mercados encontrarem o melhor caminho), associadas a impedimentos político-econômicos à criação desse imposto, resultaram em sistemas de tributação do carbono negligentes e em uma transição verde preocupantemente lenta. As restrições político-econômicas não são aqui as únicas culpadas. Os economistas não elaboraram nem expuseram o raciocínio para a promoção de investimentos públicos transformadores e para a adoção de políticas públicas capazes de produzir resultados não alcançados somente pelo imposto sobre o CO_2. Como a ciência comportamental mostrou (e o leitor conhece no dia a dia), as pessoas reais raramente reagem de maneira ótima a incentivos de preços, tendendo a buscar soluções satisfatórias e suficientes em vez de maximizar lucros ou medidas de felicidade em tudo na vida.[20] Isso deixa um espaço considerável para regulações inteligentes e esclarecidas, como os padrões de desempenho energético. Além disso, não podemos esperar que a mudança industrial através da inovação radical e de investimentos em infraestrutura responda mecanicamente à tributação do carbono, como se fosse uma questão de oferta e procura numa feira.[21] Alguns governos criaram mercados em que a tecnologia de energia renovável — como a eólica, na Dinamarca, e a solar, na Alemanha — pode florescer e avançar por meio de um processo de aprendizado na prática, tendo oportunidade de amadurecer e competir com a tecnologia de energia fóssil.

Nossa transição letárgica em âmbito global é uma lição do que pode acontecer se o governo deixar que o mercado resolva os problemas e não assumir seu papel empreendedor na sociedade. Um exemplo contundente é o que aconteceu com a mais transformadora das reviravoltas tecnológicas e empresariais, a revolução da TI, em que as iniciativas e os investimentos do governo foram fundamentais. Desta vez, contudo, as iniciativas do governo não são suficientes. Nem as propostas dos Estados Unidos nem as da União Europeia podem operar no vácuo, em setores como energia renovável, descarbonização de veículos ou qualquer outra iniciativa setorial. Além disso, precisamos de transformações inovadoras ao longo de todos os setores, por se tratar de uma das mais importantes mudanças humanas já empreendidas.[22] A redução do conteúdo material de indústrias pesadas, como a siderurgia, e a adoção dos princípios da economia circular no tratamento de resíduos setoriais, mediante reaproveitamento, reutilização e reciclagem, serão fatores críticos de sucesso. Isso exige a migração para materiais mais duráveis na produção de roupas; mudanças em nossos hábitos alimentares, deslocando o foco para alimentos localmente produzidos; e a adoção de técnicas de produção disruptivas, como manufatura 3-D.[23]

Os mercados, contudo, não seguirão uma orientação verde por conta própria. Os governos desempenharão um papel fundamental no desenvolvimento de canais estáveis e consistentes para investimentos que garantam a convergência da regulação e da inovação ao longo de uma trajetória verde que enfrente a mudança climática. Além disso, os governos não podem recorrer a intervenções típicas, como incentivos fiscais ou subsídios públicos, de todo insuficientes para impulsionar as transformações necessárias. As empresas não investirão se não virem oportunidades de crescimento. Somente investimentos ousados, como o New Deal de Roosevelt, alcançarão a escala necessária para o enfrentamento da questão climática.[24]

O Green New Deal toma rumos diferentes em nível municipal, regional, nacional e internacional. As políticas públicas existentes — como as dos prefeitos — mudam de maneira crítica quando a solução de problemas passa a fazer parte do cerne da estratégia. Isso significa, basicamente, atribuir aos objetivos o papel de protagonistas do crescimento econômico, trazendo a *direção* da inovação — e não apenas o seu ritmo — para o centro da discussão.

É isso que a Energiewende está tentando fazer na Alemanha. As implicações afetam toda a economia, porque isso envolve não só a energia renovável, mas também o conteúdo de carbono em setores como a siderurgia, e também influencia profundamente a formulação de políticas públicas, quer sejam as condições dos empréstimos obtidos junto ao KfW, o banco público, quer sejam os critérios para a outorga de incentivos fiscais. As atividades da Energiewende na Alemanha preenchem muitos dos requisitos que caracterizam uma missão. Primeiro, envolvem grandes desafios. Segundo, têm metas claras, inclusive a desativação das usinas nucleares na Alemanha até 2022 e das usinas a carvão até 2038, além de metas escalonadas para a instalação de fontes renováveis de eletricidade. Terceiro, são estruturadas para estimular pesquisas, que podem envolver uma ampla gama de participantes, como as organizações da sociedade civil, habilitadas a perseguir objetivos com propósito público, além de inovações entre os setores, inclusive a siderurgia, que, do contrário, não teriam feito muito para reduzir as emissões. No escopo da Energiewende, a assistência que o governo ofereceu à indústria siderúrgica incluiu condicionalidades que exigiram a redução de seu conteúdo de carbono, pela conversão dos gases resultantes da fundição para produção de aço em produtos químicos básicos, usando energia renovável. Quarto, o público compreende a Energiewende. A missão inclui uma mescla complexa de políticas públicas, investimentos e legislação em uma ideia simples — a missão —, deixando claro que governo, cientistas e empresas estão trabalhando para libertar a sociedade da dependência da energia nuclear, substituindo-a tanto quanto possível por energia verde sustentável, como a eólica e a solar. Quinto, o movimento verde, bem estabelecido na Alemanha, conferiu legitimidade à missão: 90% dos cidadãos apoiam a Energiewende. E, por fim, um evento decisivo — o desastre nuclear de Fukushima, no Japão, em 2011 — transformou um esforço de longo prazo em uma missão, tanto quanto o Sputnik foi o catalisador imediato para a Apollo.

A Energiewende de fato encara grandes desafios. O abandono da energia nuclear dificultou sua implementação, porque o rápido fechamento das usinas nucleares aumentou a necessidade das usinas a carvão. Tentar alcançar dois objetivos ao mesmo tempo — energia de baixo carbono e energia não nuclear — pode suscitar contradições, se eles são buscados com muita rapidez. A Alemanha, agora, encontra-se entre os retardatários na Powering Past Coal Alliance, clube de governos nacionais e subnacionais empenhados em encerrar as usinas termoelétricas movidas a carvão nos países da OCDE até 2030. Se a Alemanha não reduzir significativamente suas emissões de carbono, a Energiewende fracassará em seu principal objetivo.

Outro desafio é a distribuição equitativa dos custos da transformação. Uma vez que uma grande parte da geração de energia renovável ainda se beneficia dos generosos benefícios tarifários dos anos 2000, quando a energia solar fotovoltaica em especial era muito onerosa, os alemães continuam a arcar com sobretaxas significativas nas contas de luz, o que põe o preço da eletricidade na Alemanha entre os mais altos da Europa. E, como algumas indústrias ou instalações intensivas em energia são isentas de impostos, o ônus é ainda mais pesado para as famílias, levando algumas pessoas a se perguntarem se o apoio público ao projeto não esmorecerá.

Tudo isso nos remete de volta à ideia de que é mais difícil levar adiante as missões sociais do que as puramente tecnológicas, uma vez que elas conjugam mudanças políticas, regulatórias e comportamentais. Talvez o aspecto mais interessante da Energiewende seja a maneira como esta promoveu uma nova relação entre empresas e governo.

A indústria siderúrgica não se limitou a receber ajuda financeira: também teve de se transformar. Daí resultam ensinamentos valiosos sobre como imprimir uma nova e ousada direção no setor de saúde, sobretudo transformando suas relações com a indústria farmacêutica.

Missão: inovar para ampliar o acesso à saúde

Uma abordagem orientada por missões no setor de saúde, onde serviços, terapias e diagnósticos são cruciais, é um conceito particularmente interessante, pois nos leva a considerar como as missões afetam a maneira como os setores público e privado *produzem* juntos. Em outras palavras, há um deslocamento das políticas para a produção. Uma abordagem orientada por missões nas atividades produtivas significa ficar de olho nos objetivos e gerenciar a cadeia de valor para alcançar os objetivos almejados. Assim, na produção de vacinas, o objetivo da missão pode ser a disponibilidade e o acesso universal. Isso afetará a maneira como a produção e a inovação em si são executadas e gerenciadas. Esse processo incluirá a governança dos direitos de propriedade intelectual, os acordos de licenciamento e a colaboração entre grandes empresas farmacêuticas e laboratórios públicos. Repensar a maneira de gerir as inovações em saúde é extremamente relevante, pois os sistemas de inovação em saúde há muito não atendem às maiores necessidades do mundo e negligenciam a saúde pública.

A inovação em saúde é onerosa, ineficiente e insustentável, enquanto o setor farmacêutico em si considera o lucro antes das pessoas de maneira consistente. Em grande medida, isso decorre de incentivos que estimulam as farmacêuticas a praticar preços altos e a entregar retornos de curto prazo aos acionistas, em vez de investir em pesquisas mais arriscadas, de longo prazo, para impulsionar terapias críticas. O alto preço dos medicamentos impede ou limita seu uso por pacientes em todo o mundo, com resultados prejudiciais para a saúde e o bem-estar. Essa situação é especialmente problemática considerando os elevadíssimos gastos públicos mundo afora com inovações em medicamentos. Só nos Estados Unidos, o Instituto Nacional de Saúde gasta 40 bilhões de dólares por ano em subsídios que não se refletem nos preços dos medicamentos. Por isso, alguns afirmam que, enquanto os custos são socializados, os lucros são privatizados.[25]

Um exemplo: o fármaco sofosbuvir, para o tratamento da hepatite C, resultou de mais de dez anos de pesquisas na Universidade Emory financiadas pelo Departamento de Assuntos de Veteranos e pelo Instituto Nacional de Saúde dos Estados Unidos.[26] De início, depois de adquirir o medicamento, a Gilead Sciences o comercializou nos Estados Unidos a 84 mil dólares para uma pílula por dia durante doze semanas. No Reino Unido, o preço chegou a quase 35 mil libras (sem incluir o imposto de valor agregado).[27] Esses preços dificultaram enormemente o acesso ao fármaco, mesmo em países ricos. Mas, no final de 2017, produtos baseados no sofosbuvir tinham gerado mais de 5 bilhões de dólares em vendas para a Gilead.[28] E, mais recentemente, em julho de 2020, a Gilead cobrava 3120 dólares por uma caixa de rendesivir, medicamento usado para combater a covid-19 e codesenvolvido com um subsídio de 70,5 milhões de dólares do Instituto Nacional de Saúde.[29]

Infelizmente, uma das razões para o Instituto Nacional de Saúde ter se tornado menos atuante nessa área foi a exclusão da cláusula de preço justo, em 1995.[30] E embora haja licenças compulsórias de propriedade intelectual (*march-in rights*) sob a Lei Bayh-Dole, que a admitiu no caso de pesquisas financiadas pelo governo, o Instituto Nacional de Saúde parece não estar interessado em explorar essa possibilidade. De fato, nenhuma agência federal jamais exerceu o poder de licenciar direitos de patente a outros. Em especial, o Instituto Nacional de Saúde recebeu seis petições *march-in* e indeferiu todas.[31] Curiosamente, o Departamento de Assuntos de Veteranos tem sido muito mais eficaz em conseguir bons preços — enfatizando mais uma vez como os objetivos militares parecem estar mais bem ajustados para garantir bons acordos público-privados.[32]

Em 2018, fui coautora de um relatório, "The People's Prescription", que defendia uma abordagem orientada por missões para inovações em saúde e o realinhamento dos sistemas de saúde para a criação de valor público. Argumentei que um sistema de saúde próspero deve gerar novas tecnologias para melhorar a saúde pública, ao mesmo tempo que garante o acesso a tratamentos eficazes às pessoas que deles necessitam. No relatório, propus a ressurreição da ideia de uma Arpa-H para a saúde, a fim de promover as soluções necessárias para realizar os objetivos de inovação em saúde — da mesma maneira que a Darpa fez tão bem em relação aos objetivos de defesa. Fundamental para o êxito da proposta era adotar uma abordagem orientada por missões, no intuito de conectar os investimentos em pesquisa de novos fármacos com o acesso à assistência médica. Os investimentos públicos em saúde atrairiam a participação do setor privado, mas também estruturariam a governança do processo, de maneira a atender ao bem comum. Isso implicaria garantir tanto quanto possível que não se abusasse das patentes para gerar lucros monopolistas e que os preços se mantivessem baixos para refletir a contribuição do público.

Em 2020, quando explodiu a pandemia global, a necessidade de uma abordagem orientada por missões para a inovação em saúde tornou-se ainda mais urgente. Antes da 73ª Assembleia Mundial da Saúde, juntei-me a mais de 140 personalidades da saúde pública — inclusive cinquenta ex-líderes mundiais — numa convocação para garantir a disponibilidade universal de uma "vacina do povo" para qualquer um no mundo. A missão aqui era desenvolver e produzir uma vacina contra a covid-19 a preço razoável e ao alcance de todos — sem deixar ninguém para trás.

Felizmente, pesquisadores acadêmicos e empresas de todo o globo iniciaram uma corrida para desenvolver vacinas assim que o vírus foi identificado. Essa mobilização só foi possível com investimentos públicos substanciais, inclusive do Instituto Nacional de Saúde e da Coalizão para Inovações em Preparação para Epidemias, organização sem fins lucrativos, com financiamento público, criada após a epidemia de ebola com o objetivo de pesquisar e desenvolver vacinas para mobilização em surtos. A Autoridade Biomédica de Pesquisa Avançada e Desenvolvimento, integrante do Departamento de Saúde e Serviços Humanos dos Estados Unidos, também investiu substancialmente em acordos com empresas americanas, como Johnson & Johnson (450 milhões de dólares) e Moderna (483 milhões). Apenas financiamentos, porém, não são suficientes. Também é necessário gerir o processo, em prol do interesse público. No Reino Unido, apesar de significativos financiamentos públicos para o desenvolvimento da vacina — destinados sobretudo a 25 projetos e universidades —, não há salvaguardas para que produtos desenvolvidos com financiamento público sejam acessíveis e estejam disponíveis para todos que precisem deles. Embora a vacina da Oxford-AstraZeneca contra a covid-19 esteja sendo vendida a preço de custo, sem lucro, a disponibilidade global de todas as vacinas foi prejudicada pela reivindicação de direitos de patente.

De fato, investir bilhões de dólares em P&D foi e continua sendo apenas o primeiro passo na inovação em saúde. Quer o objetivo seja desenvolver vacinas contra a covid-19, um tratamento avançado para o câncer ou um medicamento acessível para diabetes, os governos têm de transformar radicalmente a governança, as estruturas e os incentivos do modelo de inovação em saúde para atender às necessidades dos pacientes e da saúde pública. Eles precisam estabelecer, por exemplo, regras de engajamento claras e transparentes ao longo de toda a cadeia de inovação. Os objetivos e métricas do interesse da saúde pública têm de orientar a inovação de ponta a ponta, desde P&D até o acesso público ao tratamento. As necessidades urgentes de saúde pública devem assumir alta prioridade.

Além disso, os governos devem guiar o ecossistema de inovação para explorar a inteligência coletiva e gerar impactos na saúde pública. A inovação científica e médica floresce e o progresso se acelera na medida em que o conhecimento é abertamente compartilhado, erguendo-se sobre sucessos e fracassos coletivos. A ciência privada, todavia, não segue essa lógica. Ela promove o hermetismo competitivo; prioriza, nos países ricos, a observância das restrições regulatórias em detrimento de sua ampla disponibilidade e de seu impacto positivo na saúde pública global; e erige barreiras à difusão tecnológica. Já os *pools* tecnológicos voluntários, embora possam ser úteis, correm o risco de se tornar ineficazes, se as empresas tiverem permissão para reter o controle sobre tecnologias e dados cruciais — mesmo quando gerados por investimentos públicos.

O setor público, como importante investidor e parceiro relevante no desenvolvimento de tecnologias cruciais para vacinas, terapias e diagnósticos, deve gerenciar o processo de inovação de medicamentos mais como um formador do mercado: direcionando a inovação, promovendo preços justos, garantindo a eficácia das patentes e da concorrência e salvaguardando o fornecimento de medicamentos. Em nível global, isso exige que os governos conjuguem esforços para impor normas rígidas sobre propriedade intelectual, precificação e manufatura. No caso da covid-19, o processo também deve ser supervisionado de maneira a valorizar a colaboração e a solidariedade entre os países — não a competição predatória — tanto em P&D quanto em disponibilidade e distribuição de produtos.

Mais uma vez, as condicionalidades são fundamentais, pois podem garantir que o investimento público seja estruturado menos como auxílio e mais como um criador do mercado, norteado por objetivos públicos. A precificação dos medicamentos e vacinas deve considerar a contribuição pública substancial para P&D, com base nos custos reais de pesquisa, desenvolvimento, fabricação e fornecimento. Além das declarações de princípio e dos compromissos genéricos, deve haver cláusulas concretas para a produção de vacinas cruciais — como a da covid-19 — gratuitas nos locais de aplicação dos sistemas de saúde pública. Conforme as necessidades, deve-se admitir o licenciamento compulsório, de modo a permitir que os países façam o melhor uso do conhecimento disponível que emerge das pesquisas.

Os países precisam de capacidade de fabricação própria para produzir medicamentos e vacinas, do contrário não há como garantir que terão o suficiente em situações de emergência, quando todos os países priorizam o acesso para a sua população. Daí a necessidade de investir numa gama de ativos e tecnologias. Para superar os riscos tecnológicos e financeiros, o financiamento coletivo, norteado pelo interesse público, é indispensável em âmbito nacional e internacional — podendo ser recebido de bancos de desenvolvimento nacionais e regionais, do Banco Mundial e de entidades filantrópicas. Também é crucial desenvolver mecanismos de aquisições coletivos e garantir a alocação justa e o acesso equitativo, em âmbito global, a tratamentos e vacinas. Em qualquer cenário, deve-se evitar que alguns países monopolizem a oferta global ou desconsiderem a demanda dos mais pobres.

Figura 11: Um mapa de missão para a "Demência"

Também é interessante pensar num *mapa de missão* ambicioso na área de saúde. Explorando novamente o conceito de envelhecimento saudável, a figura 11 apresenta um mapa de missão para a "Demência", extraído de meu relatório para a CE sobre o tema, que considera os tipos de relações intersetoriais — de IA a serviços sociais — que integrariam o esforço para reduzir à metade o fardo da demência até 2030. É claro que o aspecto profundamente social da missão requer tanta atenção para os fatores comportamentais, regulatórios e políticos quanto para os requisitos tecnológicos. Dada a relação entre saúde e desigualdade, é impossível desenvolver a maioria das missões sem lidar com os fatores sociais e econômicos que constituem as fontes da desigualdade. Esses fatores compõem o que Michael Marmot chamou "determinantes sociais da saúde".[33] É interessante considerar a elaboração de missões que enfrentem explicitamente a desigualdade. Em muitas cidades, sabe-se que à medida que se afasta do centro, cai a expectativa de vida. Os dados revelam, por exemplo, uma diferença de vinte anos na expectativa de vida entre as pessoas nascidas no centro de Londres, perto de Oxford Circus, e aquelas nascidas no leste da cidade, junto às estações da Docklands Light Railway.[34] Do mesmo modo, nos Estados Unidos, em algumas cidades, como Nova Orleans, que são assoladas por elevadas taxas de pobreza, crime e desigualdade, uma distância de apenas um quilômetro é capaz de reduzir em vinte anos a expectativa de vida de uma pessoa.[35] Uma missão, portanto, pode optar por ser tão específica a ponto de uniformizar essa diferença e testar o progresso literalmente ao longo do mapa do metrô de Londres ou da cidade de Nova York.

A próxima missão também considera as desigualdades profundas em outro campo no qual se conjugam política e tecnologia.

Missão: reduzir o abismo digital

No mundo de hoje, a capacidade de trabalhar com dados e com a tecnologia digital quase chega a ser um direito humano, como argumentou Sir Tim Berners-Lee, fundador da internet.[36] Sem ela, não há oportunidades relacionadas com o que a economia do conhecimento e a conectividade digital oferecem. Embora teoricamente a tecnologia esteja disponível para todos, na realidade não é bem assim. E o confinamento de 2020, provocado pela covid-19, de fato ampliou e consolidou o abismo digital, na medida em que os estudantes tinham acesso desigual às tecnologias necessárias para a escolarização em casa; muitos empacaram com a ausência de banda larga ou de computadores, tablets ou smartphones necessários para o aprendizado; muitos sequer possuíam espaço ou ambiente doméstico adequado para acessar recursos de ensino on-line com segurança, tranquilidade e consistência. Uma missão para o futuro poderia mirar nesse problema e tornar a tecnologia disponível de forma mais democrática.

O abismo digital é um problema planetário. Nos Estados Unidos, por exemplo, 21 milhões de pessoas carecem de acesso à internet, e somente dois terços dos americanos têm conexão de banda larga em casa.[37] A falta de conexão confiável para fazer a lição de casa é ainda maior entre negros, hispânicos e famílias de baixa renda. No Reino Unido, 7% dos domicílios não contam com acesso à internet.[38] Em 2018, 12% dos adolescentes entre onze e dezoito anos (700 mil jovens) relataram não ter acesso à internet em casa a partir de um computador ou tablet, enquanto outros 60 mil declararam não ter acesso à internet em casa.[39] Dentre os incluídos nesse grupo etário, 68% dos que efetivamente contavam com acesso à internet em casa afirmaram achar difícil completar os trabalhos escolares sem esse recurso. No total, 3,7 bilhões de pessoas em todo o mundo — metade da população mundial — não têm acesso à internet.[40]

Ao adotar uma abordagem orientada por missões para resolver esse problema, é importante ter em mente um objetivo claro. Essa meta pode ser usada para impulsionar a inovação, com a ajuda de políticas de aquisições ou prêmios que fomentem a criatividade e propiciem um processo de expansão para organizações que estejam dispostas a experimentar e tenham capacidades para tanto.

Porém, também é importante lembrar que problemas "perversos" não podem ser resolvidos de maneira linear, e que não há solução puramente técnica para problemas sociais.[41] O abismo digital tem múltiplas dimensões — tecnológicas, econômicas, sociais, cognitivas e políticas. A primeira delas concerne à infraestrutura digital necessária para acessar serviços on-line por meio de canais alternativos, como planos de dados sem fio e banda larga por cabo ou fibra ótica. A iniciativa Airband, da Microsoft, estima que, nos Estados Unidos, cerca de 157 milhões de cidadãos não dispõem de acesso à internet de alta qualidade. Isso significa que, em uma proporção significativa dos lares, os estudantes estiveram excluídos, em termos físicos e digitais, do acesso à educação durante o confinamento. E também os pais, evidentemente, estiveram privados da possibilidade do trabalho remoto. Outra dimensão da acessibilidade diz respeito à disponibilidade de dispositivos, à familiaridade com os mesmos e ao ambiente em que os serviços on-line são acessados. A difusão crescente do uso de dados sem fio significa que muita gente recorre a telefones e smartphones — em vez de laptops ou desktops. No entanto, o acesso a recursos on-line e a softwares em telefones é limitado em comparação com a gama disponível para laptops e desktops. Além disso, nem todos sabem navegar em serviços on-line ou têm tempo para desenvolver essa habilidade. Nem todos desfrutam de um ambiente doméstico seguro e tranquilo, favorável à busca de programas on-line. Nem todos podem usar seus dispositivos com independência. Nem todos leem com a mesma destreza linguística ou no idioma dominante necessário no aprendizado on-line, nem dispõem de acesso a recursos para explorar a plenitude da internet, ou mesmo serviços digitais públicos.

Outra dimensão é a acessibilidade financeira a dados e serviços de internet. Como despesa contínua, muitas famílias talvez tenham de optar entre internet e planos de dados, cujos benefícios podem ser pouco claros e cujo uso exige tempo e experiência. Além disso, a percepção e a relação entre usuários e provedores de serviços de internet, no tocante a preocupações quanto a privacidade, taxas ocultas e limites de dados, podem erigir outras barreiras.

Essas diferenças se juntam a outras desigualdades, gerando disparidades sistemáticas nos resultados entre aqueles que dispõem ou não de recursos digitais. À medida que tecnologias mais avançadas como a inteligência artificial entram no mercado, esse abismo já existente se amplia, uma vez que aqueles que têm habilidades, experiência e equipamentos ligeiramente melhores podem ir muito mais longe, até em comparação com aqueles já incluídos, mas que carecem do know-how para melhor aproveitar os recursos digitais.

Nesse sentido, a exclusão digital é um conjunto de diferentes desigualdades que convergem para produzir resultados digitais desiguais — com divisões não apenas no acesso à internet ou a laptops, mas na utilidade do acesso à internet, no interesse, em oportunidades on-line relevantes, no tempo de uso, na formação, na qualidade da conexão, na acessibilidade e assim por diante. Logo, as principais inovações necessárias exigem melhorias na difusão, na democratização, nos recursos de navegação on-line e no treinamento. Para eliminar essas distorções, é preciso coordenar políticas públicas que tenham como objetivo tornar os serviços e o acesso on-line baratos, sustentáveis e valiosos.

É impossível conceber uma missão isolada capaz de enfrentar e solucionar esse fenômeno imensamente complexo. A figura 12, porém, imagina como poderíamos projetar um mapa de missão envolvendo

Figura 12: Um mapa de missão para o "Abismo digital"

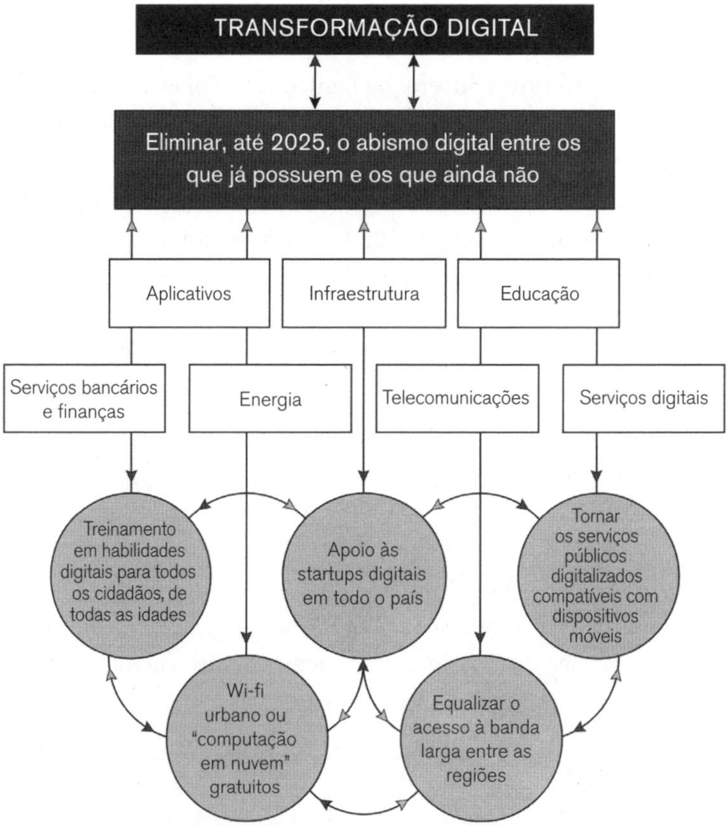

TRANSFORMAÇÃO DIGITAL

Eliminar, até 2025, o abismo digital entre os que já possuem e os que ainda não

Aplicativos

Infraestrutura

Educação

Serviços bancários e finanças

Energia

Telecomunicações

Serviços digitais

Treinamento em habilidades digitais para todos os cidadãos, de todas as idades

Apoio às startups digitais em todo o país

Tornar os serviços públicos digitalizados compatíveis com dispositivos móveis

Wi-fi urbano ou "computação em nuvem" gratuitos

Equalizar o acesso à banda larga entre as regiões

tantos setores diferentes quanto possível para eliminar o abismo digital. A Itália, por exemplo, está entre os retardatários da Europa na questão da digitalização, extenuando-se na 25ª posição entre os 28 países que compõem o Índice de Digitalidade da Economia e da Sociedade.[42] Apenas quatro em cada dez empresas dispõem de conexão rápida ou ultrarrápida. Quanto aos 74,7% dos domicílios em que há disponibilidade de internet, a defasagem entre o Centro-Norte e o Sul é enorme.[43] Dentre os setores que colaborariam nessa missão estariam os de hardware, design digital, educação, gestão de dados, inteligência artificial, serviços bancários e energia. Trata-se de algo semelhante ao objetivo do programa ConnectED, de 2013, da administração Obama, de fornecer a 99% dos estudantes americanos acesso a banda larga em salas de aula até 2018, o que exigiu coordenação entre empresas e governo.[44] Esse projeto alcançou sucesso limitado, em razão das desigualdades que identificou, mas não conseguiu combater de maneira razoável — para tanto, teria de promover interações entre múltiplas atividades locais, como aulas de programação em centros para a juventude e acesso a computadores públicos em bibliotecas. O conceito de "pronto acesso à internet" deveria incluir melhoria dos benefícios, ou uso eficaz dos recursos — promover a conectividade não soluciona o problema.

O Projeto de Alfabetização em Computação da BBC, na década de 1980, é um exemplo interessante de como uma missão liderada pelo setor público para a iniciação informática promoveu inovações tecnológicas e mudanças comportamentais ao mesmo tempo que aumentou as possibilidades para as empresas de tecnologia. A BBC lançou a missão para oferecer às famílias e às crianças britânicas a oportunidade de aprender noções de informática e uso de computadores. Para tanto, foram necessários diferentes tipos de investimentos, como desenvolver um computador — o BBC Micro — que acabaria por chegar a quase todas as salas de aula britânicas.[45] Ele teria de atender às necessidades informáticas básicas, além de ser financeiramente viável para todas as escolas, e não apenas as de famílias ricas.

O BBC Micro foi um trabalho da Acorn, empresa com sede nos arredores de Cambridge que angariou o contrato para produzi-lo. Políticas de aquisições foram utilizadas para especificar os resultados almejados, mas deixou-se muito da inovação e do "como fazer" por conta das empresas envolvidas, que foram capazes de ampliar sua escala.

O computador era avançado para a época e passou por sucessivas iterações, disseminando uma indústria caseira de novos entusiastas, que o modificaram para melhorar seu desempenho, elaboraram softwares e jogos e se tornaram leitores contumazes de revistas dedicadas ao florescente fenômeno. Mais tarde, a Acorn chegou ao fim, mas uma empresa dela derivada, a ARM Holdings, é hoje uma das principais fabricantes de chips e desenvolvedoras de software do mundo. A arquitetura de chips da ARM foi utilizada no segundo processador feito para o BBC Micro. Outro legado da Acorn é a Raspberry Pi Foundation e seu onipresente computador de baixo custo, que ajuda educadores de todo o mundo a levar a tecnologia para a sala de aula. Esse é um bom exemplo de como uma política de aquisições orientada por missões é capaz de estimular uma escalada nos negócios que não resulta do foco em incentivos para as empresas, mas do foco nas necessidades do público. E, nesse processo, os negócios se beneficiam.

Uma mentalidade orientada por missões não pode se basear no status quo. As missões não consistem em escolher agentes específicos a serem apoiados, mas em identificar problemas que podem catalisar colaborações entre muitos setores diferentes. Não se trata de dar dinheiro a empresas porque são pequenas ou estão em dificuldades, mas de estruturar políticas capazes de mobilizar diferentes soluções (projetos) por diferentes tipos de organizações. Não se trata de corrigir mercados, mas de criá-los. Não se trata de mitigar riscos, mas de compartilhá-los. Não se trata de escolher vencedores, mas de selecionar interessados. Tampouco se trata de definir as "regras do jogo", mas de mudar o jogo em si, de modo que novos rumos conduzam a mudanças — para a transição verde ou para a digitalização de uma população.

Considerando que essa nova linguagem se contrapõe ao raciocínio econômico convencional, o próximo capítulo questiona: qual é a nova e ousada economia política capaz de oferecer o arcabouço para uma economia orientada por missões?

Parte IV: A próxima missão

Reimaginar a economia e o nosso futuro

6
Boa teoria, boa prática: Sete princípios para uma nova economia política

EM 16 DE ABRIL DE 2019, Greta Thunberg, a jovem ativista ambiental sueca, fez um discurso no Parlamento Europeu preconizando a "visão de futuro" para enfrentar a mudança climática:

> Ainda não é tarde demais para agir. Precisaremos de visão de longo alcance, de coragem e feroz determinação para agir agora, de modo a lançar as fundações onde talvez não conheçamos todos os detalhes sobre como conceber o teto. Em outras palavras, será preciso cultivar a visão de futuro. Rogo-lhes encarecidamente que despertem e realizem as mudanças indispensáveis. Dar o melhor de si já não é mais suficiente. Todos precisamos fazer o aparentemente impossível.[1]

Quando construíram as catedrais que estão entre as realizações culturais mais magnificentes da Europa, os mestres construtores medievais correram riscos que levariam um arquiteto moderno à falência. Ninguém sabia quanto custaria construir uma catedral ou quanto tempo levaria a construção. Mas essas missões eram dotadas de um propósito — demonstrar a glória de Deus por meio da criatividade — e envolviam muitos setores diferentes da sociedade: clérigos, artesãos, nobres, governantes e pessoas comuns. Hoje, as catedrais ainda estão entre nós.

Os governos do século XXI podem construir as catedrais das inovações orientadas por missões, desde que reúnam coragem, competência dinâmica, liderança, resiliência e criatividade.[2] Mas isso também requer o fortalecimento dos sistemas e das formas de colaboração básicas. Com efeito, como bem se sabe, muitos trabalhadores morreram na construção das grandes catedrais. Para que os desafios sociais guiem as inovações modernas é preciso que nossos sistemas de saúde, educação e transporte público sejam igualitários, justos e sustentáveis. A infraestrutura social que permite que as empresas trabalhem e possam competir em âmbito global deve ser imaginada e concebida dessa maneira desde o início.

E as relações fluem nos dois sentidos. Para que os sistemas públicos funcionem e sejam parte de um tecido social saudável, precisamos de um tipo diferente de setor privado, com o qual os governos possam interagir. Por mais que sejam ambiciosos e orientados por missões, os governos sozinhos não serão capazes de buscar um caminho melhor se não tiverem relações mais produtivas com as empresas — e se as empresas em si não cultivarem uma mentalidade mais visionária e determinada.

Embora haja movimentos em curso para que as empresas se afastem da pura maximização do lucro e do valor para os acionistas, rumo a uma estrutura de governança mais orientada pelos stakeholders, por enquanto são poucas as evidências de que essa tendência esteja de fato mudando qualquer coisa, além do fator sentir-se bem. O verdadeiro progresso só ocorrerá quando a governança dos stakeholders e o senso de propósito impregnarem a maneira como as organizações são geridas e interagem umas com as outras. Para enfrentar os desafios identificados neste livro, para mudar o capitalismo, precisamos, portanto, mudar os inter-relacionamentos entre governo, empresas e sociedade civil, sobretudo as relações de poder subjacentes. Há várias formas diferentes de capitalismo, e adotamos a errada.

O capítulo 2 começou com uma lista dos problemas centrais do capitalismo hoje: finanças financiando finanças; empresas preocupadas com os resultados trimestrais, e não com o crescimento de longo prazo;

aquecimento global; e governos que apenas fazem remendos, em vez de orientar mudanças radicais. O capítulo 3 mostrou como a forma como o governo atua (muito pouco, muito tarde) repousa em determinado enquadramento intelectual sobre qual seria a sua função: corrigir os mercados. Os capítulos 4 e 5 exploraram a necessidade de adotar nas políticas públicas uma abordagem orientada por missões. Este capítulo, por sua vez, argumenta que um governo guiado em maior grau por propósitos e um novo relacionamento entre público e privado — isto é, capitalismo — exige uma nova economia política, fundada na cocriação e na modelagem dos mercados, e não em sua mera correção. Isso torna necessário reconsiderar a criação de valor como um empreendimento coletivo. Da mesma forma que as políticas e estruturas vigentes hoje são instruídas por teorias (problemáticas), a "prática" orientada por missões demanda uma nova base teórica, impulsionada por uma nova abordagem à modelagem dos mercados e à criação de valor.

Acredito que uma política econômica melhor, capaz de orientar uma abordagem orientada por missões, possui **sete pilares principais**. O primeiro é uma nova concepção de **valor** e do processo coletivo de sua criação. Precisamos que as empresas, o governo e a sociedade civil criem valor em conjunto, sem que nenhuma das partes seja relegada ao papel de mero espectador de outra. Nesse processo, é necessário definir a criação coletiva de valor e a noção de propósito público que poderão orientar essa criação de valor e esclarecer como se apropria e se compartilha valor.

O segundo diz respeito aos **mercados** e à maneira como eles são forjados. As missões exigem um enquadramento diferente para a política — não se trata de corrigir as falhas de mercado, mas de ativamente "cocriar e coestruturar" mercados. Estruturar os mercados significa mudar nossa linguagem — e nossa mentalidade — de um modelo em que o principal objetivo do Estado é corrigir e "nivelar" as condições para um em que o Estado cocria uma direção e, portanto, deve inclinar o campo nessa direção. Este último modelo não consiste em "escolher vencedores", mas (como explicado no capítulo 3) em escolher os interessados, alinhando os instrumentos disponíveis ao governo para que este possa orientar a economia na direção que produza o tipo de valor almejado. Isso significa que a tributação pode ser usada para recompensar a criação em vez da extração de valor, e para direcionar a criação de valor para a construção de uma economia mais inclusiva e sustentável.

O terceiro é sobre **organizações** e mudança organizacional. Se o que está sendo procurado é um propósito comum, é necessário que haja capacidades ligadas à cooperação, não à competição. Aí se incluem a capacidade de assumir riscos e de fazer experimentos conjuntos; de aceitar de bom grado o aprendizado sob condições de incerteza; de recorrer às finanças para atender a objetivos de longo prazo, em vez de permitir que elas sirvam a si mesmas; e de avaliar as experiências passadas com base em uma visão holística dos transbordamentos — positivos e negativos — que ocorrem quando se tenta alcançar um objetivo. Aqui, é crucial opor-se à tendência dos governos de terceirizar suas capacidades e competências, reinvestindo-as em estruturas destinadas a promover a criação de conhecimento, a aprendizagem e a criatividade dentro do serviço público. Sem isso, é impossível cocriar valor.

O quarto pilar tem a ver com **finanças** e financiamentos de longo prazo. Grande parte da atual análise econômica tende a focar nas dívidas e nos déficits públicos. Mas uma abordagem orientada por missões traz uma nova maneira de ver as coisas. Fazer a economia trabalhar para os objetivos sociais, em vez de fazer a sociedade trabalhar para a economia, exige reverter a maneira como se avaliam os orçamentos hoje. Devemos começar com a pergunta "O que precisa ser feito?" e, então, passar para a questão de como arcar com os custos. Se for estruturado por instituições dinâmicas, que, no percurso, estimulam a criatividade e a inovação, o investimento público poderá fomentar o crescimento de longo prazo. Se podemos agir assim em tempo de guerra, por que não em tempo de paz, quando a urgência é vencer as batalhas sociais e alcançar objetivos comuns?

O quinto pilar diz respeito a **distribuição** e crescimento inclusivo. A criação coletiva de valor e a estruturação do mercado garantem que a criação de valor e seus rumos se norteiam pelas condições certas, de modo que a desigualdade possa ser combatida não só pela redistribuição, mas também pela pré-distribuição. Isso significa uma maior ênfase em bons empregos e estruturas de propriedade coletiva — inclusive de recursos fundamentais, como dados —, em vez da usual correção ex post, via tributação. Em outras palavras, uma vez que aceitamos que a criação de valor é um esforço coletivo (valor) que exige tomada de riscos e experimentação (capacidades), além de financiamentos adequados e bem-estruturados (finanças), a distribuição desse valor deve refletir tais princípios. Primeiro, deve recompensar todo o conjunto de criadores de valor. Segundo, deve possibilitar a recriação desse valor, investindo em fontes de criatividade. Terceiro, as fontes de financiamento devem ser reabastecidas, em vez de exauridas. Assim, haverá mais justiça e resiliência em nosso sistema econômico.

O sexto tem relação com a **parceria** e o valor para os stakeholders. A ênfase na criação coletiva de valor implica que a maneira como projetamos a colaboração entre empresas e governo é importante. A noção de "propósito" e de valor para os stakeholders não envolve apenas mudanças na governança corporativa, mas também nos detalhes dos contratos entre as empresas e o Estado. O exemplo de como a Nasa trabalhou com o setor privado encerra lições importantes para as parcerias de hoje, que, com muita frequência, são parasitárias, em vez de simbióticas. Parcerias parasitárias são aquelas em que uma organização cresce às expensas de outra. Parcerias simbióticas são aquelas em que ambas as organizações prosperam — com um objetivo comum. Como agir assim nos mercados de hoje, de plataformas digitais, saúde e energia é uma questão premente.

O sétimo refere-se à **participação** e cocriação. Para promover a criação coletiva de valor, é preciso fomentar novas formas de participação no processo de criação, através da reativação do debate, da negociação e do consenso. Para tanto, são necessários novos fóruns descentralizados, que reúnam diferentes vozes e experiências, como assembleias de cidadãos. Caso não existam, esses fóruns e instituições terão de ser construídos. Não podemos esquecer que tanto o New Deal de Roosevelt quanto o pouso na Lua foram em essência gerenciados pela elite. Os desafios do século XXI demandarão muito mais interação com os cidadãos e as comunidades, e de fato liderança exercida por esses agentes. Mas, no primeiro caso, uma abordagem dos stakeholders ao valor deve começar com o reconhecimento de que valor é criação coletiva de vários grupos, como empresas, trabalhadores e governos locais e centrais.

Juntos, esses sete pilares podem ajudar a criar uma nova economia política — que estimule uma abordagem orientada por missões e construa uma economia movida pelo propósito público e pelo engajamento dos cidadãos. Vamos dar uma olhada mais de perto em cada um desses pilares.

Valor: criação coletiva

Missões significam infundir um alto grau de propósito estratégico na criação de valor. São o reconhecimento de que o crescimento se caracteriza não só por uma taxa, mas também por uma direção — que deve estar imbuída de propósito. Focar os investimentos na solução de problemas exige novas ferramentas: primeiro, a renovada noção de valor e propósito público; segundo, um arcabouço de cocriação de mercado. Começamos aqui com o primeiro.

Em 1973, J. K. Galbraith argumentou que a economia americana havia sido capturada pelos interesses empresariais e que o governo havia perdido o rumo. Ele propôs que as políticas públicas fossem norteadas pelo interesse público, e não pelo privado, e que isso só aconteceria se houvesse uma rejeição explícita das ortodoxias econômicas do passado: "Com uma nova visão do propósito do sistema econômico segue uma nova visão do propósito da economia".[3] Para que isso se concretizasse, seriam necessárias mudanças econômicas e políticas.

O propósito define as missões e a maneira como os agentes públicos e privados trabalham juntos na cocriação de valor. Esse processo colaborativo pode ser denominado "criação de valor público". Nesse contexto, "público" não significa que o governo é o único agente que cria valor, mas, antes, que o valor é criado coletivamente por diferentes atores e para a comunidade como um todo, para atender ao interesse público.[4]

A noção de interesse público que precisa ser reavivada é antiga. A filosofia política grega tinha um forte senso de serviço público e do dever cidadão de se engajar nos assuntos públicos. Essas características eram consideradas necessárias para evitar a tirania, tanto que os gregos antigos usavam o termo "idiotas" (ἰδιώτης) para se referir a quem não atuava na esfera pública; em termos ásperos, se você só se interessava pelo setor privado, era considerado um idiota. Assim, se fosse um ateniense rico e não quisesse ser visto como um idiota, você financiava as artes públicas, como festivais de teatro (conforme narrado por Xenofonte, talvez o primeiro economista, em *Hiero*). Mais tarde, os antigos romanos falavam do "pro bono publico", com base nas considerações éticas de trabalhar para o bem comum, não em busca de lucro — termo ainda usado hoje no meio jurídico. Aviso: é importante reconhecer que, apesar do compromisso com o propósito público, as antigas civilizações gregas e romanas eram extremamente problemáticas. Viviam em meio a injustiças extremas, num contexto em que a escravidão era comum e as mulheres não exerciam funções públicas (exceto em Roma, como zeladoras da "chama vestal").

Essa noção ambiciosa da esfera pública dificilmente se reconcilia com o arcabouço econômico dominante, apoiada no pressuposto de que as pessoas maximizam as próprias preferências. O esforço coletivo se esvai porque apenas as decisões individuais importam: com as empresas maximizando o lucro e os consumidores maximizando a utilidade (fazendo as vezes de felicidade benthamita). Mesmo os salários são vistos como resultados da maximização pelos trabalhadores de suas escolhas entre a utilidade oferecida pelo lazer em comparação com a auferida pelo trabalho.[5] Nesse contexto, o conceito de valor social se limita à agregação de indivíduos (trabalhadores, gestores de empresas, consumidores) que tomam decisões para maximizar o próprio bem-estar econômico. A estrutura tradicional também confunde preço com valor: só o que tem preço é valioso. Em consequência, muitos serviços públicos gratuitos não são valorizados, a não ser quando se considera o custo de seus insumos (por exemplo, o custo dos professores). Esses custos são considerados, mas muitos de seus produtos (por exemplo, um sistema de educação pública bem-estruturado) são ignorados.

Como vimos no capítulo 3, os bens públicos — como educação, pesquisa básica ou atmosfera limpa — são vistos não como *objetivos* criados pela imaginação coletiva sobre "o que fazer", mas sim como o preenchimento de lacunas deixadas pelo setor privado. Mas, se a nossa economia fosse norteada pelo propósito público, não perguntaríamos "que lacuna ou falha de mercado os bens públicos estão preenchendo?", mas "os bens públicos são soluções para quê?" e "que forma os bens públicos devem assumir para nos beneficiar ao máximo?". Para orientar nossa compreensão do interesse público, é útil considerar os bens públicos não como correções das falhas de mercado, mas como objetivos comuns. Os bens comuns são resultados da imaginação coletiva, dos investimentos e das pressões oriundas dos movimentos sociais, desde a atmosfera limpa até a educação pública. A boa produção desses bens requer o conhecimento e as capacidades para planejá-los e gerenciá-los, inclusive as interações de diferentes grupos de interesse. Nesse sentido, a produção de bens comuns via propósito público precisa de uma teoria da criação coletiva de valor.

Embora a principal questão em torno da definição de bens públicos seja "Será que é possível excluir os que não pagam pelo bem?", a questão-chave para o conceito mais amplo de bens comuns, como a formulou o teórico da gestão pública Barry Bozeman, é "Será que esses valores públicos endossados pela sociedade foram provisionados ou assegurados?".[6] Embutir esses valores na produção de bens comuns torna-se essencial nas infraestruturas física e social. Essas questões são fundamentais para a maneira como governamos o capitalismo do século XXI: como produzimos inovação em saúde (produção de vacinas orientada pelas noções de conhecimento coletivo), como gerimos as plataformas digitais (com dados vistos como direitos humanos) e como concebemos juntos uma transição verde, em que diferentes vozes imaginam juntas um novo estilo de vida em nossas cidades, desde o futuro da mobilidade, passando por construções neutras em carbono, até espaços públicos experimentais. Apenas mediante o redirecionamento de nossa economia — com as noções de bem comum e de valor público no centro da produção, da distribuição e do consumo — poderemos estruturar e cocriar a economia, e assim produzir uma sociedade mais inclusiva e sustentável.

Mercados: estruturar em vez de corrigir

A criação coletiva de valor, que deveria estar no centro de uma abordagem pautada pelo bem comum, exige que se justifique as políticas públicas em termos de criar e estruturar ativamente os mercados, em vez de corrigi-los. A teoria das falhas de mercado assume que os mercados são eficientes e que, quando falham, o governo deve corrigi-los. O governo intervém para corrigir as fontes das falhas de mercado, como externalidades positivas (situações em que, devido aos altos transbordamentos, o setor privado investe pouco, exigindo que o governo financie áreas como pesquisa básica); externalidades negativas (como poluição, talvez exigindo que o governo adote impostos sobre o carbono); e assimetrias informacionais (sugerindo, talvez, que os bancos não têm informação suficiente sobre novas empresas, exigindo que os governos financiem as PMES).

A TFM apresenta falhas graves como teoria, mas, ainda assim, tem sido adotada como um guia para as políticas públicas. Ela usa como referência mercados competitivos perfeitos, caracterizados por informação perfeita, completude e ausência de custos de transação, fricções e assim por diante. Portanto, para medir os mercados reais — isto é, mercados em que as empresas competem através da inovação e que frequentemente são oligopolistas ou se caracterizam pelo poder de monopólio (por exemplo, pela existência de patentes) —, a TFM argumenta que é preciso apurar a distância em relação a um mercado competitivo perfeito. No entanto, empiricamente, não há mercado competitivo perfeito: os mercados são quase *sempre* incompletos e imperfeitos.[7] Assim, é possível que o governo seja sempre capaz de melhorar os resultados de um mercado descentralizado, mesmo que a intervenção do governo seja ineficiente no sentido ótimo de Pareto. Isso não significa que seja incorreto enfrentar as falhas de mercado, como a poluição, por meio de instrumentos como impostos sobre o carbono. Significa apenas que precisamos de uma teoria melhor sobre a competição, que sirva como referência. E, dado que a inovação é fundamental para a competição entre empresas, os vetores da inovação e as questões em torno de seu direcionamento devem ser centrais na maneira como abordamos a competição, sem relegá-la a uma lista de "imperfeições". Além disso, em economias que almejam trajetórias de crescimento transformadoras (por exemplo, numa transição verde), será difícil simplesmente "corrigir" falhas para chegar lá.

E, de fato, os exemplos que vimos nos capítulos 4 e 5, do pouso na Lua e do esforço para lidar com os objetivos de desenvolvimento sustentável da ONU, exigiram que o governo fosse muito além de apenas corrigir as falhas de mercado. Eles demandaram a idealização de novos panoramas, em vez da melhoria dos existentes, e o alinhamento de políticas para inspirar diferentes agentes a encontrar oportunidades para investimentos não vislumbrados antes. Não se trata de facilitar investimentos, mas de catalisá-los por meio da criação de novos mercados. Isso aconteceu com o pouso na Lua, que estimulou décadas de investimentos em áreas como software, e se repetiu mais recentemente com a economia verde: somente depois de o governo tomar a dianteira com investimentos de alto risco em tecnologia verde (por exemplo, investimentos precoces em energia solar e eólica) o setor privado efetivamente resolveu acompanhá-lo, tornando as tecnologias mais competitivas.

Isso significa que uma visão mais ampla das políticas públicas pode basear-se não apenas na correção do mercado, mas também na estruturação do mercado, o que suscita uma questão: que tipo de mercado queremos? É preciso prestar atenção tanto à quantidade dos investimentos necessários quanto à sua qualidade — bem como aos mecanismos de governança subjacentes. Assim, na área de saúde, seria necessário ampliar a noção de saúde para o conceito de bem-estar, e investir não só em novos medicamentos, mas também em novas formas de cuidado preventivo e em governança do regime de propriedade intelectual, para produzir os resultados desejados. Quando se consideram as patentes puramente do ponto de vista regulatório, perpetua-se a ideia de que a inovação ocorre na esfera privada e meramente corrigida na esfera pública. No entanto, considerando os enormes investimentos públicos na criação de valor, as patentes deveriam atender ao interesse público. Isso significa que elas deveriam ser fracas (fáceis de licenciar), limitadas (não serem usadas por motivos puramente estratégicos) e não tão *upstream*, ou corrente acima (para que as ferramentas de pesquisa se mantenham em domínio público).[8]

Logo, uma perspectiva de estruturação dos mercados exige investimentos guiados por objetivos, no lado da oferta, criação do mercado, no lado da demanda, e mecanismos de governança (por exemplo, de patentes) para promover um crescimento sustentável, inclusivo e movido a inovação. A tabela 3 ajuda a comparar e a contrastar a perspectiva de correção dos mercados com a perspectiva mais proativa de estruturação do mercado.

Tabela 3: Falha de mercado vs. estruturação do mercado

Falha de mercado	Estruturação do mercado
Uma falha de mercado ocorre quando o mercado não fornece bens ou serviços valiosos. Os principais tipos de falhas de mercado são: • Externalidades: o impacto de uma decisão que afeta outras (de maneira positiva ou negativa). A poluição, por exemplo, é uma externalidade negativa.	Enquanto a correção do mercado é uma ação reativa adotada para lidar com uma falha de mercado identificada, a "estruturação do mercado" é a ação proativa adotada para construir um novo mercado e os ecossistemas correlatos. Expande as fronteiras da tecnologia ou do mercado em vez de operar dentro das fronteiras existentes.
• Bens públicos; bem público é um bem ou serviço não rival e não excludente. A falha ocorre quando os consumidores não querem pagar pelo bem, ou "pegam carona" com quem paga. Ou quando uma empresa privada não quer investir no bem por causa da incapacidade de se apropriar totalmente dos lucros.	A estruturação do mercado adota uma perspectiva dinâmica e ecossistêmica dos gastos do governo, vendo-os como investimentos no crescimento dos mercados — envolvendo tanto sua taxa quanto sua direção —, ao contrário do que ocorre com a correção das falhas.
• Monopólios naturais: ocorrem devido a grandes economias de escala na produção, de modo que o custo de fornecimento por uma empresa seja menor do que o custo de fornecimento por mais de uma.	Reconhece que os mercados são dinâmicos, complexos e resultam de atividades/ investimentos públicos e privados.

Organizações: capacidades dinâmicas

Para cocriar valor e estruturar mercados, as organizações públicas e privadas precisam de capacidades dinâmicas de experimentação e aprendizado. Embora seja enfatizada com frequência no setor privado, a necessidade de ser uma organização que aprende não é tão privilegiada no setor público, que, como vimos no capítulo 3, tem sido relegado ao papel de simples reparador do mercado e facilitador da criação de valor pelas empresas. Uma abordagem mais proativa de estruturação do mercado requer que se reformule a maneira como as organizações públicas desenvolvem e implementam ações estratégicas (desde capacidades de liderança até o engajamento com grupos, outras organizações e mesmo com indivíduos na sociedade), que se reconsidere a maneira como é desenvolvido o serviço público (do treinamento à avaliação do desempenho e promoção funcional), e que se repense a forma de gerir o trabalho nas organizações públicas (de equipes intersetoriais a experimentações iterativas, processo que percorre vários estágios, desenvolvendo conceitos e submetendo-os a testes, para produzir uma inovação operacionalizável).[9]

No setor privado, os gestores aprendem a ser flexíveis e adaptáveis, e muito se reflete sobre as capacidades dos agentes privados, porque eles são considerados criadores de valor. Essas habilidades constituem o cerne dos cursos de MBA em gestão estratégica, comportamento organizacional e ciências da decisão em todo o mundo. Poucos são, todavia, os modelos de aprendizado e trabalho dinâmico dentro do governo.

Uma das pioneiras da nova mentalidade de negócios foi a economista Edith Penrose,[10] que, na década de 1950, argumentou que competitividade tinha a ver com recursos internos, em especial a capacidade de aprender. Com base em seu trabalho, teóricos da organização industrial como David Teece, da Haas School of Business, da Universidade da Califórnia em Berkeley, desenvolveram o conceito de "capacidades dinâmicas" da empresa, as capacidades internas de "integrar, construir e reconfigurar competências internas e externas, no intuito de lidar com ambientes em rápida mutação".[11] Essa abordagem difere da de Michael Porter, renomado acadêmico da área de administração da Harvard Business School, que enfatizava a necessidade de as empresas se posicionarem em seus ambientes competitivos (focando nos fornecedores, clientes e concorrentes).[12] A ênfase nas capacidades internas significava prestar menos atenção ao contexto externo e zelar mais pela capacidade de aprender, mudar, ser ágil e se *adaptar* a ambientes complexos.

Uma mentalidade orientada por missões requer que se descubra a importância desses atributos dentro de todas as organizações, que, em conjunto, lidam com problemas, inclusive as do setor público. Contudo, como se assume que o governo não é crucial para a criação de valor, apenas para a correção do mercado, não se tem dado a devida atenção às capacidades e habilidades para a criação de valor e tomada de riscos dentro do setor público. Não admira que muitas organizações públicas tenham focado no aumento da eficiência marginal de suas atividades, em vez de em mudanças mais ambiciosas.[13]

As capacidades dinâmicas ajudam as organizações a desenvolver e aprimorar recursos como conhecimento, e são diferentes das capacidades operacionais estáticas, que são parte das operações e da base de recursos *existentes* de uma organização. As capacidades dinâmicas são parte das "competências centrais" necessárias para mudar as posições competitivas de curto prazo, utilizadas eventualmente para criar vantagens competitivas de longo prazo. O aprendizado na prática é um elemento-chave para melhorar a higidez e desenvolver a "capacidade de absorção" das organizações — isto é, a capacidade de compreender o mundo à sua volta.[14]

Foi o que o governo do Reino Unido deixou de reconhecer ao terceirizar a resposta à pandemia de covid-19.

Ao confiar em empresas de consultoria para gerir o sistema de testagem e rastreamento, o governo não só privou nossos brilhantes servidores públicos de uma oportunidade para demonstrar e desenvolver seus conhecimentos, mas solapou a possibilidade de aprendizado organizacional durante a crise.

Novos desafios são assustadores, mas também oportunidades para aumentar as capacidades no setor público. No entanto, com muita frequência, os governos não investiram em processos de aprendizado organizacional, recorrendo excessivamente a empresas de consultoria para lidar com tarefas difíceis. No Reino Unido, depois do referendo do Brexit, os gastos com consultorias aumentaram em 1,5 bilhão de libras em 2018; do mesmo modo, com a pandemia de covid-19, o sistema de testagem e rastreamento consumiu 438 milhões de libras até março de 2021 em "serviços profissionais" externos, como consultoria de gestão[15]

— em nada o tipo de mentalidade ambiciosa que levou a Nasa a investir em capacidades internas.

A reavaliação das capacidades do governo pode inspirar-se no trabalho de Richard Nelson e Sidney Winter, dois economistas conhecidos pelos estudos pioneiros sobre inovação e competição em economia, fundamentados no trabalho do especialista em inovação Joseph Schumpeter. Nelson e Winter ajudaram os economistas a compreender por que a "caixa-preta" (assim chamada porque pouco se conhecia a seu respeito) da função de produção da teoria econômica (insumos e produtos) precisou ser desmantelada para que realmente se compreendesse a dinâmica da inovação, e, em especial, como a inovação acontece em condições de incerteza.[16] O trabalho deles sobre a "economia evolucionária" postula que os agentes econômicos se adaptam à incerteza, estabelecendo rotinas e regras práticas que evoluem com o tempo via experimentação e aprendizado — e apenas algumas sobrevivem ao processo de seleção competitiva. Essas teorias se baseiam nas ideias de Herbert Simon, um psicólogo cognitivo que argumentava que os atores econômicos estão "limitados" em sua racionalidade, de modo que operam não para maximizar, mas para alcançar resultados satisfatórios e suficientes, não necessariamente ótimos: eles se contentam em ficar satisfeitos, nem sempre no mais alto grau. Com efeito, se mudassem constantemente o que fazem para maximizar o lucro (função de custos e preços), as empresas nunca aprenderiam — não haveria *aprendizado na prática*, porquanto o que estivesse sendo feito mudaria constantemente, à medida que mudassem os preços e os custos. Em outras palavras, uma teoria da inovação precisa estar aninhada numa teoria do aprendizado, da experimentação e da adaptação à incerteza.

No capítulo 4, examinamos os atributos e princípios fundamentais que permitiram que governo liderasse uma missão à Lua. Além deles, acredito que cinco capacidades são fundamentais para que burocracias modernas sejam capazes de gerenciar problemas complexos e "perversos":[17]

Liderança e engajamento: O papel de cocriação do mercado exige que o governo tenha capacidades de liderança e promoção de engajamento; as missões podem se transformar com muita rapidez em rótulos da moda para as práticas costumeiras de negócios, ou em exercícios de planejamento engessados. Assim, a capacidade de se engajar com um amplo conjunto de agentes sociais e de exercer liderança por meio de visões ousadas é vital em épocas com elevado "déficit democrático" em muitos países desenvolvidos. Alguns dos grandes desafios contestam o estilo de vida que conhecemos (por exemplo, a suburbanização, acompanhada por sistemas de transporte congestionados). Ser capaz de encorajar o engajamento de baixo para cima significa ser capaz não só de lançar uma missão, mas de deixar espaço suficiente para a contestação e a adaptabilidade.[18]

Coordenação: Combinações coerentes de políticas públicas (instrumentos e financiamentos) e capacidades de coordenação são fundamentais para o sucesso das atuais políticas públicas orientadas por missões. Como elas não se limitam a soluções tecnológicas, mas incluem fortes aspectos sociopolíticos, os recursos de experimentação importam mais do que nunca. O trabalho entre nichos departamentais é crucial.

Administração: As capacidades de gestão precisam, sobretudo, explorar a diversidade de competências e habilidades, de engenharia a design antropocêntrico. E a gestão das missões requer novas formas organizacionais, para conjugar áreas de conhecimento desconexas (em termos de mobilidade urbana e planejamento, por exemplo, os estilos de vida são tão importantes quanto os novos sistemas de armazenamento de energia) e fluidez organizacional (por exemplo, equipes interdepartamentais).[19]

Tomada de riscos e experimentação: Uma importante capacidade que os governos precisam ter é a de assumir riscos, aceitar a incerteza e aprender por meio de tentativa e erro. Aprender é, por definição, uma habilidade dinâmica. Requer tempo, e, portanto, significa incorporar paciência no sistema. Medidas de eficiência estáticas — ou seja, de produto por insumo — não captam esse dinamismo. E muitas das supostas reformas empreendidas para alcançar a eficiência terceirizaram capacidades cruciais de aprendizado e criação de conhecimento, esvaziando, no processo, as organizações públicas, reduzindo sua capacidade de aprender e de se adaptar à incerteza.

Avaliação dinâmica: Igualmente importantes são capacidades de avaliação que não se apoiem apenas em abordagens baseadas nas falhas de mercado (por exemplo, análise custo/ benefício), mas possam integrar a experimentação e pôr os cidadãos no centro do processo (por exemplo, cidadãos como clientes) a fim de garantir que o sistema trabalhe para eles.[20] As políticas orientadas por missões têm uma métrica clara: a missão foi cumprida? Ao longo do percurso, porém, outras coisas acontecem; com efeito, um atributo da inovação é que, durante a busca por uma coisa, outras coisas são descobertas. Assim, os critérios de avaliação precisam captar os transbordamentos dinâmicos que ocorrem, como analisamos no capítulo 4. Daí a necessidade de focar menos na ACB estática e atentar mais para os efeitos do feedback dinâmico. Enquanto os cálculos de ACB e o valor presente líquido se baseiam em pressupostos estáticos sobre os preços e custos do mercado, investimentos estratégicos orientados por missões geralmente levam a mudanças na fronteira tecnológica (tecnologias mais avançadas) que podem gerar efeito cascata através da economia — de modo que nada se mantém igual. Mesmo o investimento que levou ao desenvolvimento do Concorde deve ser avaliado não só pelo desempenho do avião, mas pelos seus efeitos ao longo de diversos setores. Assim, novos indicadores de avaliação precisam captar os benefícios dessas políticas para toda a economia, inclusive a adicionalidade e os transbordamentos dinâmicos. Adicionalidade é a maneira como as políticas fazem acontecer coisas que, do contrário, não teriam ocorrido. Esse aspecto é fundamental, na medida em que muitas políticas focam em incentivos, limitando-se a reduzir os custos de investimento em negócios que teriam acontecido de qualquer maneira. O que de fato impulsiona os investimentos são as expectativas de onde se situam as oportunidades futuras. Portanto, avaliar a intensidade com que as políticas mudam essas expectativas é fundamental. Nesse sentido, é de extrema importância ir além da ACB e da eficiência alocativa para adotar uma noção mais dinâmica de eficiência.[21] A tabela 4 parte da distinção da tabela 3 entre correção e estruturação de mercado, concentrando-se nos diferentes pressupostos que instruem o conteúdo e a avaliação dos investimentos públicos em cada caso.

Tabela 4: Avaliação dinâmica do investimento público: uma visão da estruturação de mercado

	Correção do mercado	**Estruturação do mercado**
Justificativa do papel do governo	Falhas de mercado ou de coordenação Bens públicos Externalidades negativas Competição/ informação imperfeita	Todos os mercados e instituições são criados conjuntamente pelo setor público, pelo setor privado e pelo terceiro setor. O papel do governo é garantir que os mercados promovam o propósito público, envolvendo os usuários na criação das políticas públicas
Avaliação do caso de negócios	Análise custo/ benefício (ACB) EX ANTE — a eficiência alocativa assume relações gerais, preços etc. estáticos	Foco na mudança sistemática para promover a eficiência dinâmica da missão (incluindo inovação, efeitos de transbordamento e mudança sistemática)
Pressupostos básicos	Possibilidade de estimar valor futuro confiável usando taxas de desconto. O sistema se caracteriza pelo comportamento de equilíbrio	O futuro é incerto, por conta do potencial para a novidade e a mudança estrutural; o sistema é caracterizado por comportamentos complexos
Avaliação	O foco está em ver se políticas específicas resolvem a falha de mercado e se evitam a falha de governo	Avaliação contínua e reflexiva quanto ao fato de o sistema estar avançando na direção da missão, alcançando marcos intermediários e engajando os usuários. Foco no portfólio de políticas e intervenções, e em sua interação
Abordagem ao risco	Alta aversão ao risco; assunção de viés otimizador	As falhas são aceitas e encorajadas, como instrumentos de aprendizado

Finanças: orçamentos baseados em resultados

As missões demandam pensamento de longo prazo e financiamento paciente. E, como qualquer outro empreendimento, devem ser remuneradas. Como vimos no capítulo 4, Kennedy deixou claro que o programa Apollo custaria muito dinheiro — o que de fato aconteceu. E enquanto ele e a Nasa tinham de defender constantemente o uso do orçamento, a pressão e a urgência em "derrotar os russos" acabaram fazendo o dinheiro aparecer. Com efeito, a premência de vencer é o motivo pelo qual o dinheiro está sempre disponível para missões bélicas — seja nas guerras mundiais, no Vietnã ou no Iraque. O dinheiro parece ter sido criado para esse propósito.

Não há razão para que essa mentalidade de fazer "tudo o que for preciso" não seja usada na solução de problemas sociais. A abordagem convencional, todavia, é assumir que os orçamentos são fixos; assim, se o dinheiro for gasto numa área, outra ficará sem recursos. Se quisermos uma nova infraestrutura de energia, por exemplo, não será possível ter novos hospitais. Mas e se os orçamentos forem baseados nos *resultados* a serem alcançados, como na missão lunar e nas guerras? E se a primeira pergunta não for "Temos condições de pagar?", mas "O que realmente queremos fazer? E como criamos os recursos necessários para realizar a missão?".

A ideia pode parecer estranha e nova, mas não é. É como as coisas de fato funcionam sob o ponto de vista técnico. Em março de 2005, o senador republicano Paul Ryan, de Wisconsin, questionou Alan Greenspan, presidente do Federal Reserve, sobre o sistema previdenciário dos Estados Unidos. Ele perguntou se o sistema era sustentável e se haveria problema de fluxo de caixa. Greenspan respondeu com clareza:

> Nada impede que o governo crie tanto dinheiro quanto queira e o pague a alguém. A questão é como configurar um sistema capaz de assegurar que os ativos reais sejam criados com benefícios para serem usados para comprar mais ativos. Portanto, não é uma questão previdenciária. É uma questão da estrutura de um sistema financeiro apto a garantir que os recursos reais, e não o dinheiro, sejam criados para a aposentadoria.

Em outras palavras, a principal questão é se a economia tem capacidade produtiva para fazer bom uso do dinheiro que se cria e se coloca em mãos privadas.[22]

As missões conferem aos gastos e aos investimentos exatamente essa orientação, a fim de expandir a capacidade produtiva na direção almejada. Essa direção é que tem de ser examinada e debatida, não se há dinheiro suficiente para promovê-la. A réplica costuma ser: mas e se o governo seguir aumentando indefinidamente o seu endividamento para cumprir os compromissos com a previdência social? Não podemos continuar gastando mais do que ganhamos. Um dia, haverá um terrível acerto de contas. Dinheiro não cresce em árvores.

Essa lógica, no entanto, confunde finanças domésticas com finanças públicas. Sem dúvida é verdade que uma família não pode gastar mais do que ganha durante muito tempo sem vender propriedades, aumentar receitas ou reduzir despesas. Os governos, porém, não funcionam dessa maneira. A razão é simples: eles imprimem dinheiro, têm uma moeda soberana. Quando o governo decide gastar dinheiro com previdência social, sistemas de defesa ou rodovias, o banco central — seja o Banco Central Europeu, o Banco da Inglaterra ou o Federal Reserve — basicamente o torna disponível. Ele não devolve os cheques do governo, e, uma vez que pode emitir libras ou dólares, simplesmente registra os lançamentos, da mesma forma que um anotador de escores num jogo de futebol registra sem limites quantas vezes cada time estufou a rede. A dívida continua crescendo e o custo dos juros segue aumentando, mas, contanto que as pessoas desejem manter a moeda do país e — este é o ponto de Greenspan — que o dinheiro emitido seja investido de maneira produtiva, a dívida se sustenta sem risco de inadimplência.

Nos últimos tempos, economistas como Stephanie Kelton, da escola econômica denominada "teoria monetária moderna", têm tentado convencer os governos de que a ideia segundo a qual é preciso gerar receita antes de aumentar a despesa é uma lógica invertida. Na verdade, os gastos em si criam dinheiro.[23] Esse entendimento se baseia no trabalho de Hyman Minsky, que, ao escrever sobre a teoria do dinheiro, foi além da noção de que o dinheiro simplesmente lubrifica as engrenagens do comércio. Eis como a teoria funciona quando aplicada a governos que emitem a própria moeda e, portanto, são *emissores monopolistas*. O processo, logicamente, começa com o governo gastando ou investindo o dinheiro. Isso é óbvio, já que os cidadãos não podem pôr as mãos no dinheiro que é emitido pelo governo se este, para começar, não o gastar nem o emprestar. Sempre que gasta dinheiro, o governo recupera parte dele via tributação. Se gasta dez libras e arrecada quatro em impostos, diz-se que está em déficit de seis libras. Mas essas seis libras também estão nas mãos de pessoas ou empresas. Ambas estão seis libras mais ricas. A outra face do déficit do governo é o superávit do setor privado. Em outras palavras, os balanços patrimoniais do governo e do setor privado são imagens reflexas um do outro (a situação fica mais complicada quando incluímos exportações e importações, mas isso não é importante aqui). O déficit do governo "lança" dinheiro nos balanços patrimoniais, enquanto seu superávit o "suga". Um superávit fiscal sustentado significa sugar constantemente os recursos, o que indica que o setor privado está perdendo ativos financeiros na medida em que os títulos públicos que vencem não são reemitidos. Assim, os superávits fiscais enfraquecem os balanços patrimoniais do setor privado.

É útil considerar como o processo orçamentário efetivamente funciona. Um departamento do governo deve primeiro decidir o que deseja fazer — e, portanto, que missões devem ser perseguidas. Então, é preciso convencer o Congresso a incluir uma linha no orçamento nacional dedicada a essa missão. Se o Congresso for persuadido, o órgão público relevante apropria a verba e prossegue com o trabalho. Reduzir ou retirar as verbas de um departamento não significa disponibilizar mais dinheiro para outro departamento. Cortar os financiamentos da Nasa na década de 1960, por exemplo, não liberaria automaticamente mais dinheiro para outros órgãos públicos americanos, como a Agência para o Desenvolvimento Internacional ou o Departamento de Saúde e Serviços Humanos.

O que acontece com o dinheiro que o governo gasta quando ele chega a mãos privadas? Grande parte dele é investida em títulos públicos. Ao contrário de simples libras ou dólares, esses títulos pagam juros a taxas garantidas. Também se caracterizam pela alta liquidez. Com efeito, os títulos públicos são a base do sistema financeiro e o núcleo de muitos portfólios: os aposentados que se queixam da farra de gastos do governo provavelmente estão vivendo de uma renda em parte derivada de títulos públicos. A dívida pública, que tanto exaspera muitos políticos e cidadãos, é efetivamente a acumulação histórica do dinheiro gasto pelo governo não recuperado pela tributação, e é representada por ativos detidos pelo controle privado.[24] A caneta vermelha do governo é igual à caneta azul do setor privado.

Em 2020, os eventos em torno da covid-19 levaram essa teoria da criação de dinheiro por uma direção inesperada. Em março daquele ano, o Congresso dos Estados Unidos estava apavorado com a possibilidade de a pandemia do coronavírus provocar um desastre econômico equivalente ao da Grande Depressão da década de 1930, e aprovou um pacote de ajuda financeira de 2 trilhões de dólares. Já o diretor do Banco da Inglaterra, Andrew Bailey, revelou em junho de 2020 que o banco havia comprado 200 bilhões de libras em títulos do governo do Reino Unido em abril porque havia o risco de que o governo ficasse insolvente.[25] O que chamou a atenção para o pacote americano, contudo, não foi só o tamanho. Foi a falta de uma contrapartida. Ao aprovar despesas, o Congresso geralmente envia duas instruções para o Federal Reserve. Uma é para adicionar dólares, por meio de um computador, ao crédito do Tesouro dos Estados Unidos, que distribui os dólares para os gastos aprovados. A outra é para subtrair dólares na forma dos impostos aprovados. No caso do pacote de 2 trilhões de dólares, contudo, a instrução foi só para *adicionar* dólares. De fato, se estava criando dinheiro a partir do nada.

Embora muitas sejam as controvérsias sobre quem de fato ganha com os pacotes de auxílio — muitos argumentam que a maior parte dos fundos se destina ao socorro financeiro a empresas, não aos trabalhadores e cidadãos —, seu excepcional volume suscita questões importantíssimas sobre nossas escolhas em tempos normais. Numa noite qualquer dos anos 2000, cerca de 500 mil americanos estão em situação de rua. Por que o Congresso jamais foi capaz de encontrar dinheiro para abrigá-los? Ou para alimentar milhões de crianças famintas? Ou para fornecer água potável, limpa, aos residentes de Flint, Michigan, e de outros lugares assolados há anos pelo flagelo da água contaminada? Por que, no contexto de pandemia, o Congresso não se empenhou em garantir que os Estados Unidos contassem com um sistema de saúde capaz de cuidar de toda a população? Há, sem dúvida, respostas políticas para essas situações — em geral associadas ao poder dos lobistas. As escolhas, porém, não são predominantemente financeiras, pois, como já vimos, governos soberanos podem criar (e efetivamente criam) dinheiro.[26] O que, então, os convence da urgência de algo a ser tratado de imediato, sem levantar a pergunta inadequada: será que temos dinheiro suficiente no cofrinho?

É claro que isso não significa que se pode ou se deve criar dinheiro sem limites. A verdadeira questão é "qual é o limite?". A resposta é o perigo da inflação e até que nível é tolerável. A questão fundamental, como explicou Greenspan, é quão produtivo é o gasto. A previdência social pode parecer um esquema de pirâmide, porque o número de trabalhadores por aposentado nos Estados Unidos caiu de 16:1 na década de 1950 para 2:1 atualmente. Mas se esses dois trabalhadores de hoje forem muito mais produtivos do que seus dezesseis avós em 1950, as aposentadorias continuarão a ser pagas. Do mesmo modo, desde que os gastos adicionais resultantes da criação de dinheiro pelo governo não colidam com o limite de recursos reais da economia — oferta de trabalhadores, fábricas, máquinas, matérias-primas, know-how tecnológico e assim por diante, o risco de inflação excessiva é baixo.[27] E, evidentemente, essa oferta não é estática — ela pode crescer. Os investimentos em capital físico (máquinas, fábricas) e as inovações organizacionais e tecnológicas subjacentes podem expandir a capacidade.

Não há razão para que investimentos e gastos provoquem inflação, desde que a economia tenha espaço para crescer e não esteja operando a plena capacidade (humana e física). Logo, os investimentos capazes de expandir a economia, por sua natureza estratégica (pacientes, de longo prazo e orientados por missões) — e ao contrário de investimentos que apenas derramam dinheiro numa economia estática —, raramente causam inflação prolongada. Eles aumentam o bolo em vez de aumentar o dinheiro no bolo existente.

A inflação da década de 1970, que acompanhou o alto desemprego (estagflação), não foi impulsionada pela restrição de capacidade. Foi um fenômeno de oferta, devido a fatores como os choques dos preços do petróleo, o aperto monetário e a indexação dos salários. E o recrudescimento da inflação aconteceu não só nos Estados Unidos, mas também em grande parte do mundo desenvolvido. A inflação verificada na República de Weimar em 1921-3 é outra história sobre o lado da oferta.

Os exércitos francês e belga retaliaram após o calote da Alemanha em 1922 e tomaram o Vale do Ruhr, principal região mineira e industrial do país. Os alemães, por sua vez, paralisaram o trabalho, e a produção foi interrompida. Mas, embora a produção estivesse muito limitada, os trabalhadores continuaram a receber seus salários; assim, a demanda nominal começou a aumentar rapidamente em relação à produção, que estava parando. Esse tipo de dinâmica é que pode provocar inflação. Essa, todavia, não é uma situação normal, em que um governo soberano tenta financiar o desejo do setor não governamental de poupar e de manter os altos níveis de emprego e produção.

Há quem argumente que a inflação também pode ser provocada pelo cancelamento de dívidas. Mas essa alegação também é equivocada. Uma simulação do impacto econômico gerado pelo cancelamento de dívidas estudantis nos Estados Unidos, usando modelos macroeconômicos convencionais, revelou que esse fator aumentaria a inflação em apenas 0,3 ponto percentual (no pico).[28] Outro modelo, desenvolvido pela Moody's, concluiu que o efeito era ainda menor, acrescentando nada mais que 0,09 ponto percentual à taxa de inflação.

Quando o investimento público é realizado de maneira estratégica, com um sistema de organizações na esfera pública investindo em áreas de crescimento de longo prazo — e incluindo os fatores-chave que aumentam a produtividade (educação, pesquisa, cooperação entre ciência e indústria, formação profissional, finanças pacientes etc.) —, o processo atrai investimentos do setor privado. Ao expandir a capacidade, não provocará inflação. Preservar a saúde dos cidadãos, com uma abordagem holística ao bem-estar (mental, físico e social), também expande a capacidade.

Investimentos públicos visionários, de longo prazo, também têm maior probabilidade de gerar efeitos multiplicadores significativos, ou seja: adicionar ao PIB mais do que a quantia total investida. Esse resultado decorre da maneira como as missões podem criar efeitos intersetoriais e é mais uma razão para pensar os investimentos públicos de forma mais estratégica.[29]

Uma economia baseada em resultados é aquela em que as finanças servem à economia, e não o contrário. Os jesuítas agiram bem ao concordar que o cofre para suas missões só poderia ser aberto com duas chaves: uma guardada pelo *rettore* (o visionário) e outra pelo *procuratore* (o contador). A visão e a liberação dos recursos tinham de andar de mãos dadas.[30]

Distribuição: compartilhar riscos e recompensas

As discussões sobre como reduzir a desigualdade raramente são associadas às discussões sobre inovação e criação de riqueza. As primeiras tendem a se interessar mais pela inclusão social e por reformas do Estado de bem-estar social; as últimas, mais pela produtividade e por políticas de inovação ligadas ao empreendedorismo. No entanto, uma perspectiva de estruturação de mercado sobre a criação coletiva de valor precisa reunir essas comunidades e seus respectivos debates. Essa abordagem indaga: se a riqueza é uma criação social, como garantir sua distribuição social — tanto por questões de equidade como por questões de justiça em termos do esforço e do risco assumido por cada um?

É disso que trata a *pré*-distribuição.[31] Enquanto a *re*distribuição preconiza que se combata a desigualdade redistribuindo a renda depois de sua criação, por meio de tributos ou de benefícios, a pré-distribuição almeja prevenir a desigualdade ex ante. As duas abordagens são necessárias para alcançar resultados equitativos, mas a pré-distribuição foca mais em acertar primeiro as condições, de modo a reduzir a necessidade de redistribuição como correção ex post. A ideia é que se o valor é criado coletivamente, por meio de esforços sociais, todos os atores devem receber sua justa fatia, na proporção dos riscos que assumiram, de suas contribuições e de sua criatividade. A identificação desses agentes e de suas interações também suscita a questão de como se distribuem os benefícios entre os participantes. Uma abordagem de pré-distribuição constrói estruturas que levam a resultados mais justos na economia, como contratos que garantem que os setores público e privado compartilham os riscos e recompensas da criação de valor.

Considerando os vultosos investimentos necessários para a execução de uma missão, além dos riscos de fracasso, faz sentido para o governo ponderar as maneiras de compartilhar os benefícios desse investimento com o maior número possível de cidadãos. Com efeito, como a inovação é por natureza incerta e os investimentos não têm retorno garantido, o reforço do controle público sobre as recompensas é condição necessária para legitimar o papel do governo na criação e estruturação dos mercados. Se os órgãos públicos tiverem de absorver altos riscos tecnológicos e mercadológicos, é válida a expectativa de que os frutos de financiamentos públicos bem-sucedidos beneficiem os contribuintes e sejam uma justificativa para socializar as recompensas financeiras alcançadas.[32]

Isso pode ser feito de várias maneiras. Uma é diretamente, através de um fundo soberano, constituído pelos retornos de atividades financiadas pelo governo ou através de participações no capital de empresas que se beneficiam de investimentos públicos. O lucro dessas atividades pode ser distribuído por meio de dividendos para os cidadãos, que, em essência, recompensam os criadores de valor coletivo com parte da riqueza que criaram. Essa riqueza pode decorrer de recursos naturais ou de processos que envolveram grandes esforços coletivos, como as inovações que levaram a tecnologias desbravadoras como a internet ou a inteligência artificial.[33] Essa é uma alternativa à situação mais corriqueira na qual os investimentos do governo levam à socialização dos riscos e à privatização das recompensas. É o que acontece sobretudo em tempos de crise, quando as empresas são socorridas pelo governo — e que, quando se recuperam, privatizam os lucros. Isso também ocorre, porém, como resultado normal do financiamento a inovações.

Ao permitir que o governo retenha participações no capital de empresas que se beneficiaram de investimentos públicos, os fundos soberanos podem ser reabastecidos. Quando a Tesla, como vimos no capítulo 3, recebeu um empréstimo público de 465 milhões de dólares, o Departamento de Energia dos Estados Unidos, curiosamente, fez uma negociação no sentido inverso, pedindo, ao que parece, que o governo retivesse 3 milhões de ações só se o empréstimo *não* fosse pago! Mais tarde, o preço da ação quase decuplicou. Se tivesse uma participação acionária na Tesla, em 2009, o governo dos Estados Unidos teria lucrado mais do que o suficiente, em 2013 (quando o empréstimo foi pago), para cobrir a perda na Solyndra e para financiar a rodada seguinte de investimentos — ideia que teria ocorrido a um capitalista de risco na mesma situação. Essa lógica, porém, exige mudar a narrativa para a criação de valor — transformando o governo de emprestador de última em investidor de primeira instância, e permitindo, assim, que os contribuintes fiquem com uma fatia do valor para o qual contribuíram. Essa postura é menos relevante para investimentos *upstream* em pesquisa, cujos benefícios retornam para a sociedade na forma de transbordamentos. Mas os investimentos *downstream*, que vão diretamente para as empresas — inclusive nas ocasiões de socorro financeiro a bancos —, são de alto risco e de fato devem beneficiar os tomadores de risco (coletivos) no processo.

A ideia de participações acionárias do governo em empresas privadas será anátema em muitas partes do mundo capitalista. Todavia, dado que os governos já estão investindo no setor privado, eles podem muito bem ganhar com o retorno desses investimentos (algo que até os conservadores na área fiscal talvez considerem atraente). O governo não precisa manter o controle acionário de empresas, mas pode deter capital na forma de ações preferenciais, com prioridade no recebimento de dividendos, ou adquirir ações de classe especial, ou "golden shares", que conferem direito de veto em certas circunstâncias, como aquisições de controle. Os retornos poderiam ser usados para financiar inovações futuras. Quando os governos começaram a oferecer enorme ajuda financeira às empresas durante a crise da covid-19, até o jornal *Financial Times* defendeu que retivessem participações acionárias nas mesmas, para cobrir a dívida crescente.[34]

Uma maneira mais indireta de alcançar um retorno adequado para o investimento público é associar os investimentos ou subsídios ao setor privado a cláusulas rígidas que estimulem o crescimento sustentável e inclusivo (em parte abordado no capítulo 5). Essas condições podem ser impostas às garantias de empréstimo e aos auxílios financeiros que os governos concedem às empresas. Nesse caso, as empresas agraciadas com fundos públicos podem ser obrigadas a reinvestir o lucro em áreas que beneficiem a sociedade: redução de carbono, formação dos trabalhadores e investimentos em P&D. Outra condição seria limitar o valor subtraído por meio de recompras de ações, como defendeu a senadora americana Elizabeth Warren no caso dos auxílios concedidos durante a covid-19. Com efeito, em relação aos fundos de recuperação associados à pandemia, a Dinamarca foi clara no sentido de que as empresas que utilizassem paraísos fiscais não teriam acesso à ajuda do governo. Outra condição poderia estipular a garantia de que medicamentos desenvolvidos com investimentos públicos — de fato, a maioria — tenham preços acessíveis.[35]

Todas essas questões sobre o compartilhamento das recompensas têm a ver com a relação entre a criação e a distribuição de valor. A resposta para a pergunta "Quem obtém o quê e por quê?" também determina como o sistema relevante se reproduz. Os economistas do século XVIII conhecidos como fisiocratas receavam que algumas classes na sociedade (os comerciantes e os proprietários de terra) extraíssem valor demais do sistema, a ponto de prejudicar a verdadeira fonte de criação de valor — a agricultura.[36] Por extraírem mais valor do que criavam, eles eram chamados de a "classe estéril".

Keynes também considerava fundamental associar a criação à distribuição de valor por meio da *socialização do investimento*, conceito sobre o qual escreveu sucintamente na conclusão de sua obra magna, *Teoria geral do emprego, do juro e da moeda*. Nesse trabalho, ele identificou as três principais tarefas a serem empreendidas para salvar o capitalismo de sua própria extinção: "abrir mão da liquidez", "promover a eutanásia dos rentistas" e "socializar o investimento". Keynes integrou os três conceitos em razão de seu papel na preservação da "demanda efetiva" — gastos dos consumidores, investimentos das empresas e dispêndios do governo. Caso se exclua o valor, essas três fontes de crescimento serão comprometidas. A socialização do investimento é um conceito importante, pois enfatiza que é preciso pensar não só no investimento e na demanda agregados, mas também na *forma* desse investimento. Keynes estava interessado em associações de socorro mútuo e em cooperativas porque elas compartilhavam riscos e recompensas; ou seja, reinvestiam o lucro na própria empresa com vistas ao crescimento de longo prazo, distribuindo a renda entre os conjuntos coletivos de proprietários.

Parceria: propósito e valor para os stakeholders

As ideias citadas anteriormente — sobre como garantir relacionamentos equitativos e retorno público para investimentos públicos — ajudarão a construir ecossistemas de criação de valor mais mutualistas e simbióticos. Embora o termo "parcerias público-privadas" seja usado com frequência, precisamos pensar melhor em como desenvolver parcerias verdadeiras que beneficiem a todos. Como vimos no capítulo 4, chegar à Lua exigiu um enorme esforço de agentes públicos e privados. A Nasa refletiu durante muito tempo sobre como garantir que seus contratos com os fornecedores privados fossem justos, oferecessem os incentivos certos e não resultassem em captura.

Nos últimos anos, o conceito de "valor para os stakeholders" tem sido enfatizado para explorar maneiras de se opor ao curtoprazismo decorrente do foco exclusivo na geração de valor para os acionistas. Essa prática tem levado as empresas a se empenharem simplesmente na maximização do lucro, que, então, é distribuído aos acionistas, mediante o pagamento de dividendos e outras práticas, como as recompras de ações, que aumentam o preço das mesmas. A abordagem voltada para os stakeholders salienta, em vez disso, a remuneração de todas as partes interessadas, além dos acionistas: trabalhadores, comunidades e meio ambiente. Esse conceito reconhece o valor como criação coletiva — de modo que as recompensas devem ser distribuídas de maneira equânime — e, sobretudo, que as empresas precisam focar no longo prazo. A mentalidade de longo prazo, por definição, considera todas as fontes de criação de riqueza a serem financiadas, assim como as diferentes vozes que devem contribuir para as decisões sobre o que financiar. Sob a governança dos stakeholders, as empresas são controladas, de maneira direta ou indireta, pelos acionistas e por um grupo mais amplo de partes interessadas. Na Escandinávia, por exemplo, os sindicatos trabalhistas têm representantes nos conselhos de administração das empresas e opinam sobre os tipos de investimentos que devem ser feitos, bem como sobre questões de remuneração.

A distribuição de valor para os stakeholders infunde propósito na interação de diferentes atores econômicos e na criação de valor em favor do bem comum. O valor daí decorrente é redirecionado para um grupo mais amplo de agentes, inclusive a comunidade.[37] O foco nos relacionamentos é de importância fundamental para uma visão orientada por missões da governança dos stakeholders — por exemplo, entre agentes públicos e privados. Nesse sentido, o compromisso de não explorar paraísos fiscais, de investir na formação dos trabalhadores e de reduzir as emissões de carbono em troca de acesso a tecnologias desenvolvidas com a ajuda de financiamentos ou subsídios públicos pode tornar-se padrão. Esse tipo de condicionalidade pode ser usado tanto em períodos difíceis — quando existe a necessidade de socorro financeiro — como em períodos de prosperidade — como na concessão de contratos para construir melhores sistemas de saúde e de energia renovável.

Mas, fundamentalmente, a distribuição de valor para os stakeholders deve ser vista como uma maneira diferente de produzir. Um exemplo perfeito é a produção de vacinas (como vimos no capítulo 5). O setor público precisa gerir as vacinas na posição de estruturador do mercado: direcionando a inovação, formando preços justos, garantindo que as patentes e a concorrência correspondam às expectativas e salvaguardem a oferta. Os agrupamentos de patentes (acordos entre os detentores de patentes para licenciamento mútuo) podem permitir que as instituições de pesquisa, a academia, as empresas e outros atores importantes de diferentes países gerenciem e utilizem a propriedade intelectual de modo a coestruturar, cocriar e expandir as soluções tecnológicas, garantindo acesso universal, a preços razoáveis, para todos. Os agrupamentos de patentes defendidos pela Organização Mundial da Saúde como forma de fomentar o “conhecimento coletivo” podem constituir-se em mecanismo de solidariedade, transformando o desejo comum de ação coletiva em um dos pontos de inflexão mais sensíveis na saúde pública.[38] Isso também ajudaria as patentes a promoverem o empreendedorismo produtivo, em vez de deletério.[39]

Outro exemplo interessante é a exploração espacial nos dias de hoje. Historicamente, os investimentos de alto risco, intensivos em capital, foram feitos por agentes federais, como a Nasa, nos Estados Unidos, ou a Agência Espacial Europeia. Hoje, há muitos atores privados no espaço, como Elon Musk, com a SpaceX, e Richard Ranson, com a

Virgin Galactic. Esses atores se ergueram sobre os ombros de gigantes, que investiram na fase de mais alto risco da exploração espacial. Qual é a maneira certa de dividir as recompensas resultantes dessa parceria? Afirma-se que Elon Musk recebeu 4,9 bilhões de dólares em subsídios públicos para as suas três empresas, inclusive a SpaceX.[40] Esse apoio não faz parte da sua narrativa de empreendedor de sucesso, e também não se reflete em contratos concretos; não há divisão das recompensas monetárias angariadas às expensas dos contribuintes.

Com o setor privado cada vez mais presente no espaço, é fundamental que o setor público, ao apoiar essa presença, retenha a confiança necessária para garantir o cumprimento dos objetivos públicos. Nos últimos anos, os astronautas têm se queixado com frequência da grande quantidade de "lixo" no espaço. A SpaceX, por exemplo, já lançou milhares de satélites, e planeja pôr em órbita outros 12 mil satélites para criar uma internet espacial. Esses satélites, denominados CubeSats, são muito pequenos e muito mais baratos de produzir, tendo facilitado a entrada de empresas privadas no espaço. Mas também é por isso que ele agora está entulhado, tornando mais difícil ver o céu à noite a partir da Terra, e aumentando o risco de colisões.[41] Tudo isso aponta para a necessidade de garantir que a parceria público-privada seja real, e não apenas as reunião de um amontoado de pessoas.

Outra área importantíssima são as plataformas digitais. Como gerir as plataformas digitais de modo a fomentar a criação de valor para a maioria dos cidadãos, em vez de apenas gerar lucros privados para uns poucos, é o grande tema da atualidade. As grandes empresas de tecnologia acumularam lucros recordes com o uso de tecnologias como a internet e a inteligência artificial. Essas empresas, por vezes denominadas Faang (Facebook, Apple, Amazon, Netflix e Google), foram beneficiadas por economias de rede que conferem vantagens a quem chega primeiro, uma vez que os consumidores querem participar das mesmas plataformas, para interagir uns com os outros. Isso, além de vastas receitas de propaganda, criou uma economia de plataforma caracterizada por vultosos e crescentes retornos de escala, em que empresas como Amazon e Google detêm enorme poder de mercado. O problema é que elas cada vez mais têm usado esse poder para extrair o que tenho chamado de "rendas algorítmicas", num sistema capitalista moderno que mais parece um "feudalismo digital"[42] — a capacidade de usar algoritmos para manipular o que as pessoas veem e querem. Como argumentou a psicóloga social Shoshana Zuboff, pensamos que temos sorte porque podemos fazer pesquisas "de graça" no Google, quando, na verdade, é o Google que está pesquisando e influenciando os usuários de graça, e ganhando uma bolada com isso.[43] A capacidade dessas grandes empresas de vender nossos dados pessoais e de manipular as buscas de modo a aumentar suas receitas de propaganda é um grande problema a ser enfrentado pelas autoridades que cuidam da concorrência, ao lado dos problemas associados à evasão fiscal (estratégia comum de alterar as fontes de lucro para minimizar o imposto devido). O fato de grande parte da tecnologia que alimenta essas empresas ser produto de investimento público suscita um argumento ainda mais forte, de que as tecnologias financiadas com dinheiro público devem atender ao interesse público. Isso exige regulações numa perspectiva de estruturação do mercado, e envolve a necessidade de encontrar maneiras de recompensar a criação, e não a extração de valor.

A defesa do interesse público pode ser enquadrada em termos da abordagem aos bens "comuns" — como os dados comuns. Estudos anteriores sobre a gestão dos bens comuns, como os da economista Elinor Ostrom, salientaram maneiras de compartilhá-los para que se reproduzam no tempo e não sejam destruídos pelos interesses individuais. O importante trabalho de Ostrom examinou como áreas de posse comunal (por exemplo, pesqueiros oceânicos) podem ser mal gerenciadas pelo uso excessivo (pescar demais em relação aos estoques) e assim destruídas, fornecendo uma base teórica para explicar de que forma certas comunidades geriram os recursos comuns para garantir que continuassem viáveis para as gerações futuras. Ostrom mostrou que, contanto que certas regras sejam observadas no tocante ao uso e ao cuidado com os recursos, não há necessidade de comando e controle demasiadamente centralizados, por governos ou por empresas, através da privatização. Essas regras para a ação coletiva incluíam a definição de fronteiras claras para os recursos comuns, monitoramento do uso, solução informal de conflitos e estruturas de participação na tomada de decisões. Tudo isso poderia ser muito útil hoje, para uma reflexão sobre como gerenciar os dados comuns. Essa consideração é muito importante, uma vez que as pessoas criam dados sempre que "clicam" em alguma coisa. Os dados são uma criação coletiva e cada vez mais importantes para que os cidadãos possam exercer seus direitos a educação, saúde e serviços, como transporte público. Descobrir maneiras de gerir a criação de dados em proveito do bem comum é, portanto, fundamental para que se possa promover o crescimento inclusivo. A prefeita de Barcelona, Ada Colau, contratou hackers para construírem uma base de "dados comuns da cidade", no intuito de gerir proativamente os dados gerados e melhorar o transporte público e a habitação social.

Se priorizarmos o potencial regenerativo da economia — ou seja, sua capacidade de recuperar as fontes de criação de valor no âmbito das fronteiras planetárias e do capital humano e físico —, é útil refletir em termos de uma economia circular. Segundo Kate Raworth, economista de Oxford, a economia circular não só minimiza o desperdício, mas fomenta a criação de novas instituições e atividades de colaboração entre organizações e indivíduos, permitindo a prosperidade dentro dos limites planetários. Ela argumenta que para que isso aconteça é necessário investir nas áreas que contribuem para o progresso humano — como alimentação e habitação, melhores condições de trabalho, assistência médica de qualidade, aumento da participação política — e garantir que, coletivamente, não ultrapassemos os limites da pressão tolerável sobre os sistemas de apoio da vida na Terra, como um clima estável, solos férteis e uma camada de ozônio protetora.[44] A produção e o consumo circulares desconectam o crescimento econômico da extração e da utilização de materiais, reduzindo a dependência dos recursos. Como escreveu a historiadora venezuelana da economia Carlota Perez, essa abordagem pode acelerar a renovação econômica e industrial, com um aumento correspondente nos investimentos em novas modalidades de serviços e métodos de produção.[45] Por último, é crucial investir nas instituições que suportam a prosperidade humana e a saúde planetária, à medida que se amplia a perspectiva do bem comum.

Participação: sistemas abertos para codesenhar o futuro

O pouso na Lua foi inspirador e exigiu um enorme esforço coletivo, para o qual contribuíram mais de 400 mil pessoas da Nasa, de universidades e do setor privado. Mas a missão em si foi deflagrada por uma iniciativa clássica de cima para baixo. As missões de hoje, como vimos no capítulo 5, exigem mais envolvimento dos cidadãos na visão e na própria missão — por exemplo, quem definirá como será uma "cidade verde"?

A filósofa Hannah Arendt ampliou o conceito de bem comum e valor público — já mencionado —, tornando-o mais ativo e participativo, por meio do seu conceito de *vita activa*.[46] A ideia era que os cidadãos deveriam se engajar nos assuntos públicos, sendo esta a única maneira de escapar do totalitarismo e da alienação no capitalismo de produção em massa: aqui, a ideia de bem comum se reflete na ideia de cidadão ativo. Mas *vita activa* também implica a necessidade de abertura da sociedade para o debate autêntico, para a contestação de ideias e conflitos explícitos sobre os valores. Para Arendt, isso era bom (como era para a filosofia política dos gregos antigos). A participação não é um processo silencioso e harmônico. A teoria econômica, por outro lado, não pensa em participação, que é deixada para outras áreas da ciência política, focadas em instituições participativas.

Um grande defensor do engajamento local dos cidadãos e de estruturas institucionais para auxiliá-los foi Alexis de Tocqueville. Em *A democracia na América* (1835), ele identifica como característica fundamental da democracia americana a participação do público, e argumenta que essa é a grande força do sistema político americano:

> É extremamente difícil obter uma audiência com uma pessoa numa democracia, a não ser que seja para falar-lhe dela mesma. A pessoa não ouve o que se diz a ela porque está sempre absorta no que está fazendo. Porque, deveras, poucas pessoas ficam ociosas em países democráticos; a vida passa em meio a algazarras e azáfamas, e os indivíduos se envolvem de tal modo com os próprios afazeres que pouco lhes resta para refletir. Eu observaria, em especial, que as pessoas não só estão empregadas, mas também se dedi-

> cam apaixonadamente ao seu emprego. Estão sempre em ação, e cada uma de suas ações absorve suas faculdades: o zelo que demonstram nos negócios abafa o entusiasmo que do contrário poderiam entreter com ideias.[47]

Infelizmente, as verdades de Tocqueville sobre os Estados Unidos estão sob ameaça. Como afirmou Robert Putnam,

> o declínio da participação nas eleições é apenas o sintoma mais visível de um desengajamento mais amplo da vida comunitária. Como uma febre, o absenteísmo eleitoral é ainda mais importante como indício de um problema mais profundo no corpo político do que como uma doença em si. Não é apenas da cabine de votação que os americanos estão cada vez mais ausentes.[48]

No entanto, estamos vendo uma quantidade cada vez maior de movimentos sociais que exercem forte efeito sobre a maneira como a sociedade se desenvolve em direção ao progresso — desde o Fridays for Future, dos estudantes que lutam contra a crise climática, até o Black Lives Matter, que defende um novo contrato social entre a raças; mas também, de maneira mais ampla, pelo aumento da atenção a todas as formas de desigualdade e aos investimentos e novas estruturas necessários para eliminá-las.

O cientista político Ronald Inglehart argumenta que

> frequentemente ouvimos referências à crescente apatia por parte do público. [...] Essas alegações de apatia são equivocadas: diferentes públicos *estão* desertando em massa das velhas organizações políticas oligárquicas que os mobilizavam na era da modernização — mas estão ficando mais ativos em uma ampla gama de formas de ação política que desafiam a elite.[49]

O consumismo político, as atividades contenciosas, as ações deliberativas e a participação on-line aumentaram desde o idílico princípio dos anos 1960. Sob essa perspectiva, os Estados Unidos talvez estejam testemunhando um renascimento do engajamento democrático, em vez de um declínio geral na participação.[50]

Participar implica reimaginar o futuro junto com outros. Por isso, é vital chamar à mesa diferentes vozes, não só para aderirem à missão, mas também para ajudarem a desenhá-la. Hoje, por exemplo, os sindicatos trabalhistas estão interagindo com a transição verde por meio do conceito de Transição Justa, visto no capítulo 5. O verdadeiro desafio, porém, é garantir que o desenho das missões transponha as fronteiras de classe. A reação contra a "elite" é um sinal de alerta para a maneira como muitos se sentem alijados do processo de criação, tendo apenas de reagir às suas consequências.

Por fim, a verdadeira participação requer sistemas abertos para a mudança e a adaptação com base no feedback recebido. Do contrário, a participação e o feedback são apenas simbólicos. A abertura deve ser um atributo não só da elaboração dos sistemas, mas também de como eles funcionam na prática. Os sistemas abertos são mais reativos ao que pode ser visto como um poder compensatório, isto é, a dissensão. Para evitar que as missões se tornem projetos particulares de um ministro ou de um tirano, é importante incorporar a experimentação na concepção do sistema e instruir essa experimentação — além de aprender com as diferenças — a partir da participação efetiva. A União Europeia, por exemplo, não pode impor de que maneira as cidades irão se tornar neutras em emissões de carbono: isso deve ser descoberto pelas cidades e pelos próprios participantes e organizações.

Compreender a mudança nos sistemas exige que se compreenda a relação entre as partes e o todo. A ciência da complexidade analisa como a interação dos agentes (palavra elegante para designar pessoas) em um sistema determina a macroestrutura (o ambiente à volta) que realimenta a microinteração (individual).[51] As lentes da teoria da complexidade, semelhantes à abordagem evolucionária da economia inspirada pelo trabalho de Joseph Schumpeter, enfatizam a diferenciação entre os agentes em um sistema e os processos de seleção competitivos que permitem somente que alguns cresçam. Também observam como as condições iniciais (circunstâncias históricas) podem estabelecer um ciclo de feedback que leva o sistema a "travar" e emperrar. Essa ênfase é diferente daquela das lentes da economia convencional, que focam não na diferenciação, mas nos agentes médios; não no desequilíbrio, mas em equilíbrio e resultados ideais. Da mesma forma que nos ajudou nos últimos anos a compreender fenômenos dinâmicos, como bolhas e colapsos de preços de ativos,[52] ou como os sistemas emperram em consequência dos efeitos de rede, a teoria da complexidade também pode nos ajudar a compreender de que forma atores públicos e privados podem, juntos, criar mudanças. As missões precisam aceitar a incerteza, e ao mesmo tempo ser capazes de planejar no longo prazo e de trabalhar de maneira transetorial. Os governos podem não se adaptar às mudanças não só pela incapacidade de assumir riscos e aceitar a incerteza, mas, principalmente, em virtude de seu trabalho dentro de nichos — fechados aos ciclos de feedback. Os sistemas abertos estão repletos de incerteza e ambiguidade. E, quanto mais participativo, mais aberto é o sistema. Daí a maior necessidade de se adaptar à complexidade subjacente.

Em outro texto, resumi as capacidades dinâmicas de que os governos precisam para gerir um processo de estruturação dos mercados no acrônimo ROAR,[53] que representa quatro áreas capazes de orientar organizações com perspectiva de missão:

- **R: Rotas e direções:** estabelecer uma direção para a mudança que motive a inovação por entre os diferentes setores da economia;
- **O: Organizações:** construir redes descentralizadas de organizações com espírito exploratório, capazes de aprender na prática e aceitar processos de tentativa e erro, formando parcerias dinâmicas com agentes privados e do terceiro setor;
- **A: Avaliação:** avaliar o impacto dinâmico de investimentos na estruturação dos mercados, indo além de análises estáticas de custo/benefício e capturando os transbordamentos dinâmicos;
- **R: Riscos e recompensas:** desenvolver acordos simbióticos entre os setores público e privado, para compartilhamento de riscos e recompensas.

7
Conclusão: Mudar o capitalismo

Se quiser construir um navio, não convoque as pessoas para juntar madeira e não lhes atribua tarefas nem trabalhos, mas, antes, ensine-as a almejar a imensidão infinita dos mares.

Atribuído a Antoine de Saint-Exupéry

DEPOIS QUE VOLTARAM DO ESPAÇO, em 1969, Neil Armstrong, Buzz Aldrin e Michael Collins foram questionados sobre como era sentir os pés na Lua. Armstrong, depois de uma pausa, respondeu que observar a Terra de longe inspirava humildade, e que o planeta parecia um oásis num mar de escuridão. Ele acrescentou que estava sob o impacto do sentimento de que tínhamos de aprender a salvar e a proteger esse oásis. Armstrong não estava se referindo à mudança climática, mas às guerras então em curso, no Vietnã e em outras partes. Buzz Aldrin disse que estava mais impressionado com a maneira como o pouso na Lua fora percebido na Terra, como um feito de toda a humanidade, quando cartazes em todo o mundo diziam: "*Conseguimos!*". E refletiu que o programa espacial tinha de seguir fomentando esse sentimento comum e esse propósito compartilhado — e que talvez fosse esse o desafio mais difícil.

Estou terminando de escrever este livro num momento decisivo da história da humanidade. A população global encontra-se às voltas com uma das piores pandemias dos tempos modernos, protestos contra a desigualdade racial não param de irromper em todo o mundo e a mudança climática é cada vez mais iminente. É claro que não podemos esperar mais para agir de maneira diferente e para encontrar um propósito comum.

O status quo está deixando a desejar para muita gente, e mudando o planeta de maneiras que também serão sentidas de modo negativo pelas futuras gerações. Mas como podemos atender aos anseios de Armstrong e Aldrin: proteger as pessoas em nosso oásis e fomentar o bem comum?

Este livro adotou a ideia, que considero imensamente poderosa, de usar as missões para atacar os problemas "perversos" com que nos defrontamos hoje. Argumento aqui que o combate a grandes desafios só será exitoso se reimaginarmos o governo como um pré-requisito para a reestruturação do capitalismo, de modo a torná-lo inclusivo, sustentável e inovador.

Primeiro e acima de tudo, isso envolve reinventar o governo para o século XXI — equipando-o com as ferramentas, organizações e culturas necessárias para impulsionar a abordagem orientada por missões. Também envolve introduzir a noção de propósito no cerne da governança corporativa, priorizar o valor para os stakeholders em toda a economia e transformar o relacionamento entre os setores público e privado e entre ambos e a sociedade civil, para que trabalhem em simbiose em prol de um objetivo comum. A razão para a ênfase em repensar o governo é simples: apenas o governo tem capacidade para promover a transformação na escala necessária. O relacionamento entre os agentes econômicos e a sociedade civil revela nossos problemas no nível mais profundo, e é isso que devemos desvendar.

Começamos reconhecendo que os mercados capitalistas são o *resultado* da maneira como se organiza e se administra cada agente do sistema e como os diferentes agentes se relacionam uns com os outros. Isso se aplica aos setores privado e público e a outros setores, como as organizações sem fins lucrativos. Nenhum tipo de comportamento de mercado é inevitável. A tão citada pressão dos mercados sobre as empresas por retornos de curto prazo, por exemplo, é fruto de determinada maneira de organizar o mercado. Tampouco há qualquer coisa de inevitável nas burocracias governamentais para que sejam tão lentas na reação a desafios como as plataformas digitais e a mudança climática.

Na verdade, ambas são consequências da *agência*, de ações e de estruturas de governança *escolhidas* dentro das organizações, assim como dos relacionamentos legais e institucionais entre elas. Tudo se resume ao desenho das organizações e entre as organizações.

O capitalismo sem dúvida está em crise, mas a boa notícia é que podemos fazer melhor. Com base na experiência do passado, sabemos que os agentes públicos e privados são capazes de unir esforços para realizar feitos extraordinários. Tenho refletido sobre como, cinquenta anos atrás, a epopeia dos astronautas da Apollo na Lua exigiu que esses agentes investissem, inovassem e colaborassem dia e noite para alcançar um propósito comum. Imagine que, hoje, esse projeto colaborativo fosse construir um capitalismo mais inclusivo e sustentável: produção e consumo verdes, menos desigualdade, maior realização pessoal, assistência médica de qualidade e envelhecimento saudável, mobilidade sustentável e acesso digital para todos. Mas mudanças pequenas, incrementais, não nos levarão a esses resultados. Precisamos ter coragem e convicção para olhar mais alto — para conduzir mudanças radicais que sejam tão criativas quanto ambiciosas, almejando algo muito mais ousado do que levar humanos à Lua e trazê-los de volta à Terra sãos e salvos.

Para que tenham sucesso nessa tarefa, os governos precisam investir em suas capacidades internas: desenvolver competências e confiança para pensar com ousadia, unir-se a empresas e à sociedade civil, catalisar novas formas de colaboração entre os setores e mobilizar instrumentos que recompensem os agentes dispostos a enfrentar as dificuldades. A tarefa não é escolher vencedores nem distribuir auxílios, subsídios e garantias incondicionais, mas sim *escolher os interessados*. E as missões consistem em estruturar os mercados, não só em corrigi-los. Envolvem imaginar novas áreas de exploração e implicam assumir riscos, não apenas reduzi-los. E se isso significa cometer erros no percurso, que seja. Aprender por meio de tentativa e erro é fundamental para qualquer exercício de criação de valor. Missões ambiciosas também têm a coragem de desnivelar as condições de competência.

Se o governo for de fato um criador de valor impulsionado pelo propósito público, suas políticas devem refletir e reforçar esses atributos. Muitas políticas verdes hoje são apenas pequenos ajustes numa trajetória que ainda favorece os velhos comportamentos propensos ao desperdício e abastece o cassino financeiro que agrava a desigualdade. Uma economia saudável e eficaz para *toda* a sociedade deve mudar as condições de competição a fim de recompensar comportamentos favoráveis à consecução de objetivos acordados e desejáveis. Para tanto, é preciso promover a coerência em diversos campos, como tributação e regulação, legislação empresarial e redes de proteção social.

Como enfatizamos ao longo de todo o livro, é fundamental compreender que as missões sociais não são idênticas às missões tecnológicas. No caso de desafios mais "perversos", é essencial que as missões estejam associadas aos sistemas governamentais. Por exemplo, uma missão em torno da testagem de doenças ou de prioridades de saúde deve interagir estreitamente com o sistema público de saúde, mas jamais substituí-lo ou contorná-lo. Do mesmo modo, uma missão que mire no crescimento limpo deve interagir com sistemas de transporte e com autoridades de planejamento, além de compreender as mudanças comportamentais. Assim, é imprescindível perceber as missões não como projetos de nicho, mas como sistemas intersetoriais, desenvolvidos de baixo para cima e baseados nos sistemas existentes (como os de inovação, entre outros).

Os governos não são capazes de executar as missões sozinhos: precisam trabalhar em paralelo com empresas movidas por propósitos. Como argumentei neste livro, isso envolve enfrentar um dos maiores dilemas do capitalismo moderno: reestruturar os negócios de modo que os lucros privados sejam reinvestidos na economia, em vez de direcionados para objetivos financeirizados de curto prazo. As missões podem acelerar esse deslocamento, moldando as expectativas sobre onde estão as oportunidades de negócios e gerando melhor retorno para os investimentos públicos. Nesse sentido, elas podem agir conforme o discurso da geração de valor para os stakeholders. Para isso, é necessário criar formas de parceria e colaboração mais simbióticas em diferentes setores — saúde, energia ou plataformas digitais. Uma perspectiva de estruturação dos mercados exige gerir essas interações de modo que os direitos de propriedade intelectual, a privacidade dos dados, a precificação de medicamentos essenciais e a tributação reflitam o que precisa ser feito para atingir o objetivo comum. No âmbito da saúde, isso implica inovações impulsionadas pela missão de oferecer melhor assistência médica a todos; no âmbito da energia, envolve reduzir os investimentos em combustíveis fósseis e investir na criação de bens públicos, como infraestrutura e sistemas de produção verdes, que protejam o oásis Terra a que se referiu Armstrong; e, no domínio digital, significa utilizar a digitalização para melhorar o acesso de todas as pessoas ao poder das tecnologias do século XXI — garantindo tanto a privacidade de dados quanto o fortalecimento, não o enfraquecimento, dos Estados de bem-estar social pelas plataformas digitais.

Praticar o capitalismo de maneira diferente exige reimaginar o pleno potencial do setor público, norteado pelo propósito público — definir democraticamente objetivos claros que a sociedade precisa realizar, investindo e inovando em conjunto. Isso requer um relacionamento essencialmente novo entre todos os agentes econômicos dispostos e capazes de lidar com a complexidade de alcançar resultados importantes.

Essas considerações nos obrigam a ir além da dicotomia tradicional entre os defensores da austeridade (corte nas despesas públicas) e aqueles que pregam que taxas de juros baixas e demanda baixa requerem investimentos que de qualquer maneira são necessários. Numa afirmação que se tornou famosa, Keynes disse que, em tempos de desespero, cavar um buraco e voltar a enchê-lo era melhor do que não fazer nada. E Galbraith também sustentou um argumento semelhante:

> Pois, mesmo quando o Estado exerce um controle artisticamente imperfeito sobre o ambiente, o resultado será melhor do que quando não há absolutamente controle algum. No final dos anos 1920 e início da década de 1930, os planejadores e arquitetos de Washington DC limparam uma grande área entre as avenidas Pennsylvania e Constitution para construir um vasto bloco de edifícios denominado Federal Triangle. O conjunto é pouco criativo e presunçoso. Os artistas com razão o condenaram. Mas ele é muito melhor do que o canteiro de edifícios que havia ali antes. Por sua coesão geral, ele passou a ser admirado, em comparação com partes da cidade onde jamais se fez esforço semelhante.[1]

Embora Keynes estivesse absolutamente certo ao insistir em investimentos anticíclicos do governo, o que as políticas guiadas por missões acrescentam é a imaginação necessária para decidir onde e como investir, qualquer que seja o ciclo de negócios. Portanto, em vez de construir estradas e casas em áreas devolutas, a mentalidade guiada por missões enquadra os problemas que a infraestrutura verde pode resolver.

Essa mentalidade também exige uma abertura para a incerteza e a experimentação. Como Roosevelt disse em 1932, "o país, a menos que eu esteja enganado quanto à sua índole, precisa e exige experimentação ousada e contínua. É senso comum adotar um método e experimentá-lo. Se ele falhar, admita o fracasso com franqueza e tente outro. Mas, acima de tudo, tente alguma coisa".[2] Tentar "alguma coisa" significa assumir riscos, ser receptivo à experimentação, introduzir visão e imaginação no papel do investimento público ativo, como fez Roosevelt.

Reimaginar também requer uma nova estética. A era da Bauhaus, na Alemanha, entre 1919 e 1933, tentou infundir uma nova estética nas atividades diárias combinando a lógica da produção em massa com a criatividade individual. Em tempos de sociedades em rede, em que a desigualdade dentro de regiões e entre elas é cada vez maior, não obstante o imenso potencial de novas tecnologias para interagir de maneira mais global do que nunca, qual é essa estética? A questão é fundamental se quisermos nos sair bem depois de qualquer crise.

O New Deal de Roosevelt incluiu não só tijolos e cimento para a construção da infraestrutura; também arregimentou artistas, como parte do Projeto de Arte Nacional, tocado pela Agência de Trabalho e Emprego. O Projeto de Arte Nacional não foi apenas um programa de emprego, mas também uma iniciativa para redesenhar e reformular o espaço público. Empregou uma série de artesãos, arquitetos e designers na construção de prédios públicos, estradas e outras obras de grande porte, abarcando belas-artes (por exemplo, murais e esculturas), artes práticas (por exemplo, cartazes e palcos) e serviços educacionais (por exemplo, galerias e exposições). J. K. Galbraith também falou sobre a necessidade de incutir senso de beleza no design público. "Muito mais, porém, que o teste da produção, que é fácil demais, o teste de realização estética é aquele que, um dia, será adotado pela comunidade progressista."

A transição verde e os objetivos de desenvolvimento sustentável da ONU, de forma mais ampla, também requerem mudanças em nossas aspirações e na maneira como alcançamos a qualidade de vida, ajudando-nos a ver como belo o que já foi visto como feio — uma grande pá eólica girando em um campo verde —, mas também inserindo a experiência humana no cerne da concepção do espaço público. O que é necessário é aquilo que Olafur Eliasson chamou de "um novo foco na experiência e no espaço público como lugar onde nos sentimos seguros para discordar".[3]

As ideias expostas neste livro foram inspiradas por muita gente. Não deixa de ser significativo, porém, que o capítulo anterior, que examina novas teorias, cite tantas pensadoras que colocaram a vida no centro da economia, e não o contrário: o trabalho de Hannah Arendt sobre a vida pública, *vita activa*; o de Elinor Ostrom sobre a criação de comunidades a partir dos bens comuns; o de Kate Raworth sobre a construção de uma economia circular que minimize desperdícios; o de Stephanie Kelton sobre o poder das finanças de longo prazo e dos processos orçamentários baseados em resultados; o de Edith Penrose sobre as capacidades dinâmicas das organizações que criam valor; o de Carlota Perez sobre a mudança das condições de competição para uma transição verde inteligente. É às futuras jovens acadêmicas e profissionais que este livro também é dedicado.

É importante lembrar que a mudança só pode acontecer se nos convencermos de que uma vida melhor é possível. Como afirmou Arundhati Roy durante a pandemia, em 2020:

> Historicamente, as pandemias forçaram os humanos a romper com o passado e a imaginar o mundo de novo. Esta última não é diferente. Ela é um portal, uma via de acesso entre um mundo e o seguinte. Podemos escolher percorrê-lo arrastando as carcaças de nossos preconceitos e ódios, de nossa avareza, de nossos bancos de dados e ideias defuntas, de nossos rios mortos e céus enfumaçados. Ou podemos atravessá-lo, lépidos, com pouca bagagem, prontos para imaginar outro mundo. E dispostos a lutar por ele.[4]

Espero que este livro nos ofereça algumas das ferramentas para imaginar esse mundo e para lutar por ele.

AGRADECIMENTOS

AO LONGO DE MUITOS ANOS, tive a sorte de trabalhar com formuladores de políticas que interagiram comigo no contexto de muitas ideias abordadas neste livro, que a eles dedico com muito reconhecimento.

Minha pretensão de repensar o capitalismo repensando o Estado se manifestou cerca de dez anos atrás, quando comecei a reunir líderes de organizações públicas de todo o mundo para aprender as lições de cada um deles — com o intuito específico de compreender melhor como sair da zona de conforto representada pela correção das falhas de mercado e entrar no mundo ousado e arriscado de construir e estruturar os mercados. Aí se incluem líderes de organizações como a Agência de Projetos de Pesquisa Avançada em Defesa, a Agência de Projetos de Pesquisa Avançada em Energia, o Instituto Nacional de Saúde e a Nasa, nos Estados Unidos; a Comissão Europeia e a Agência Espacial Europeia; a BBC, o Serviço Digital do Governo e a Innovate UK, no Reino Unido; o Ministério da Ciência e a Yozma, em Israel; a Vinnova, na Suécia; o Sitra, na Finlândia; e diferentes bancos públicos, como o KfW, na Alemanha, e o BNDES, no Brasil. O que descobri em todas as conversas com essas pessoas foi o desejo autêntico e a busca intensa de um novo arcabouço para as políticas públicas. Ficou claro que superar grandes desafios tecnológicos e sociais exigia uma abordagem de portfólio ousada, o redesenho de instrumentos como as políticas de aquisições e uma teoria econômica adequada para encarar de frente os rumos do crescimento. Minhas conversas com essas fontes enriqueceram muito minha compreensão das complexidades do "mundo real".

Meu trabalho também me levou a constituir o Instituto de Inovação e Propósito Público, na University College London (UCL). O objetivo era substituir o relacionamento bilateral com organizações públicas por uma plataforma capaz de explorar de forma sistemática como "exercer o governo" de maneiras diferentes. No instituto, minha equipe e eu estamos desenvolvendo um novo currículo, baseado na premissa de que os servidores públicos não são apenas responsáveis por corrigir o mercado, mas por cocriar e estruturar valor. Estamos explorando ativamente diferentes questões: "Que valores estão sendo criados? Esses valores são bons para as pessoas e para o planeta?", "Como medir o valor público?", "Que novas estruturas participativas são necessárias para criar um processo inclusivo e para seguir prioridades escolhidas democraticamente, como um acordo ecológico ou uma nova maneira de compreender o Estado do bem-estar social?". Trabalhamos com formuladores de políticas mundo afora em projetos transformadores que orientam nossas atividades de ensino e pesquisa — e vice-versa —, como a constituição de um banco público na Escócia, a elaboração de ferramentas de políticas públicas inovadoras para a Comissão Europeia e o desenvolvimento de uma política de neutralidade de carbono para a cidade de Manchester. Com efeito, uma abordagem acadêmica bitolada não contribui para o aprendizado de como exercer um governo diferente. Quero agradecer também à equipe de liderança sênior da UCL: Michael Arthur (reitor), David Price (vice-reitor de pesquisa) e Alan Penn (ex-reitor de Barlett) — que juntos não só me contrataram, mas também me deixaram estruturar o instituto de maneira a atribuir às políticas e às práticas tanto peso quanto ao ensino e à pesquisa, adotando como nosso principal objetivo o feedback mútuo.

Também quero expressar minha gratidão a vários líderes do mundo da política, que trabalharam diligentemente comigo ao longo dos anos e inspiraram muitos dos insights deste livro. Essa lista inclui Carlos

Moedas, ex-comissário da Diretoria-Geral de Pesquisa, Ciência e Inovação da Comissão Europeia, que me escolheu como conselheira pessoal; junto com a equipe dele, conseguimos introduzir as missões como um instrumento na legislação da CE (história que conto no capítulo 5). Também abrange Nicola Sturgeon, primeira-ministra da Escócia, que me incumbiu de trabalhar com sua equipe no desenho de um novo banco público guiado por missões. Inclui, além disso, Greg Clarke, secretário de Estado do Departamento de Negócios, Energia e Estratégia do governo do Reino Unido, que me ouviu falar reiteradamente sobre por que a estratégia industrial não deve focar em setores, mas sim em desafios — e, então, me pediu para compor uma comissão sobre estratégia industrial guiada por missões, que copresidi com Lord Willetts (David) — colaborador dotado de grande sabedoria desde a época em que foi ministro de Estado para Universidades e Ciência. Por fim, minha lista também inclui formuladores de políticas, com quem comecei a trabalhar recentemente: Cyril Ramaphosa, presidente da África do Sul, país que enfrenta grandes desafios, inclusive referentes à capacidade do Estado, mas cujo vigor e interesse em novas formas de modelos econômicos são tão envolventes quanto desafiadores; Giuseppe Conte, primeiro-ministro italiano, que, ao escolher-me como conselheira especial, permitiu-me ajudá-lo a estruturar o plano de recuperação pós-covid da Itália, adotando a abordagem guiada por missões como arcabouço para lidar com os desafios do país, em termos de clima, saúde e digitalização; o dr. Tedros Adhanom Ghebreyesus, diretor-geral da Organização Mundial da Saúde, por organizar o Conselho de Economia da Saúde para Todos e me convidar para presidi-lo; e Georgia Gould, líder da Câmara de Camden, em Londres, com quem estou embarcando em uma nova aventura, a Comissão de Renovação de Camden, cujo objetivo é utilizar a abordagem guiada por missões para introduzir novos processos participativos e modelos de governança no plano econômico da Câmara de Camden. Um membro da comissão, George Mpanga (também conhecido como George, o Poeta), foi para mim uma fonte de inspiração especial no último ano, por conta de seu empenho em garantir que as boas ideias sobre a reforma de nossa economia, disfuncional e desigual, se aninhem em novas formas de contação de histórias.

Eu também gostaria de agradecer ao padre Augusto Zampini, que liderou a força-tarefa pós-covid do Vaticano e que, junto com o papa Francisco, muito me ensinou sobre a necessidade urgente de adotar em economia uma abordagem de bem comum.

Convém notar que o risco de trabalhar tão estreitamente com formuladores de políticas é que às vezes nossas ideias são mal interpretadas ou implementadas de maneira incorreta. Desde que se trate de um processo de aprender fazendo, tudo bem. De fato, este livro tem o intuito de ajudar o governo a ver-se a si próprio como organização que aprende. Eu gostaria de agradecer a meus colegas que leram as versões preliminares — alguns, na totalidade; outros, parcialmente — e ofereceram comentários extremamente úteis. Aí se incluem minha mentora de longa data, Carlota Perez (sempre me lembrando a não perder de vista o quadro geral!), e os seguintes colegas, em ordem alfabética: Antonio Andreoni, Asker Voldsgaard, Brian Collins, Dan Hill, David Frayman, George Dibb, Giulio Quaggiotto, Guendalina Anzolin, Henry Li, Josh Entsminger, Josh Ryan-Collins, Katie Kedward, Laurie Macfarlane, Rainer Kattel, Rosie Collington, Rowan Conway, Ryan Farrell e Simone Gasperin. Também sou extremamente grata pelos comentários profundos de Patrick Besha, consultor político sênior da Nasa, e de Robert Schroder, da Comissão Europeia.

Como em meu livro anterior, muito me beneficiei da colaboração estreita com Michael Prest, jornalista e editor que me ajudou a expressar minhas ideias em linguagem mais fácil e fluente. Nossas longas conversas no pub Lord Stanley (novamente) foram entremeadas por reflexões sobre os desafios que os governos de todo o mundo estão enfrentando, e sobre a tão necessária direção da nau. Seu charme, cordialidade e amizade foram tão importantes quanto suas revisões cuidadosas.

Os últimos estágios da edição contaram com a colaboração de Rachel Farrell, editora paciente, capaz de incutir elegância e lógica nas passagens mais confusas. Sua capacidade incansável de trabalhar dias, noites e fins de semana, sem descuidar da jovem família, permitiu-me começar as semanas com o sentimento de que os sucessivos aprimoramentos aos poucos se aproximavam da linha de chegada.

Também tive a sorte de convencer meu vizinho e velho amigo da família no norte de Londres, Dennis Yandoli, a ler o livro com olhos críticos, contribuindo com suas histórias apaixonadas sobre a viagem à Lua. Ele não raro chegava aos nossos encontros trajando camisetas com imagens da Apollo 13 ou de JFK.

Quero ainda agradecer a meu editor na Allen Lane/ Penguin, Stuart Proffitt, cujas revisões e comentários, sempre cuidadosos, ampliaram as fronteiras do livro. Ele bancou o advogado do diabo e me induziu a aperfeiçoar o texto, para que não só repensasse o capitalismo, mas repensasse o governo. Meus agradecimentos calorosos também à equipe da Penguin: Etty Eastwood, Ania Gordon, Taryn Jones, Linden Lawson, Rebecca Lee e Alice Skinner. Sarah Chafant, minha agente na Wylie, e suas excelentes colegas, Ekin Oklap e Alba Ziegler-Bayley, me ajudaram a navegar no mundo das editoras internacionais, e sempre encontraram tempo para tecer comentários encorajadores sobre artigos, capítulos e propostas.

Por fim, gostaria de agradecer ao meu marido, Carlo Cresto-Dina, por sempre me lembrar de refletir sobre o papel do setor cultural — e sua centralidade na imaginação criativa da vida que queremos viver. E sou grata a meus filhos, Leon, Micol, Luce e Sofia, cujos sorrisos, risadas, perguntas, brincadeiras e profunda empatia por todos ao redor tornam tudo o mais secundário, justificando as batalhas ao longo do caminho.

NOTAS

PREFÁCIO [pp. 9-14]

1 M. Mazzucato e R. Kattel, "Covid-19 and Public Sector Capacity", *Oxford Review of Economic Policy*, 2020. Disponível em: <doi.org/10.1093/oxrep/graa031>.

2 Ver: <www.globalpolicyjournal.com/blog/09/04/2020/testing-capacity-state-capacity-and-covid-19-testing>. Acesso em: 20 abr. 2020.

3 Ver: <www.theguardian.com/global-development/2020/apr/09/in-a-war-we-draw-vietnams-artists-join-fight-against-covid-19>. Acesso em: 20 abr. 2020.

4 Ver: <idronline.org/covid-19-and-lessons-from-kerala>. Acesso em: 29 maio 2020.

5 Ver: <www.technologyreview.com/2020/04/13/999313/kerala-fight-covid-19-india-coronavirus/?utm_medium=tr_social&utm_campaign=site_visitor.unpaid.engagement&utm_source=Twitter#Echobox=1588354761>. Acesso em: 1º maio 2020; M. Mazzucato e G. Quaggiotto, "The Big Failure of Small Governments". Disponível em: <www.project-syndicate.org/commentary/small-governments-big-failure-covid19-by-mariana-mazzucato-and-giulio-quaggiotto-2020-05>. Acesso em: 17 jul. 2020.

6 Ver: <www.wsj.com/articles/efficiency-isnt-the-only-economic-virtue-11583873155>. Acesso em: 1º abr. 2020.

7 Ver: <www.theguardian.com/commentisfree/2020/may/07/outsourcing-coronavirus-crisis-business-failed-nhs-staff>. Acesso em: 19 maio 2020.

8 Ver: <www.health.org.uk/news-and-comment/news/response-to-public-health-grant>. Acesso em: 15 jul. 2020.

9 Ibid.

10 Ver: <www.bma.org.uk/news-and-opinion/a-public-health-resurgence>. Acesso em: 15 jul. 2020.

11 Ver: <www.theguardian.com/business/2013/dec/19/offender-electronic-tagging-serco-repay-68m-overcharging>. Acesso em: 15 maio 2020.

12 Ver: <committees.parliament.uk/publications/4976/documents/50058/default>. Acesso em: 4 mar. 2022.

13 Ver: <www.forbes.com/sites/techonomy/2013/11/10/the-unhealthy-truth-about-obama-cares-contractors/#c65b374644fd>. Acesso em: 1º jun. 2020; <www.telegraph.co.uk/business/2018/06/06/serco-wins-670m-contract-us-healthcare-insurance>. Acesso em: 1º jun. 2020.

14 R. Davies, "The Inside Story of the UK's NHS Coronavirus Ventilator Challenge". Disponível em: <www.theguardian.com/business/2020/may/04/the-inside-story-of-the-uks-nhs-coronavírus-ventilator-challenge>. Acesso em: 2 fev. 2022.

15 Para uma revisão de como a Nova Zelândia mudou sua abordagem à terceirização, em consequência de lições aprendidas, ver Allen Schick, "Reflections on the New Zealand Model". Disponível em: <treasury.govt.nz/sites/default/files/2008-02/schick-rnzm01.pdf>. Acesso em: 3 jan. 2020.

1. MISSÃO E PROPÓSITO [pp. 17-23]

1 O texto do discurso de Kennedy está disponível em: <er.jsc.nasa.gov/seh/ricetalk.htm>. Acesso em: 2 fev. 2022.

2 Ver: <www.jfklibrary.org/events-and-awards/forums/past-forums/transcripts/50th-anniversary-of-the-missile-gap-controversy>. Acesso em: 13 jul. 2020.

3 Ver: <www.planetary.org/space-policy/cost-of-apollo>. Acesso em: 7 set. 2020.

4 Ver: <www.computerweekly.com/news/252466699/How-Apollo-11-influenced-modern-computer-software-and-hardware>. Acesso em: 1º jan. 2020.

5 J. K. Galbraith, *Economics and the Public Purpose* (Boston: Houghton Mifflin, 1973).

6 M. Mazzucato e R. Kattel, "Getting Serious about Value". UCL Institute for Innovation and Public Purpose. IIPP PB 07, 2019. Disponível em: <www.ucl.ac.uk/bartlett/public-purpose/publications/2019/jun/getting-serious-about-value>. Acesso em: 2 fev. 2022.

7 Ver: <www.blackrock.com/americas-offshore/2018-larry-fink-ceo-letter>. Acesso em: 2 fev. 2022.

8 Ver: <www.businessroundtable.org/business-roundtable-redefines-the-purpose-of-a-corporation-to-promote-an-economy-that-serves-all-americans>. Acesso em: 2 fev. 2022.

2. CAPITALISMO EM CRISE [pp. 24-36]

1 L. Laybourn-Langton et al., "This Is a Crisis: Facing up to an Age of Environmental Breakdown" (Londres: Institute for Public Policy Research, 2019). Disponível em: <www.ippr.org/files/2019-11/this-is-a-crisis-feb19.pdf>. Acesso em: 2 fev. 2022.

2 UN Environment Programme, Emissions Gap Report 2019. Disponível em: <www.unenvironment.org/resources/emissions-gap-report-2019>. Acesso em: 2 fev. 2022.

3 G. Ceballos, P. R. Ehrlich e R. Dirzo, "Biological Annihilation via the Ongoing Sixth Mass Extinction Signaled by Vertebrate Population Losses and Declines". *PNAS*, v. 114, n. 30, 25 jul. 2017. Disponível em: <doi.org/10.1073/pnas.1704949114>. Acesso em: 2 fev. 2022.

4 OCDE, *Divided We Stand: Why Inequality Keeps Rising* (Paris: OECD Publishing, 2011). Disponível em: <doi.org/10.1787/9789264119536-en>. Acesso em: 2 fev. 2022.

5 Os números representam médias ponderadas. Ver "Decoupling of Wages from Productivity: What Implications for Public Policy?". *OECD Economic Outlook*, v. 20, n. 2, pp. 51-65, 2018. Disponível em: <www.oecd.org/economy/outlook/Decoupling-of-wages-from-productivity-november-2018-OECD-economic-outlook-chapter.pdf>. Acesso em: 2 fev. 2022.

6 T. Piketty e G. Zucman, "Capital is Back: Wealth-Income Ratios in Rich Countries 1700--2010". *The Quarterly Journal of Economics*, v. 129, n. 3, pp. 1255-310, ago. 2014. Disponível em: <doi.org/10.1093/qje/qju018>. Acesso em: 2 fev. 2022.

7 A. Tooze, *Crashed: How a Decade of Financial Crises Changed the World* (Londres: Allen Lane, 2018), cap. 10.

8 IMF Global Debt Database, 2019, estoque total de empréstimos e de títulos de dívida emitidos por famílias e por empresas não financeiras como proporção do PIB. Disponível em: <www.imf.org/external/datamapper/PVD_LS@GDD/FADGDWORLD/USA/GBR/DEU/CHN/FRA>. Acesso em: 2 fev. 2022.

9 L. Dallas, "Short-Termism, the Financial Crisis, and Corporate Governance". *Journal of Corporation Law*, v. 37, p. 264, 2011. Disponível em: <papers.ssrn.com/sol3/papers.cfm?abstract_id=2006556>; R. Davies et al., "Measuring the Costs of Short-termism". *Journal of Financial Stability*, v. 12, pp. 16-25, 2014; J. Kay, *The Kay Review of UK Equity Markets and Long-term Decision Making*, 2012. Disponível em: <assets.publishing.service.gov.uk/government/uploads/system/uploads/attachment_data/file/31544/12-631-kay-review-of-equity-markets-interim-report.pdf>. Acesso em: 2 fev. 2022.

10 Dados da OCDE e do FMI, citados em R. Fay, J.-D. Guenette, M. Leduc e L. Morel, "Why Is Global Business Investment So Weak? Some Insights from Advanced Economies". *Bank of Canada Economic Review*, primavera 2017. Disponível em: <www.bankofcanada.ca/wp-content/uploads/2017/05/boc-review-spring17-fay.pdf>. Acesso em: 2 fev. 2022.

11 High Pay Centre, "Executive Pay: Review of FTSE 100 Executive Pay Packages", 2017. Disponível em: <highpaycentre.org/files/7571_CEO_pay_in_the_FTSE100_report_(FINAL).pdf>. Acesso em: 2 fev. 2022.

12 Dados e análises de A. Haldane, "Who Owns a Company?". Discurso na Universidade de Edimburgo, 22 maio 2015. Disponível em: <www.bankofengland.co.uk/-/media/boe/files/speech/2015/who-owns-a-company.pdf>. Acesso em: 2 fev. 2022.

13 Ver: <www.theguardian.com/commentisfree/2020/may/28/ppe-testing-contact-tracing-shambles-outsourcing-coronavirus>. Acesso em: 13 jun. 2020; <www.ft.com/content/e5079a62-4469-470d-af29-f79e82879853>. Acesso em: 13 jul. 2020.

14 Ver: <www.ons.gov.uk/economy/grossdomesticproductgdp/bulletins/gdpfirstquarterlyestimateuk/octobertodecember2020>. Acesso em: 2 fev. 2022.

15 Ver: <www2.deloitte.com/us/en/insights/economy/spotlight/economics-insights-analysis-08-2019.html>. Acesso em: 2 fev. 2022.

16 Ver: <www.federalreserve.gov/publications/files/2018-report-economic-well-being-us-households-201905.pdf>. Acesso em: 2 fev. 2022.

17 Ver: <www.nytimes.com/2014/04/05/business/economy/corporate-profits-grow-ever-larger-as-slice-of-economy-as-wages-slide.html>. Acesso em: 6 abr. 2020.

18 Ver: <laborcenter.berkeley.edu/the-high-public-cost-of-low-wages>. Acesso em: 20 jun. 2020.

19 J. Ryan-Collins, T. Greenham, R. Werner e A. Jackson, *Where Does Money Come From?* (Londres: New Economics Foundation, 2012), p. 107.

20 O. Jordà, M. Schularick e A. M. Taylor, "Macrofinancial History and the New Business Cycle Facts". *NBER Macroeconomics Annual*, v. 31, n. 1, pp. 213-63, 2017.

21 W. Lazonick, "From Innovation to Financialization: How Shareholder Value Ideology Is Destroying the US Economy". In: M. Wolfson e G. Epstein (Orgs.), *The Handbook of the Political Economy of Financial Crises* (Oxford: Oxford University Press, 2013), pp. 491-511.

22 Ver: <neweconomics.org/uploads/files/NEF_SHAREHOLDER-CAPITALISM_E_latest.pdf>. Acesso em: 9 jul. 2020.

23 J. Wood, "Mortgage Credit: Denmark's Financial Capacity Building Regime". *New Political Economy*, v. 24, n. 6, 2019. Disponível em: <www.tandfonline.com/doi/abs/10.1080/13563467.2018.1545755>. Acesso em: 2 fev. 2022.

24 Ver: <www.marketwatch.com/story/airlines-and-boeing-want-a-bailout-but-look-how much-theyve-spent-on-stock-buybacks-2020-03-18>. Acesso em: 26 mar. 2020.

25 Ver: <www.forbes.com/sites/stevedenning/2017/07/17/making-sense-of-shareholder-value-the-worlds-dumbest-idea/#15ba6a722a7e>. Acesso em: 27 abr. 2020.

26 As empresas de *private equity* tendem a aumentar sua dívida para comprar os ativos em que investem, a fim de minimizar a necessidade de capital próprio. Em consequência do endividamento daí resultante, essa estratégia de investimento costuma ser denominada "compra alavancada".

27 Ver: <www.theatlantic.com/magazine/archive/2018/07/toys-r-us-bankruptcy-private-equity/561758>. Acesso em: 14 maio 2020.

28 Intergovernmental Panel on Climate Change, 2019, *Special Report, Global Warming of 1.5°C*. Disponível em: <www.ipcc.ch/sr15>. Acesso em: 2 fev. 2022.

29 Para os Estados Unidos, Ver: <www.eesi.org/papers/view/fact-sheet-fossil-fuel-subsidies-%20a-%20closer-look-at-tax-breaks-and-societal-costs>. Acesso em: 1º jul. 2020; para a Europa, Ver: <www.theguardian.com/environment/2019/jan/23/uk-has-biggest-fossil-fuel-subsidies-in-the-eu-finds-commission> e <eur-lex.europa.eu/legal-content/EN/TXT/PDF/?uri=COM:2019:1:FIN&from=EN>. Acesso em: 10 set. 2020.

30 Ver: <www.edie.net/news/11/G20-nations-funnel-151bn-of-Covid-19-recovery-funding-into-fossil-fuels>. Acesso em: 30 nov. 2020.

31 P. B. Evans, *Embedded Autonomy: States and Industrial Transformation* (Princeton, NJ: Princeton University Press, 2012).

32 Ver: <www.americanprogress.org/issues/general/news/2012/01/13/10976/obamas-government-reform-plan>. Acesso em: 24 abr. 2020.

33 Ver: <www.reaganfoundation.org/ronald-reagan/reagan-quotes-speeches/news-conference-1>. Acesso em: 22 jan. 2020.

34 M. Mazzucato, *The Value of Everything: Making and Taking in the Global Economy* (Londres: Allen Lane, 2018).

35 W. Lazonick e M. Mazzucato, "The Risk-Reward Nexus in the Innovation-Inequality Relationship: Who Takes the Risks? Who Gets the Rewards?". *Industrial and Corporate Change*, v. 22, n. 4, pp. 1093-128, 2013.

3. MÁ TEORIA, MÁ PRÁTICA: CINCO MITOS QUE IMPEDEM O PROGRESSO [pp. 37-64]

1 John Maynard Keynes, *General Theory of Employment, Interest, and Money* (Londres: Macmillan, 1936), p. 383.

2 R. M. Solow, "Technical Change and the Aggregate Production Function". *The Review of Economics and Statistics*, v. 39, n. 3, pp. 312-20, 1957; P. M. Romer, *What Determines the Rate of Growth and Technological Change?* (Washington, DC: World Bank Publications, 1989).

3 N. Bloom e J. Van Reenen, "Measuring and Explaining Management Practices across Firms and Countries". *The Quarterly Journal of Economics*, v. 122, n. 4, pp. 1351-408, 2007; M. Mazzucato, *The Value of Everything: Making and Taking in the Global Economy* (Londres: Allen Lane, 2018). Para uma teoria microeconômica do valor, ver H. R. Varian, *Microeconomic Analysis* (Nova York: W. W. Norton, 1992). Para uma abordagem de estratégia empresarial à criação de valor em negócios, ver M. E. Porter, *Competitive Advantage: Creating and Sustaining Superior Performance* (Nova York: Free Press, 1985).

4 M. Mazzucato, *The Entrepreneurial State: Debunking Public Sector vs Private Sector Myths* (Londres: Penguin, 2018).

5 M. Angell, *The Truth about the Drug Companies: How they Deceive Us and What to Do about It* (Nova York: Random House, 2005); M. Mazzucato e G. Semieniuk, "Financing Renewable Energy: Who is Financing What and Why It Matters". *Technological Forecasting and Social Change*, v. 127, pp. 8-22, 2018.

6 H.-J. Chang, *The Political Economy of Industrial Policy* (Basingstoke: Macmillan, 1994) e "The Political Economy of Industrial Policy in Korea". *Cambridge Journal of Economics*, v. 17, n. 2, pp. 131-57, jun. 1993. Disponível em: <doi.org/10.1093/oxfordjournals.cje.a035227>. Acesso em: 2 fev. 2022.

7 J.-S. Shin, "Dynamic Catch-up Strategy, Capability Expansion and Changing Windows of Opportunity in the Memory Industry". *Research Policy*, v. 6, pp. 404-16, 2017.

8 K. J. Arrow, "An Extension of the Basic Theorems of Classical Welfare Economics". In: J. Neyman (Org.), *Proceedings of the Second Berkeley Symposium on Mathematical Statistics and Probability* (Berkeley: University of California Press, 1951), pp. 507-32.

9 James M. Buchanan e Gordon Tullock, *The Calculus of Consent: Logical Foundations of Constitutional Democracy* (Ann Arbor: University of Michigan Press, 1962); D. C. Mueller, "Public Choice: An Introduction". In: C. K. Rowley e F. Scheider (Orgs.), *The Encyclopedia of Public Choice* (Nova York: Springer, 2004), pp. 32-48.

10 J. Le Grand, "The Theory of Government Failure". *British Journal of Political Science*, v. 21, n. 4, pp. 423-42, 1991.

11 C. Wolf, *Markets or Governments: Choosing Between Imperfect Alternatives* (Cambridge, MA: MIT Press, 1989).

12 J. W. Stiglitz e A. A. Weiss, "Credit Rationing in Markets with Imperfect Information". *American Economic Review*, v. 71, n. 3, 1981.

13 J. M. Buchanan, "Public Choice: Politics without Romance". *Policy: A Journal of Public Policy and Ideas*, v. 19, n. 3, 2003.

14 A. Innes. Disponível em: <blogs.lse.ac.uk/europpblog/2018/09/29/the-dismantling-of-the-state-since-the-1980s-brexit-is-the-wrong-diagnosis-of-a-real-crisis>. Acesso em: 2 jan. 2020.

15 J. E. Lane, *New Public Management: An Introduction* (Londres: Routledge, 2002).

16 C. Hood, "The 'New Public Management' in the 1980s: Variations on a Theme". *Accounting, Organizations and Society*, v. 20, n. 2-3, pp. 93-109, 1995.

17 Ver: <www.wto.org/english/tratop_e/serv_e/symp_mar02_uk_treasury_priv_guide_e.pdf>. Acesso em: 9 jul. 2020.

18 Ver: <www.nao.org.uk/wp-content/uploads/2018/01/PFI-and-PF2.pdf>. Acesso em: 1º maio 2020.

19 *Financial Times*, 9 fev. 2018. Disponível em: <www.ft.com/content/983c4598-0d-88-11e8-839d-41ca06376bf2>. Acesso em: 23 dez. 2019.

20 Ver: <www.theguardian.com/society/2013/sep/18/nhs-records-system-10bn>. Acesso em: 22 jan. 2020.

21 Ver: <www.instituteforgovernment.org.uk/publications/carilliontwo-years>. Acesso em: 11 mar. 2020.

22 Ver: <www.theguardian.com/business/2020/jan/15/carillion-collapse-two-years-on-government-has-learned-nothing>. Acesso em: 21 jan. 2020.

23 Ver: <www.theguardian.com/society/2020/jan/17/two-hospitals-held-up-by-carillion-colapse>. Acesso em: 21 jan. 2020.

24 Ver: <www.theguardian.com/business/2018/mar/07/carillion-bosses-prioritised-pay-over-company-affairs-mps-hear>. Acesso e 21 jan. 2020.

25 J. Sekera, "Outsourced Government—The Quiet Revolution: Examining the Extent of Government-by-Corporate-Contractor". Economics in Context Initiative, 2017. Disponível em: <www.bu.edu/eci/2017/09/27/outsourced-government-the-quiet-revolution-examining-the-extent-of-government-by-corporate-contractor>. Acesso em: 2 fev. 2022.

26 United States Government Accountability Office, *Contracting Data Analysis; Assessment of Government-wide Trends*, mar. 2017. Disponível em: <www.gao.gov/assets/690/683273.pdf>. Acesso em: 2 fev. 2022.

27 C. Hood e R. Dixon, *A Government that Worked Better and Cost Less? Evaluating Three Decades of Reform and Change in UK Central Government* (Oxford: Oxford University Press, 2015), citado em Abby Innes. Disponível em: <blogs.lse.ac.uk/europpblog/2018/09/29/the-dismantling-of-the-state-since-the-1980s-brexit-is-the-wrong-diagnosis-of-a-real-crisis>. Acesso em: 2 jan. 2020.

28 Ver: <fullfact.org/economy/rail-fares-inflation>. Acesso em: 28 abr. 2020.

29 Ver: <orr.gov.uk/news-and-blogs/press-releases/2019/new-orr-rail-punctuality-statistics-will-help-industry-focus-on-boosting-performance-for-passengers>. Acesso em: 28 abr. 2020.

30 Ver: <fullfact.org/economy/how-much-does-government-subsidise-railways>. Acesso em: 28 abr. 2020; <neweconomics.org/2017/01/railways-failed-next>. Acesso em: 28 abr. 2020.

31 Ver: <www.theguardian.com/business/2020/sep/21/uk-covid-19-rail-rescue-measures-dft-franchising>. Acesso em: 2 fev. 2022.

32 Ver: <www.ft.com/content/636d7f58-3397-11ea-a329-0bcf87a328f2>. Acesso em: 2 jul. 2020.

33 *Financial Times*, 29 jan. 2020. Disponível em: <www.ft.com/content/636d7f58-3397-11ea-a329-0bcf87a328f2>. Acesso em: 15 maio 2020.

34 Ver: <www.politico.com/story/2019/07/02/spies-intelligence-community-mckinsey-1390863>. Acesso em: 14 jul. 2020.

35 P. Verkuil, *Outsourcing Sovereignty: Why Privatization of Government Functions Threatens Democracy and What We Can Do about It* (Cambridge: Cambridge University Press, 2007). Disponível em: <doi.org/10.1017/CBO9780511509926>. Acesso em: 2 fev. 2022.

36 Ver: <www.ingentaconnect.com/content/tpp/pap/2019/00000047/00000001/art00005;jsessionid=18599r8eh1s7s.x-ic-live-03>. Acesso em: 14 jul. 2020.

37 Ibid.

38 Ver: <publications.parliament.uk/pa/cm201617/cmselect/cmpubacc/772/77203.htm#_idTextAnchor004>. Acesso em: 14 jul. 2020.

39 Finn Williams, "Finding the Beauty in Bureaucracy: Public Service and Planning" (Lendlease, 2018). Disponível em: <www.lendlease.com/uk/better-places/20180823-finding-the-beauty-in-bureaucracy>. Acesso em: 2 fev. 2022.

40 Paul Hunter, *The Guardian*, 1 abr. 2020. Disponível em: <www.theguardian.com/commentisfree/2020/apr/01/why-uk-coronavirus-testing-work-catchup>. Acesso em: 1º abr. 2020.

41 Ver: <www.washingtonpost.com/world/europe/how-mckinsey-quietly-shaped-europes-response-to-the-refugee-crisis/2017/07/23/2cccb616-6c80-11e7-b9e2-2056e768a7e5_story.html>. Acesso em: 31 ago. 2020.

42 Ver: <www.vox.com/science-and-health/2019/12/13/21004456/bill-gates-mckinsey-global-public-health-bcg>. Acesso em: 13 jan. 2020.

43 A. Laplane e M. Mazzucato, "Socialising the Risks and Rewards of Public Investments: Economic, Policy and Legal Issues". UCL Institute for Innovation and Public Purpose. IIPP WP 2019-09.

44 Ver: <www.theguardian.com/world/2020/sep/18/covid-test-and-trace-uk-compare-other-countries-south-korea-germany>. Acesso em: 2 fev. 2022.

45 Ver: <www.theguardian.com/world/2020/oct/14/consultants-fees-up-to-6250-a-dayfor-work-on-covid-test-system>. Acesso em: 2 fev. 2022.

46 Ver: <committees.parliament.uk/publications/4976/documents/50058/default>.

47 Ver: <www.theguardian.com/politics/2020/sep/29/whitehall-infantilised-by-reliance-on-consultants-minister-claims>. Acesso em: 2 fev. 2022.

48 Ver: <www.americanrhetoric.com/speeches/sarahpalin2010teapartykeynote.html>. Acesso em: 1º jul. 2020.

49 A. Andreoni e H.-J. Chang, "The Political Economy of Industrial Policy: Structural Interdependencies, Policy Alignment and Conflict Management". *Structural Change and Economic Dynamics*, v. 48, n. 1, pp. 36-150, 2019.

50 Como documentado em K. Lee, C. Lim e W. Song, "Emerging Digital Technology as a Window of Opportunity and Technological Leapfrogging: Catch-up in Digital TV by the Korean Firms". *International Journal of Technology Management*, v. 29, n. 1- 2, p. 50, 2005: "Todo o projeto foi dividido em sinalização digital (satélite e terrestre), monitores (CRT, LCD, PDP) e chips ASIC (chips de circuitos integrados, específicos para aplicação, codificação, decodificação, demultiplexador, processador de monitor). Cada unidade, GRI ou empresa privada, foi incumbida de diferentes tarefas, com algumas sobreposições intencionais, a saber, duas unidades para executar a mesma tarefa, de modo a evitar o monopólio dos resultados da pesquisa. Embora cada unidade deva compartilhar os resultados com outras organizações, observou-se que as empresas privadas tendiam a pesquisar diferentes aspectos da tecnologia de TV digital e a manter para si descobertas importantes ou centrais".

51 Ibid.

52 United Nations Industrial Development Organization, 2020, "Industrialization as the Driver of Sustained Prosperity". Disponível em: <www.unido.org/sites/default/files/files/2020-04/UNIDO_Industrialization_Book_web4.pdf>. Acesso em: 2 fev. 2022.

53 Ver: <www.civitas.org.uk/pdf/PickingWinners.pdf>. Acesso em: 2 fev. 2022.

54 Ver: <www.nytimes.com/2020/07/01/opinion/inequality-goverment-bailout.html>. Acesso em: 4 jul. 2020.

55 Ver: <www.civitas.org.uk/pdf/PickingWinners.pdf>. Acesso em: 2 fev. 2022.

56 Ver: <www.theatlantic.com/technology/archive/2015/07/supersonic-airplanes-concorde/396698>. Acesso em: 3 jul. 2020; <granttree.co.uk/concorde-a-soaring-tale-of-human-ingenuity>. Acesso em: 3 jul. 2020.

57 Ver: <www.ati.org.uk/media/ufvdpces/ati-insight_13-spillovers.pdf>; <www.renishaw,com/en/heritage--32458>. Acesso em: 3 jul. 2020.

58 M. Mazzucato e R. Kattel, "Getting Serious About Value". UCL Institute for Innovation and

Public Purpose. IIPP PB 07, 2019. Disponível em: <www.ucl.ac.uk/bartlett/public-purpose/publications/2019/jun/getting-serious-about-value>. Acesso em: 2 fev. 2022.

59 Ver: <ec.europa.eu/eurostat/databrowser/view/teina225/default/table?lang=en>. Acesso em: 3 jan. 2020; <ec.europa.eu/eurostat/documents/2995521/9984123/2-19072019-AP-EN.pdf/437bbb45-7db5-4841-b104-296a0dfc2f1c>. Acesso em: 3 jan. 2020.

4. LIÇÕES DA APOLLO: UM GUIA ESPACIAL PARA A MUDANÇA [pp. 67-104]

1 O texto do discurso de Kennedy está disponível em: <er.jsc.nasa.gov/seh/ricetalk.html>. Acesso em: 2 fev. 2022.

2 Ver: <www.theguardian.com/science/2019/jul/14/apollo-11-civil-rights-black-america-moon>. Acesso em: 2 fev. 2022.

3 Ver: <www.nasa.gov/centers/langley/news/factsheets/Rendezvous.html>. Acesso em: 1º jan. 2020.

4 Ver: <history.nasa.gov/SP-4102.pdf>. Acesso em: 20 abr. 2020.

5 Ver: <apollo11.spacelog.org/page/04:06:35:51>. Acesso em: 14 jan. 2020.

6 A. S. Levine, *Managing Nasa in the Apollo Era*. Nasa Scientific and Technical Information Branch, Washington, DC, publicação especial n. 4102, 1982.

7 A. Slotkin, *Doing the Impossible: George E. Mueller and the Management of Nasa's Human Spaceflight Program* (Chichester: Springer-Praxis, 2012), p. 21.

8 Ibid., pp. 6, 42, 45.

9 O relato do próprio Kranz sobre seu discurso está disponível em: <history.nasa.gov/SP-4223/ch6.html>. Acesso em: 28 abr. 2020.

10 M. Mazzucato, *Governing Missions in the European Union* (Luxemburgo: European Commission, Directorate-General for Research and Innovation, 2019). Disponível em: <ec.europa.eu/info/sites/info/files/research_and_innovation/contact/documents/ec_rtd_mazzucato-report-issue2_072019.pdf>. Acesso em: 2 fev. 2022.

11 Um artigo de 2018 escrito por funcionários da Nasa argumentou que a agência desenvolveu várias fases de inovação organizacional durante sua história. Ver: <hbr.org/2018/04/the-reinvention-of-nasa>. Acesso em: 10 jun. 2020.

12 A. S. Levine, *Managing Nasa in the Apollo Era*, p. 271.

13 Ibid., p. 268.

14 P. Azoulay, E. Fuchs, A. P. Goldstein e M. Kearney, "Funding Breakthrough Research: Promises and Challenges of the 'ARPA Model'". *Innovation Policy and the Economy*, v. 19, n. 1, pp. 69-96, 2019.

15 Ver: <lettersofnote.com/2012/08/06/why-explore-space>. Acesso em: 23 abr. 2020; a carta de Stuhlinger estava datada de 6 de maio de 1970.

16 Ver: <college.cengage.com/history/ayers_primary_sources/king_justice_1966.html>. Acesso em: 23 abr. 2020.

17 Ver: <www.nasa.gov/multimedia/imagegallery/image_feature_1249.html>. Acesso em: 1º set. 2020.

18 Não está claro se ele inventou a história sobre o conde. A história de Stuhlinger pode ser uma parábola, em vez de um relato histórico. Ver: <www.reddit.com/r/history/comments/a5b8je/who_is_the_man_in_the_microscope_story_featured>. Acesso em: 2 fev. 2022.

19 Ver: <qz.com/1669641/innovations-from-apollo-11-mission-that-changed-life-on-earth>. Acesso em: 2 fev. 2022.

20 Ver: <www.jpl.nasa.gov/infographics/uploads/infographics/full/11358.jpg>. Acesso em: 2 fev. 2022.

21 Transcrito de uma gravação ao vivo no documentário da PBS *Chasing the Moon* (2019), dirigido por R. Stone.

22 Ver: <www.jfklibrary.org/archives/other-resources/john-f-kennedy-speeches/united-states-congress-special-message-19610525>. Acesso em: 2 jul. 2020.

23 Ver: <christopherrcooper.com/blog/apollo-program-cost-return-investment>. Acesso em: 26 mar. 2020.

24 Ver: <www.usinflationcalculator.com>. Acesso em: 2 fev. 2022.

25 Discurso de Kennedy na Universidade Ric. Disponível em: <er.jsc.nasa.gov/seh/ricetalk.html>. Acesso em: 2 fev. 2022.

26 Blog de Christopher R. Cooper, "Apollo Space Program Cost: An Investment in Space Worth Retrying?" Disponível em: <christophercooper.com/blog/apollo-program-cost-return-investment>. Acesso em: 13 mar. 2020.

27 Ver seção 203(b)(5) da Lei Nacional de Aeronáutica e Espaço, de 1958. Disponível em: <history.nasa.gov/spaceact.html>. Acesso em: 2 fev. 2022.

28 House Committee on Science and Astronautics, 1964 Nasa Authorization, 88th Congress, 1st Session, 1963, p. 3020.

29 W. M. Cohen e D. A. Levinthal, "Absorptive Capacity: A New Perspective on Learning and Innovation". *Administrative Science Quarterly*, v. 35, n. 1, pp. 128-52, 1990.

30 Relatório ao presidente sobre contratos governamentais para pesquisa e desenvolvimento, S. Doc 94, 87th Congress, 2nd Session, maio 1962.

31 Declaração do presidente Reagan na ocasião da assinatura da Lei de Lançamentos Espaciais Comerciais, 30 out. 1984. Disponível em: <www.presidency.ucsb.edu/ws/?pid=39335>. Acesso em: 2 fev. 2022.

32 L. Weiss, *America Inc.?: Innovation and Enterprise in the National Security State* (Ithaca, NY: Cornell University Press, 2014).

33 D. K. Robinson e M. Mazzucato, "The Evolution of Mission-oriented Policies: Exploring Changing Market Creating Policies in the US and European Space Sector". *Research Policy*, v. 48, n. 4, pp. 936-48, 2019. Disponível em: <www.sciencedirect.com/science/article/pii/S0048733318302373?via%3Dihub>. Acesso em: 2 fev. 2022.

5. MIRAR MAIS ALTO: POLÍTICAS ORIENTADAS POR MISSÕES NA TERRA [pp. 107-55]

1 R. R. Nelson, "The Moon and the Ghetto Revisited". *Science and Public Policy*, v. 38, n. 9, pp. 681-90, 2011.

2 J. D. Sachs, G. Schmidt-Traub, M. Mazzucato, D. Messner, N. Nakicenovic e J. Rockström, "Six Transformations to Achieve the Sustainable Development Goals". *Nature Sustainability*, set. 2019. Disponível em: <www.nature.com/articles/s41893-019-0352-9.pdf? proof=trueMay>. Acesso em: 2 fev. 2022.

3 Meu primeiro relatório para a Comissão Europeia foi *Mission-oriented Research and Innovation in the European Union: A Problem-solving Approach to Fuel Innovation-Led Growth* (Luxemburgo: European Commission, Directorate-General for Research and Innovation, 2018). Disponível em: <publications.europa.eu/en/publication-detail/-/publication/5b2811d1-16be-11e8-9253-01aa75ed71a1/language-en>. Meu segundo relatório foi sobre a governança das missões: *Governing Missions in the European Union* (Luxemburgo: European Commission, Directorate-General for Research and Innovation, 2019). Disponível em: <ec.europa.eu/info/sites/info/files/research_and_innovation/contact/documents/ec_rtd_mazzucato-report-issue2_072019.pdf>. Acesso em: 2 fev. 2022.

4 M. Miedzinski, M. Mazzucato e P. Ekins, "A Framework for Mission-oriented Innovation Policy Roadmapping for the SDGs". UCL Institute for Innovation and Public Purpose Working Paper. IIPP WP 2019-03, p. 5. Disponível em: <www.ucl.ac.uk/bartlett/public-purpose/wp2019-03>. Acesso em: 2 fev. 2022.

5 Ibid.

6 Ver: <assets.publishing.service.gov.uk/government/uploads/system/uploads/attachment_data/file/664563/industrial-strategy-white-paper-web-ready-version.pdf>. Acesso em: 2 jul. 2020.

7 M. Mazzucato, *Governing Missions in the European Union.*

8 Ver David Willetts, *The Road to 2.4%*, pp. 26-8. Disponível em: <www.kcl.ac.uk/policy-institute/assets/the-road-to-2.4-per-cent.pdf>; e Government Office for Science, *Raising Our Ambition Through Science*, 2019. Disponível em: <assets.publishing.service.gov.uk/government/uploads/system/uploads/attachment_data/file/844502/a_review_of_government_science_capability_2019.pdf>. Acesso em: 2 fev. 2022.

9 Ver: <www.ilo.org/wcmsp5/groups/public/---ed_emp/---emp_ent/documents/publication/wcms_432859.pdf>. Acesso em: 13 mar. 2020.

10 Comissão Europeia, *Mission-oriented R&I Policies: Case Study Report: Energiewende* (Luxembourg: European Commission, Directorate-General for Research and Innovation, 2018). Disponível em: <europa.eu/!md89DM>.

11 Ver: <fossilfritt-sverige.se/in-english>. Acesso em: 1º set. 2020.

12 Ver: <en.viablecities.se/om-viable-cities>. Acesso em: 1º set. 2020.

13 Ver: <www.london.gov.uk/sites/default/files/ggbd_high_streets_adaptive_strategies_web_compressed_0.pdf>. Acesso em: 2 fev. 2022.

14 C. Leadbeater, "Movements with Missions Make Markets". UCL Institute for Innovation and Public Purpose. IIPP WP 2018-07. Disponível em: <www.ucl.ac.uk/bartlett/public-purpose/publications/2018/aug/movements-missions-make-markets>. Acesso em: 2 fev. 2022.

15 M. Mazzucato, "Mobilizing for a Climate Moonshot". Project Syndicate, 2019. Disponível em: <www.project-syndicate.org/onpoint/climate-moonshot-government-innovation-by-mariana-mazzucato-2019-10>. Acesso em: 4 mar. 2020.

16 Comissão Europeia, "A European Green Deal", 11 dez. 2019. Disponível em: <ec.europa.eu/info/strategy/priorities-2019-2024/european-green-deal_en>. Acesso em: 12 dez. 2019.

17 *Politico*, 11 dez. 2019. Disponível em: <www.politico.eu/article/the-commissions-green-deal-plan-unveiled>. Acesso em: 12 dez. 2019.

18 Ver: <www.markey.senate.gov/news/press-releases/senator-markey-and-rep-ocasio-cortez-introduce-green-new-deal-resolution>. Acesso em: 2 fev. 2022.

19 Ver: <ec.europa.eu/info/sites/info/files/business_economy_euro/banking_and_finance/documents/2020-sustainable-finance-strategy-consultation-document_en.pdf>. Acesso em: 2 fev. 2022.

20 O trabalho dos economistas comportamentais se baseia nos escritos de Herbert A. Simon, que usou o conceito de "soluções satisfatórias e suficientes" para explicar a maneira como as pessoas tomam decisões envolvendo intratabilidade computacional ou falta de informação, duas limitações que impedem o uso de procedimentos de otimização matemática. Herbert A. Simon, "Rational Choice and the Structure of the Environment". *Psychological Review*, v. 63, n. 2, pp. 129-38, 1956.

21 M. Grubb, *Planetary Economics: Energy, Climate Change and the Three Domains of Sustainable Development* (Abingdon: Routledge, 2014).

22 M. Mazzucato e M. McPherson, "What the Green Revolution can Learn from the IT Revolution: A Green Entrepreneurial State". UCL Institute for Innovation and Public Purpose. IIPP PB 08, 2019.

23 C. Perez e T. M. Leach, "Smart & Green. A New "European Way of Life" as the Path for Growth, Jobs and Well-being". In: Council for Research and Technology Development (Org.), *Re-thinking Europe: Positions on Shaping an Idea* (Viena: Holzhausen, 2018), pp. 208-23.

24 M. Mazzucato, G. Semieniuk e J. Watson, "What Will it Take to Get Us to a Green Revolution?". SPRU, Universidade de Sussex, 2015. Disponível em: <www.sussex.ac.uk/webteam/gateway/file.php?name= what-will-it-take-toget-us-a-green-revolution.pdf &site=264>. Acesso em: 2 fev. 2022.

25 Ver: <www.bmj.com/content/354/bmj.i4136>. Acesso em: 2 fev. 2022.

26 M. Mazzucato e V. Roy, "Rethinking Value in Health Innovation: From Mystifications towards Prescriptions". UCL Institute for Innovation and Public Purpose. IIPP WP 2017-04. Disponível em: <www.ucl.ac.uk/bartlett/public-purpose/publications/2018/jan/rethinking-value-health-innovation-mystificationstowards-prescriptions>. Acesso em: 10 set. 2018.

27 National Institute for Health and Care Excellence, "Sofosbuvir for Treating Chronic Hepatitis C", 2015. Disponível em: <www.nice.org.uk/guidance/ta330/chapter/2-The-technology>. Acesso em: 18 set. 2018.

28 Blog de Brad Loncar. Disponível em: <www.loncarblog.com/sovaldi-and-harvoni-sales>. Acesso em: 18 set. 2018.

29 Ver: <www.bmj.com/content/370/bmj.m2661>. Acesso em: 1º jul. 2020.

30 Ver: <www.nytimes.com/1995/04/12/us/us-gives-up-right-to-control-drug-prices.html>. Acesso em: 10 jul. 2020.

31 Ver: <fas.org/sgp/crs/misc/R44597.pdf>, p. 2. Acesso em: 17 jul. 2020.

32 Ver: <www.healthaffairs.org/do/10.1377/hpb20171008.000174/full>. Acesso em: 17 jul. 2020.

33 Ver: <www.thelancet.com/journals/lancet/article/PIIS0140-6736(05)71146-6/fulltext>. Acesso em: 2 fev. 2022.

34 Ver: <www.bbc.co.uk/news/uk-england-london-18917932>. Acesso em: 17 jul. 2020.

35 Ver: <www.fastcompany.com/1682592/mind-the-gap-mapping-life-expectancy-by-subway-stop>. Acesso em: 6 jun. 2020.

36 *The Guardian*, 4 jun. 2020. Disponível em: <www.theguardian.com/commentisfree/2020/jun/04/covid-19-internet-universal-right-lockdown-online>. Acesso em: 6 jun. 2020.

37 Ver: <www.fcc.gov/reports-research/reports/broadband-progress-reports/2019-broadband-deployment-report>. Acesso em: 17 jul. 2020.

38 Ver: <www.ons.gov.uk/peoplepopulationandcommunity/householdcharacteristics/homeinternetandsocialmediausage/bulletins/internetaccesshouseholdsandindividuals/2019>. Acesso em: 17 jul. 2020.

39 Ver: <www.lloydsbank.com/assets/media/pdfs/banking_with_us/whats-happening/LB-Consumer-Digital-Index-2018-Report.pdf>. Acesso em: 17 jul. 2020; e <www.ons.gov.uk/peoplepopulationandcommunity/householdcharacteristics/homeinternetandsocialmediausage/bulletins/internetaccesshouseholdsandindividuals/2019>. Acesso em: 17 jul. 2020.

40 Ver: <www.weforum.org/agenda/2020/04/coronavirus-covid-19-pandemic-digital-divide-internet-data-broadband-mobbile>. Acesso em: 2 fev. 2022.

41 Ver: <www.futurity.org/digital-divide-internet-access-pricing-2276962>. Acesso em: 17 jul. 2020; e <siepr.stanford.edu/sites/default/files/publications/20-001_0.pdf>. Acesso em: 17 jul. 2020.

42 European Commission, Digital Economy and Society Index (DESI), 2020. Disponível em: <ec.europa.eu/digital-single-market/en/scoreboard/italy>. Acesso em: 2 fev. 2022.

43 ISTAT, Cittadini e ICT, *Statistiche Report 18/12*, 2019. Disponível em: <www.istat.it/it/files//2019/12/Cittadini-e-ICT-2019.pdf>. Acesso em: 2 fev. 2022.

44 Ver: <obamawhitehouse.archives.gov/the-press-office/2015/06/25/fact-sheet-connected-two-years-delivering-opportunity-k-12-schools>. Acesso em: 17 jul. 2020.

45 T. Blyth, *The Legacy of the BBC Micro: Effecting Change in the UK's Cultures of Computing* (Londres: Nesta, 2012).

6. BOA TEORIA, BOA PRÁTICA: SETE PRINCÍPIOS PARA UMA NOVA ECONOMIA POLÍTICA [pp. 159-94]

1 Ver: <newstoryhub.com/2019/04/it-will-take-cathedral-thinking-greta-thunbergs-climate-change-speech-to-european-parliament-16-april-2019>. Acesso em: 1º maio 2020.

2 Conway, R. "Purpose-driven innovation in a time of covid-19". Blog UCL IIPP. Disponível em: <medium.com/iipp-blog/purpose-driven-innovation-in-a-time-of-covid-19-296e9d05cb>. Acesso em: 1º jul. 2020.

3 J. K. Galbraith, *Economics and the Public Purpose* (Boston: Houghton Mifflin, 1973), p. 4.

4 Ver capítulos 8 e 9 em M. Mazzucato, *The Value of Everything:Making and Taking in the Global Economy* (Londres: Allen Lane, 2018).

5 Ibid.

6 B. Bozeman, *Public Values and Public Interest: Counterbalancing Economic Individualism* (Georgetown, Washington, DC: Georgetown University Press, 2007), p. 15.

7 W. M. Cohen e D. A. Levinthal, "Absorptive Capacity: A New Perspective on Learning and Innovation". *Administrative Science Quarterly*, v. 35, n. 1, pp. 128-52, 1990.

8 Ver: <www.project-syndicate.org/commentary/covid-vaccines-for-profit-not-for-people-by-mariana-mazzucato-et-al-2020-12>. Acesso em: 2 fev. 2022.

9 M. Mazzucato e R. Kattel, "Getting Serious About Value", UCL Institute of Innovation and Public Purpose. IIPP PB 07, 2019. Disponível em: <www.ucl.ac.uk/bartlett/public-purpose/publications/2019/jun/getting-serious-about-value>. Acesso em: 2 fev. 2022.

10 E. Penrose, *The Theory of the Growth of the Firm* (Oxford, Basil Blackwell, 1959).

11 D. Teece, G. S. Pisano e A. Shuen, "Dynamic Capabilities and Strategic Management". *Strategic Management Journal*, v. 18, n. 7, 1997.

12 M. E. Porter, *Competitive Advantage of Nations: Creating and Sustaining Superior Performance* (Nova York: Simon and Schuster, 2011).

13 Como analisamos no capítulo 2, as origens intelectuais dessas reformas podem ser rastreadas até a teoria da escolha pública, como exposta por James M. Buchanan e Gordon Tulluck em *The Calculus of Consent: Logical Foundations of Constitutional Democracy* (Ann Arbor: University of Michigan Press, 1962). Para uma visão geral crítica, ver Wolfgang Drechsler, "The Rise and Demise of the New Public Management". *PAE Review*, 2005. Disponível em: <www.paecon.net/PAEReview/issue33/Drechsler33.html>. Acesso em: 2 fev. 2022.

14 W. M. Cohen e D. A. Levinthal, "Absorptive Capacity: A New Perspective on Learning and Innovation". *Administrative Science Quarterly*, v. 35, n. 1, pp. 128-52, 1990.

15 Ver: <www.ft.com/content/33eae8db-6034-4a40-8b34-618aaedbc6f4>. Acesso em: 2 fev. 2022.

16 R. R. Nelson e S. G. Winter, *An Evolutionary Theory of Economic Change* (Cambridge, MA: Harvard University Press, 1982).

17 Todos os pontos destacados nesta seção estão mais bem elaborados em M. Mazzucato, *Governing Missions in the European Union* (Luxembourg: European Commission, Directorate-General for Research and Innovation, 2019). Disponível em: <ec.europa.eu/

info/sites/info/files/research_and_innovation/contact/documents/ec_rtd_mazzucato-report-issue2_072019.pdf>; e R. Kattel e M. Mazzucato, "Mission-oriented Innovation Policy and Dynamic Capabilities in the Public Sector". *Industrial and Corporate Change*, v. 27, n. 5, pp. 787-801, 2018. Disponível em: <doi.org/10.1093/icc/dty032>. Acesso em: 2 fev. 2022.

18 R. S. Lindner, S. Daimer, B. Beckert, N. Heyen, J. Koehler, B. Teufel, P. Warnke e S. Wydra, "Addressing Directionality: Orientation Failure and the Systems of Innovation Heuristic. Towards Reflexive Governance". Fraunhofer ISI Discussion Papers. *Innovation Systems and Policy Analysis*, n. 52, 2016.

19 M. Grillitsch, B. Asheim e M. Trippl, "Unrelated Knowledge Combinations: Unexplored Potential for Regional Industrial Path Development". Papers in Innovation Studies, Lund University, Center for Innovation, Research and Competences in the Learning Economy, 2017/10; OECD, *Systems Approaches to Public Sector Challenges. Working with Change* (Paris: OECD Publishing, 2017). Disponível em: <dx.doi.org/10.1787/9789264279865-en>. Acesso em: 2 fev. 2022.

20 A. Rip, "A Co-evolutionary Approach to Reflexive Governance — and its Ironies". In: J.-P.Voss, D. Bauknecht e R. Kemp (Orgs.), *Reflexive Governance for Sustainable Development* (Cheltenham, Reino Unido e Northampton, MA: Edward Elgar, 2006).

21 M. Mazzucato, R. Kattel e J. Ryan-Collins, "Challenge-driven Innovation Policy: Towards a New Policy Toolkit". *Journal of Industry, Competition and Trade*, v. 1, n. 17, 2019. Disponível em: <doi.org/10.1007/s10842-019-00329-w>. Acesso em: 2 fev. 2022.

22 Ver: <www.youtube.com/watch?v=DNCZHAQnfGU&feature=youtu.be>. Acesso em: 17 jul. 2020.

23 O raciocínio implícito neste parágrafo é de S. Kelton, *The Deficit Myth: Modern Monetary Theory and the Birth of the People's Economy* (Nova York: Public Affairs, 2020.

24 W. Mosler, *Soft Currency Economics II: What Everyone Thinks That They Know About Monetary Policy Is Wrong* (Christiansted, USVI: Valance, 2012).

25 Ver: <www.theguardian.com/world/2020/jun/22/britain-nearly-went-bust-in-march-says-bank-of-england>. Acesso em: 2 jul. 2020.

26 Deve-se observar que não é fácil para os países em desenvolvimento, com dívida externa em moeda estrangeira, "criar" dinheiro. Esses países precisam adotar uma abordagem com perspectiva de missão a fim de reestruturar sua economia e reduzir a dependência em relação à importação de bens e serviços essenciais, como alimentos e energia. Enquanto continuarem dependentes de importações desses bens e serviços, sua própria moeda soberana também será dependente das moedas em que se expressa a sua dívida externa.

27 S. Kelton, "As Congress Pushes a $ 2 Trillion Stimulus Package, the 'How Will You Pay for It?' Question Is Tossed in the Trash". *The Intercept*, 27 mar. 2020. Disponível em: <theintercept.com/2020/03/27/coronavirus-stimulus-package-spending>. Acesso em: 1º abr. 2020.

28 Ver: <www.levyinstitute.org/publications/the-macroeconomic-effects-of-student-debt-cancellation>. Acesso em: 2 jul. 2020.

29 M. Deleidi e M. Mazzucato, "Mission-oriented Innovation Policies and the Supermultiplier: An Empirical Assessment for the US Economy", a ser publicado em *Research Policy*.

30 P. Quattrone, "Accounting for God: Accounting and Accountability Practices in the Society of Jesus (Italy, XVI-XVII Centuries)". *Accounting, Organizations and Society*, v. 29, n. 7, pp. 647-83, 2004.

31 J. Hacker, "How to Reinvigorate the Centre-Left: Predistribution". Disponível em: <www.theguardian.com/commentisfree/2013/jun/12/reinvigorate-centre-left-predistribution>. Acesso em: 2 jul. 2020.

32 W. Lazonick e M. Mazzucato, "The Risk-Reward Nexus in the Innovation-Inequality Relationship: Who Takes the Risks? Who Gets the Rewards?". *Industrial and Corporate Change*, v. 22, n. 4, pp. 1093-128, 2013.

33 M. Mazzucato, "We Socialise Bailouts. We Should Socialise Successes, Too". Disponível em: <www.nytimes.com/2020/07/01/opinion/inequality-goverment-bailout.html>. Acesso em: 2 jul. 2020.

34 "The US Must Take Equity Stakes in the Companies it Rescues". Disponível em: <on.ft.com/37sfq8P> via @FT. Acesso em: 1 dez. 2020. E também o seguinte artigo, como base para o tópico principal: D. Detter, S. Fölster e J. Ryan-Collins, "Public Wealth Funds: Supporting Economic Recovery and Sustainable Growth". UCL Institute for Innovation and Public Purpose, IIPP Policy Report. IIPP WP 2020-16. Disponível em: <www.ucl.ac.uk/bartlett/public-purpose/wp2020-16>. Acesso em: 2 fev. 2022.

35 Tudo isso foi analisado no capítulo 8 de *The Value of Everything*.

36 Ibid.

37 G. Charreaux e P. Desbrières, "Corporate Governance: Stakeholder Value versus Shareholder Value". *Journal of Management and Governance*, v. 5, n. 2, pp. 107-28, 2001.

38 Ver: <www.statnews.com/2020/06/10/collective-intelligence-not-market-competition-deliver-best-covid-19-vaccine>. Acesso em: 1º jul. 2020.

39 W. J. Baumol, "Entrepreneurship: Productive, Unproductive, and Destructive". *Journal of Business Venturing*, v. 11, n. 1, pp. 3-22, 1996.

40 Ver: <www.latimes.com/business/la-fi-hy-musk-subsidies-20150531-story.html>. Acesso em: 1º abr. 2020.

41 Ver: <astronomy.com/news/2018/12/despite-concerns-space-junk-continues-to-clutter-earth-orbit>. Acesso em: 13 mar. 2020.

42 Ver: <www.project-syndicate.org/commentary/platform-economy-digital-feudalism-by-mariana-mazzucato-2019-10>. Acesso em: 1º maio 2020.

43 S. Zuboff, *The Age of Surveillance Capitalism: The Fight for a Human Future at the New Frontier of Power* (Londres: Profile Books, 2019).

44 K. Raworth, *Doughnut Economics: Seven Ways to Think like a 21st-century Economist* (White River Junction, VT: Chelsea Green Publishing, 2017).

45 C. Perez, "Transitioning to Smart Green Growth: Lessons from History". In: R. Fouquet (Org.), *Handbook on Green Growth* (Cheltenham: Edward Elgar, 2019), pp. 447-63.

46 H. Arendt, *The Human Condition* (Chicago: University of Chicago Press, 1958).

47 A. de Tocqueville, *Democracy in America*, trad. [para o inglês] de R. Howard (Nova York: J. & H. G. Langley, 1840).

48 Robert Putnam, *Bowling Alone: The Collapse and Renewal of American Community* (Nova York: Simon and Schuster, 2000), cap. 2. Também Robert Putnam, *Our Kids: The American Dream in Crisis* (Nova York: Simon and Schuster, 2015); J. E. Leighley e J. Nagler, *Who Votes Now?* (Princeton, NJ: Princeton University Press, 2014).

49 Ronald Inglehart, *Modernization and Post-Modernization* (Princeton, NJ: Princeton University Press, 1997), p. 307; Russell Dalton, *The Good Citizen: How a Younger Generation is Reshaping American Politics*, 2. ed. (Washington, DC: CQ Press, 2015), cap. 4; Cliff Zukin et al., *A New Engagement?* (Nova York: Oxford University Press, 2006).

50 R. Dalton, *The Good Citizen*, cap. 4; C. Zukin et al., *A New Engagement?*

51 W. B. Arthur, "Complexity and the Economy". *Science*, v. 284, n. 5411, pp. 107-9, 1999.

52 W. B. Arthur, "Complexity in Economic and Financial Markets". *Complexity*, v. 1, n. 1, pp. 20-5, 1995.

53 Essas questões estão desenvolvidas em M. Mazzucato, "From Market Fixing to Market-Creating: A New Framework for Innovation Policy". *Industry and Innovation*, v. 23, n. 2, 2016; e M. Mazzucato, "Mission oriented Innovation Policy: Challenges and Opportunities". *Industrial and Corporate Change*, v. 27, n. 5, pp. 803-15, 2018.

7. CONCLUSÃO: MUDAR O CAPITALISMO [PP. 195-201]

1 J. K. Galbraith, *The New Industrial State* (Boston: Houghton Mifflin, 1967), p. 360.

2 Ver: <georgiainfo.galileo.usg.edu/topics/history/related_article/progressive-era-world-war-ii-1901-1945/franklin-d.-roosevelts-twenty-third-visit-to-georgia/fdr-oglethorpe-university-commencement-address-may-22-1932>. Acesso em: 2 fev. 2022.

3 Mark Godfrey (Org.), *Olafur Eliasson in Real Life* (Londres: Tate Publishing, 2019), p. 123

4 *Financial Times*, 3 abr. 2020. Disponível em: <www.ft.com/content/10d8f5e8-74eb-11ea-95fe-fcd274e920ca>. Acesso em: 2 jul. 2020.

FONTES DE FIGURAS E TABELAS

Figura 1: Disponível em: <www.jpl.nasa.gov/infographics/uploads/infographics/full/11358.jpg>. Acesso em: 16 set. 2020.

Figura 2: Disponível em: <christopherrcooper.com/blog/apollo-program-cost-return-investment>. Acesso em: 13 mar. 2020.

Figura 3: Disponível em: <www.forbes.com/sites/alexknapp/2019/07/20/apollo-11-facts-figures-business/#5fe0e34c3377>. Acesso em: 2 jul. 2020.

Figura 4: Disponível em: <sdg-tracker.org>. Acesso em: 2 jul. 2020.

Figura 5: A fonte da figura 5 é o primeiro relatório que escrevi para a Comissão Europeia: M. Mazzucato, *Mission-oriented Research and Innovation in the European Union*, p. 11.

Disponível em: <ec.europa.eu/info/sites/info/files/mazzucato_report_2018.pdf>. Acesso em: 2 fev. 2022. O relatório acabou transformando a ideia de missão em um novo instrumento para o programa Horizon.

Figura 6: Disponível em: <ec.europa.eu/info/horizon-europe-next-research-and-innovation-framework-programme/missions-horizon-europe/mission-boards_en>. Acesso em: 2 jul. 2020.

Figura 7: M. Mazzucato, *Mission-oriented Research and Innovation in the European Union*, p. 22.

Figura 8: Ibid., p. 240.

Figura 9: As fontes das figuras 9 e 10 são o relatório final para a Comissão de Inovação e Estratégia Industrial, p. 47. Disponível em: <www.ucl.ac.uk/bartlett/public-purpose/sites/public-purpose/files/190515_iipp_report_moiis_final_artwork_digital_export.pdf>. Acesso em: 2 fev. 2022. Agradecimentos especiais a Dan Hill.

Figura 10: Ibid, p. 44.

Figura 11: M. Mazzucato, *Mission-oriented Research and Innovation in the European Union*, p. 26.

Figura 12: Essa figura é oriunda de um relatório que escrevi para o governo italiano sobre missões na Itália. Disponível em: <www.ucl.ac.uk/bartlett/public-purpose/publications/2020/aug/mission-italia-investment-innovation-and-imagination>, p. 38. Acesso em: 2 fev. 2022.

Tabela 1: Disponível em: <www.nasa.gov/sites/default/files/80660main_ApolloFS.pdf> e <spinoff.nasa.gov/flyers/apollo.html>. Acesso em: 2 jul. 2020.

Tabela 2: Disponível em: <www.planetary.org/space-policy/cost-of-apollo>. Acesso em: 7 set. 2020.

Tabela 3: M. Mazzucato, R. Conway, E. Mazzoli, E. Knoll e S. Albala, "Creating and Measuring Dynamic Public Value at the BBC". UCL Institute for Innovation and Public Purpose, Policy Report. IIPP WP 2020-16. Disponível em: <www.ucl.ac.uk/bartlett/public-purpose/wp2020-16>. Acesso em: 2 fev. 2022.

Tabela 4: M. Mazzucato, R. Kattel e J. Ryan-Collins, "Challenge-driven Innovation Policy: Towards a New Policy Toolkit". *Journal of Industry, Competition and Trade*, v. 1, n. 17, 2019. Disponível em: <doi.org/10.1007/s10842-019-00329-w>. Acesso em: 2 fev. 2022.

LISTA DE FIGURAS E TABELAS

FIGURAS

TABELAS

ÍNDICE REMISSIVO

TIPOLOGIA Miller e Akzidenz
DIAGRAMAÇÃO Osmane Garcia Filho
PAPEL Pólen Soft, Suzano S.A.
IMPRESSÃO Gráfica Santa Marta, abril de 2022

A marca FSC® é a garantia de que a madeira utilizada na fabricação do papel deste livro provém de florestas que foram gerenciadas de maneira ambientalmente correta, socialmente justa e economicamente viável, além de outras fontes de origem controlada.